Matthew Fray

Dieses Buch rettet deine Beziehung

PIPER

Zu diesem Buch

„Ich hoffe, dass dieses Buch dir dabei helfen kann, das emotionale Bewusstsein zu entwickeln, das erforderlich ist, um gesunde Langzeitbeziehungen zu führen. Ich werde weder über dich urteilen, noch werde ich so tun, als wäre ich klug und großartig und du ein Trottel, der meine Hilfe braucht. Ich habe das meiste falsch gemacht: Beziehungskram, Heirat, Ehe. Ich war schrecklich schlecht darin, aber ich hatte keine Ahnung, wie schlecht ich war, denn das Leben ging immer weiter. Dies ist meine Geschichte, in der ich verstehen lernte, dass ich meine Frau in unserer Ehe in vielerlei Hinsicht und im Stich gelassen habe, und mir dabei noch einredete, sie sei die Hauptverantwortliche für unsere Beziehungsprobleme. Diese Geschichte beschreibt, wie ich meine Frau mit einem Lächeln im Gesicht verletzt habe und dabei vollkommen davon überzeugt war, dass ich der gute Kerl war, der jedes Mal ungerecht behandelt wurde, wenn sie traurig oder verletzt reagierte. Ich wünschte mir, es würde sich dabei allein um meine Geschichte handeln. Aber das ist die Geschichte von so vielen Ehen. Von Millionen von Menschen."

Matthew Fray ist Beziehungscoach, Autor und »der Mann, der Ehemännern zeigt, wie sie eine Scheidung vermeiden können« (*New York Times*). Seine Artikel erscheinen unter anderem in der *Huffington Post*, der *Sunday Times* und der *New York Times*. Sein Blog *Must Be This Tall To Ride* hat eine treue Fangemeinde und erreicht Millionen von Leserinnen und Lesern.

Matthew Fray

Dieses Buch rettet deine Beziehung

Was viele Männer nicht über Partnerschaft wissen, aber wissen sollten

Aus dem amerikanischen Englisch
von Stefan Rohmig

PIPER

Mehr über unsere Autorinnen, Autoren und Bücher:
www.piper.de

Unser Versprechen für mehr Nachhaltigkeit
• Klimaneutrales Produkt
• FSC®-zertifiziertes Papier
• Hergestellt in Europa

FSC www.fsc.org
MIX
Papier | Fördert gute Waldnutzung
FSC® C021394

Deutsche Erstausgabe
ISBN 978-3-492-31146-5
April 2023

Die Originalausgabe erschien unter dem Titel »This Is How Your Marriage Ends« bei HarperOne, einem Imprint von HarperCollins, New York.

Umschlaggestaltung: FAVORITBUERO, München
Umschlagmotiv: Bilder unter Lizenzierung von Shutterstock.com genutzt
Satz: Satz für Satz, Wangen im Allgäu
Gesetzt aus der Minion Pro
Litho: Lorenz & Zeller, Inning am Ammersee
Gedruckt von ScandBook in Litauen
Printed in the EU

An meinen Sohn: Sei besser als dein Vater. Bitte arbeite daran, so zu sein, wie du und deine Mutter es von mir verdient gehabt hätten. Sei nachsichtig, auch wenn es schwerfällt. Manchmal passiert etwas, das schmerzhafte Folgen hat. Für dich und die, die du liebst. Die Dunkelheit wird gelegentlich hereinbrechen, denn das tut sie immer. Wenn das passiert, sei du das Licht.

An seine Mutter: Dieses Buch ist – wohl oder übel – für dich. Es kann ja gar nicht anders sein. Es tut mir so leid.

INHALT

EINLEITUNG
DIE GESCHICHTEN, DIE WIR UNS EINREDEN

Ein Mann fällt in ein Loch, das so tief ist, dass er nicht wieder herausklettern kann. Er ist verletzt und hat Angst.

»Hilfe!«, schreit er. *»Ich sitze hier unten fest!«*

In diesem Moment kommt zufällig ein Arzt vorbei. Als er die Hilfeschreie hört, stellt er ein Rezept aus, lässt es in das Loch fallen und geht weiter.

»Ist da jemand? Kann mir bitte irgendjemand helfen!«

Als Nächstes bleibt ein Pastor stehen, kritzelt ein Gebet auf ein Stück Papier, wirft es zu dem Abgestürzten hinunter und geht weiter.

»Ich brauche Hilfe! Ich komme hier nicht raus!«, schreit der Mann.

Schließlich kommt ein Freund vorbei, sieht den Mann in dem Loch gefangen und springt sofort zu ihm runter.

»Du Idiot! Jetzt bist du auch hier unten! Warum hast du das denn getan?«, fragt der Mann.

Sein Freund antwortet: »Weil ich selbst schon mal hier unten gewesen bin. Ich weiß vielleicht, wie man rauskommt. Und weil ich möchte, dass du weißt, dass du nicht allein bist.«

Ich war vierunddreißig und weinte häufiger, als es wahrscheinlich für einen erwachsenen Mann gut war. Weil meine Frau mich verlassen hatte. Und weil ich unseren kleinen Jungen vermisste, der nun nicht mehr jeden Tag bei mir zu Hause war. Und weil sie sich mit einem Sackgesicht traf – dem einzigen Menschen, dem ich je gewünscht habe, von einer heftigen Explosion zerfetzt zu werden.

Obwohl ich meine Frau in den zwei Jahren davor kaum berührt hatte, machte mich der Gedanke, dass jemand anders dies tun könnte, fertig. Mein kleiner Sohn, der noch nicht mal im Kindergartenalter war, würde von nun an von diesem Sackgesicht großgezogen werden, dachte ich. *Ich habe keinen Einfluss mehr darauf, wer sich um meinen Sohn kümmert.* Ich stellte mir eine Zukunft vor, in der er nach den Spielen der Little League vom Spielfeld rennt und sich in die Arme seiner Mutter und seines bösen Stiefvaters wirft, und für alle anderen würden sie wie eine wunderbare kleine Familie aussehen. Und ich würde in einiger Entfernung stehen und mich zu einem höflichen Lächeln zwingen, als ob alles in Ordnung wäre, mir aber insgeheim wünschen, ich wäre tot.

Aber ich hatte dazu noch andere unmittelbare Probleme zu bewältigen. Nachdem ich ein Leben lang mit meinen Eltern, College-Mitbewohnern oder meiner Frau zusammengelebt hatte, war ich nun zum ersten Mal allein. Das konnte so nicht gut gehen.

Es gibt viele Geschichten von Typen in meinem Alter, die wieder in die freie Wildbahn entlassen werden. Die mit dem Selbstvertrauen und der sexuellen Kompetenz, die sich aus der Lebens- und Schlafzimmererfahrung ergeben, an denen es uns in frühen Jahren noch gemangelt hatte, in der Datingwelt abräumen. *Ich sollte es mal mit Onlinedating versuchen! Mittlerweile macht sich niemand mehr über dich lustig, wenn du es tust!*

Ich habe Onlinedating mit Match und Tinder ausprobiert, obwohl Tinder damals den Ruf hatte, lediglich eine App für unverbindliche Sexkontakte zu sein.

Meistens waren die Frauen nicht interessiert. Da das Internet es den Leuten erlaubt, ihre Datingvorlieben einfach zu filtern, dauerte es nicht lange, bis mir klar wurde, dass kürzlich geschiedene, 1,75 Meter große, alleinstehende Väter, die viel weinen, nicht gerade als die Crème de la Crème der Onlinedating-Szene angesehen werden.

Ein paar Interessentinnen gab es aber. Die Witwe, die mich mochte, mir aber vorhielt, dass ich mich auf Onlinedating-Websites bewegte, obwohl ich so kurz nach der Scheidung emotional gar nicht reif dafür war. Die Hörgeräteakustikerin, die in ihren SMS nach jedem einzelnen Satz »LOL« schrieb. Die Frau, die sich als die Schwester eines Arbeitskollegen entpuppte, was dazu führte, dass wir uns beide die Hand gaben und sagten: »Tja. War wohl eine Scheißidee. Hab noch ein schönes Leben und so.«

Vor einem Date bläute ich mir immer ein: *Sprich nicht über deine Scheidung. Sprich nicht über deine Scheidung. Sprich nicht über deine Scheidung.* Meistens hatte ich die Scheidung schon angesprochen, bevor noch die Vorspeisen auf dem Tisch standen. *Ich Idiot!*

Ich war eine Niete beim Daten. Nicht nur weinte ich zu oft, noch dazu bekam ich die ersten grauen Haare, und ich war Vater eines Vierjährigen, was viele Frauen, die an einem Stiefmutterdasein nicht interessiert waren, sofort die Reißleine ziehen ließ. Die höflich-aufgebrachte Witwe hatte recht: Ich war dort, um meine Einsamkeit zu bekämpfen, und nicht, um ehrliche Kontakte zu knüpfen, die zu gesunden, dauerhaften Beziehungen führen konnten.

Immer wieder ging mir durch den Kopf, wie ungerecht es war, dass meine Frau in ihrem neuen Leben und ihrer neuen Beziehung so glücklich zu sein schien, während ich unglücklich und allein durch einen Tränenschleier eine Netflixserie nach der anderen wegglotzte.

Ich werde als einsamer Incel, als unfreiwillig enthaltsamer Mann sterben, und dieser Scheißtyp wird meinen Sohn umarmen und meiner Frau neben meinem Sarg einen Zungenkuss verpassen, bevor er mit ihr zu einem fantastischen Safariurlaub nach Afrika fliegt, wo meine Frau mein Ableben umgehend mit unvorstellbar heißem Sex, einem Akt, den wir nie ausprobiert haben, feiern und sagen wird: »Hahahahahahahaha! Ich wette, Matt hat die ganze Zeit nur rum-

gesessen und geheult, und keine Frau wollte ihn küssen! Was für ein kleiner, unbedeutender Verlierer er doch war! Ich bin so froh, dass ich mit dir hier bin und nicht mit ihm!«

Solche Szenarien habe ich mir ernsthaft ausgemalt. Es waren dunkle Zeiten.

Eines Nachts, als ich kurz vorm Durchdrehen war und mich mit Wodka zu betäuben versuchte, rief ich eine Therapeutin unter einer kostenfreien 1-800-Nummer an. Ich bin mir ziemlich sicher, dass auch sie mich für einen Verlierer hielt.

Sie fragte mich über mein Leben aus. Wahrscheinlich habe ich geantwortet: »Hmmm. Ich mache gerade eine Scheidung durch. Ich lebe unfreiwillig zölibatär. Ich bin mir ziemlich sicher, dass ein Typ, den ich nicht kenne, seinen Penis in meine Frau reinsteckt. Es läuft großartig, danke der Nachfrage.«

Sie antwortete: *»Sie sind doch Journalist, ich glaube, es würde Ihnen guttun, wenn Sie anfingen, ein Tagebuch zu führen. Schreiben Sie einfach auf, wie es Ihnen geht.«*

Wahrscheinlich hatte sie gemeint, dass ich es für mich in einem privaten Tagebuch festhalten sollte. Stattdessen habe ich mich ein wenig mehr betrunken und alles ins Internet gestellt.

VOM SCHEIDUNGSBLOGGER ZUM BEZIEHUNGSCOACH ZUM BUCHAUTOR

Mit dem Blog *Must Be This Tall To Ride* begann ich 2013, um meine Trauer und die Wut nach meiner Scheidung zu verarbeiten – ganz wie die Therapeutin mir am Telefon geraten hatte. Sie hatte mich ermutigt aufzuschreiben, wie ich mich fühle. Das habe ich dann auch getan. Ich wollte es als eine Art düstere Komödie inszenieren, die meine Irrungen und Wirrungen als kürzlich geschiedener, alleinerziehender Vater in der Midlife-Crisis dokumentiert, der versucht, Frauen kennenzulernen und ein neues Leben zu beginnen. Ich dachte, so dysfunktional und bemitleidenswert, wie ich mich dabei gebe, könnte es für andere ganz lustig sein.

Ich habe mich fast so geöffnet wie bei einem Tagebuch. Es fiel mir leicht, mich beim Schreiben verletzlich zu zeigen und authentisch zu bleiben, weil ich mich zu elend fühlte, als dass es mir etwas ausmachte, was andere von mir dachten, und weil ja keine Gefahr bestand, dass es jemand lesen würde.

Aber dann haben die Leute es doch gelesen und sich bei mir gemeldet, schnell hatte ich eine kleine, aber engagierte und ständig wachsende Leserschaft.

Diese Leute haben mir in mehrfacher Hinsicht das Leben gerettet. Die Leute mochten meine Texte, schrieben sie. Sie halfen ihnen, sich weniger allein zu fühlen, schrieben sie. Meine öffentlichen Selbstreflexionen über Ehe und Scheidung kamen ihnen persönlich und vertraut vor, schrieben sie.

Ich bin nicht allein, stellten wir gemeinsam fest.

Die Tatsache, dass die Menschen mir Aufmerksamkeit schenkten, veränderte alles. *Wollte ich nur zum substanzlosen Hintergrundrauschen im Netz beitragen? Oder wollte ich versuchen, etwas zu schaffen, das einen Wert hat?*

Ich hatte traurige und wütende Abhandlungen darüber verfasst, dass ich glaubte, meine Ex habe mich schlecht behandelt und sei unfair zu mir gewesen, und darüber, wie schwer mein Leben sei, immer *ich ich ich ich ich ich ich.* Und obendrauf kam noch ein kleines bisschen mehr *ich.*

Und dann, am 3. Juli 2013, während meiner ersten Reise ohne meine Frau, schrieb und veröffentlichte ich einen Blogbeitrag mit dem Titel »An Open Letter to Shitty Husbands, Vol. 1«. Sehr gut ist er nicht. Wichtig war er nicht wegen seiner Qualität. Er war wichtig, weil er einen entscheidenden Wandel in meinem Denken über meine gescheiterte Ehe markierte.

Ich begann zu fragen, weil ich es wissen musste: *Was habe ich dazu beigetragen, dass sie das Gefühl bekam, die Scheidung sei ihre beste Option?*

Ich las einige Bücher und Artikel über die häufigsten Ursachen, die dazu führen, dass Beziehungen in die Brüche gehen. Alles kam mir auf unheimliche Weise bekannt vor. Besonders genau schaute ich mir die Verhaltensweisen an, die in der Regel mit dem Gefühl der emotionalen Vernachlässigung und des Alleingelassenseins einhergehen. Die Art von Verhalten, die in Beziehungen zum Verlust des Sicherheitsgefühls und des Vertrauens führt. Ich begann über mich selbst nachzudenken und stellte zum ersten Mal meine eigenen Überzeugungen und Annahmen infrage. Zum ersten Mal überhaupt stellte ich mir unangenehme Fragen darüber, wie viel von dieser Horrorshow ich tatsächlich selbst zu verantworten hatte.

Bei den Antworten wurde es mir ganz anders. Sagen wir mal so: Ich war hin- und hergerissen zwischen unbequemen Wahrheiten und bequemen Lügen.

Wie sich herausstellte, ging es meiner Frau und mir wie vielen anderen Ehefrauen und Ehemännern. Vielleicht sogar wie den meisten. Wir waren keine seltsamen Typen. Wir waren keine Ausgeflippten. Wir waren keine statistische Anomalie. Wir waren die Norm. Und das hat mich erschreckt, weil ich nun wusste, wie schlimm eine Scheidung sein kann. Sie kann einen so sehr verändern, dass man sich selbst gar nicht mehr wiedererkennt. Und wenn meine Frau und ich die Norm waren, dann bedeutet das, dass jeder in Gefahr ist.

Wie können wir erwarten, dass Ehen Bestand haben, wenn es scheint, als wären sich die Partner der Gegebenheiten und Verhaltensweisen, die ihrer Beziehung letztendlich den Garaus machen werden, gar nicht bewusst?

Also verfasste ich weiter meine Icherzählungen über die Ehe. Darüber, wie ich meine Frau verletzt hatte, ohne es zu bemerken. Ich schrieb etwas, und die Leute sagten: »*Das ist genau wie in mei-*

ner Ehe! Ich wünschte, mein beschissener Ehemann würde auch mal auf den Trichter kommen!«

Die Leute sagten, sie könnten sich in meinen Geschichten wiedererkennen. Ihre Partner sagten, dass meine Einsichten ihnen die Hoffnung gaben, ihre Angetrauten könnten vielleicht auch die Fähigkeit entwickeln, auf diese neue Art zu denken und zu sprechen.

»Wenn Sie das können, dann schafft mein Mann das vielleicht auch. Danke!«

Und dann geschah es: Zwei Ehepartner schrieben mir, dass meine Geschichten ihnen geholfen hatten, zu erkennen und zu definieren, was in ihrer Ehe vor sich ging, und dass dies zu Veränderungen geführt hatte, die schließlich ihre Ehe und Familie gerettet haben.

Wahnsinn!

Die Menschen nahmen meine öffentlichen Selbstreflexionen zum Anlass, in sich zu gehen und unbequeme Gespräche mit sich und ihren Beziehungspartnern zu führen.

Dann nutzten einige dieser Leute diese Denkanstöße, die ich verbreitet hatte, um an sich zu arbeiten, sich spürbar zu verändern und ihr Leben und das der Menschen, die sie liebten, positiv zu beeinflussen.

Da stand ich nun. Geschieden. Single. In Sachen Beziehung in jeder Hinsicht komplett gescheitert. Und dennoch gab es Leute, die mir dankten, dass ich ihre Ehe gerettet hatte. Diese Leute sagten, dass meine Art, zwischenmenschliche Beziehungen zu erklären, ihnen geholfen habe, Mechanismen ihrer eigenen Beziehungen zu verstehen, die ihnen vorher verborgen geblieben waren.

Ich hatte mit dem Vorsatz begonnen, unterhaltsame Geschichten über einen dysfunktionalen, geschiedenen Singlevater zu schreiben, der versucht, sich beim Onlinedating zurechtzufinden, und zwar für die fünf Leute, die so etwas interessieren könnte. Zum Autor von Selbsthilferatgebern wurde ich eher aus Versehen.

Mark Groves, ein Podcaster und Influencer, der Vorträge hält, ermutigte mich, mit Coaching anzufangen.

Das kam mir nicht wie eine besonders gute Idee vor. *Wer bin ich denn, dass ich so tue, als wäre ich ein Experte, und von Leuten verlange, dass sie mich, einen Laien, der selbst geschieden war, für die Beratung bezahlen?* Also habe ich seinen Vorschlag erst mal ignoriert, obwohl Mark klug und erfolgreich ist und sich mir großzügig als Mentor anbot.

Ein Jahr später telefonierten Mark und ich wieder miteinander, und er wiederholte beharrlich, ich solle Leute coachen. Er spürte meinen Widerwillen und wies mich dann auf die Tatsachen hin: Weder machte ich Werbung für mich, noch überredete ich die Leute dazu, mich den traditionelleren Formen der Beziehungstherapie oder Paarberatung vorzuziehen. Ich würde meine Dienste einfach den Menschen zur Verfügung stellen, die bereits meine Website besuchten, meine Artikel lasen und sich in den Geschichten wiederfanden.

Also begann ich – obwohl ich ziemlichen Bammel davor hatte –, Leute zu coachen, die mich darum baten. Wir sprachen am Telefon oder über Onlinevideokonferenzen. Und es stellte sich heraus, dass so etwas, wenn man es nur oft genug macht, mit der Zeit seinen Schrecken verliert.

Nach einem Jahr der Einzelarbeit mit Coaching-Klienten wurde ich von der *New-York-Times*-Journalistin Jancee Dunn (Autorin von *Bring deinen Mann nicht gleich um – du könntest ihn noch brauchen* und vielen anderen Büchern) zum Interview gebeten. Es stellte sich heraus, dass es nicht sehr viel Männer ohne psychologische Fachausbildung gab, die wie ich über Beziehungen sprechen und schreiben.

Der Artikel in der *New York Times* erschien im Mai 2020, in der Anfangsphase der Covid-19-Pandemie, als viele Paare zu Hause eingesperrt waren, was angespannte Beziehungen noch verschlimmerte – und das auf der ganzen Welt. Nach der Veröffentlichung des Artikels trudelten Angebote ein, Fernsehsendungen zu entwickeln, und es gab einige Interviewanfragen von Medien aus aller Welt – das reichte von Ryan Seacrests Radioshow in Los Angeles bis zur *Zeit* aus Hamburg.

Und nun hat man mir die Möglichkeit gegeben, dieses Buch zu schreiben. Ich hoffe, dass es Ihnen wenigstens ein bisschen zusagt.

Meine übergeordnete Prämisse lautet: Selbst gute Menschen, die gerne verheiratet sind, verletzen einander ungewollt und missbrauchen das Vertrauen des anderen, ohne dass sich einer der Partner dessen bewusst ist – bis ihre Ehe langsam toxisch wird und/oder scheitert.

Ganz ähnlich wie bei den Medizinern in den 1950er- und 1960er-Jahren, die es für an der Zeit hielten, die Öffentlichkeit über die Gefahren des Tabakrauchens aufzuklären, ist es das Ziel dieses Buches, den Blick für alltägliche Verhaltensweisen und Routinen in der Ehe (oder jeder langfristigen Liebesbeziehung) zu schärfen, die zu Beziehungsüberdruss und dem Ende der Beziehung führen können, wenn man sich nicht damit auseinandersetzt.

Denn wie können diese Probleme jemals angegangen oder behoben werden, wenn die Leute sie nicht erkennen?

Die Ursachen, die Ehen zum Scheitern bringen und die Scheidungsrate in die Höhe treiben, finden sich in unscheinbaren, alltäglichen Verhaltensmustern. Es sind Verhaltensmuster, die die meisten als so banal und unbedeutend empfinden, dass sie nicht wissen, wie man sie vermeiden, wie man sie effektiv diskutieren oder wie man den dadurch verursachten Schaden beheben kann (oft liegt das daran, dass mindestens einer der Partner seine Energie hauptsächlich darauf verwendet, zu leugnen, dass etwas im Argen liegt).

Wir versäumen es oft, die wahren Ursachen für unsere gescheiterten Beziehungen zu erkennen – was uns dazu verdammt, dieselben Verhaltensweisen in zukünftigen Beziehungen zu wiederholen. (Das erklärt auch die fast 70-prozentige Scheidungsrate bei Leuten, die zum zweiten Mal heiraten.)

Dieses Buch soll Paaren helfen, die eine Ehe eingehen wollen oder derzeit verheiratet sind, oder Menschen, denen es geht wie mir, die geschieden wurden und wissen wollen, warum es so gekommen ist. Ziel ist es, beziehungsschädigende Verhaltensmuster und Kommunikationsgewohnheiten in deinem Leben bewusst zu machen und dir neue Ideen, Fertigkeiten und Ressourcen an die Hand zu geben, die deine Beziehungen fördern können.

Es gibt keine allgemeingültigen Lösungen für all diese Probleme. Aber in Beziehungen machen sich häufig Muster bemerkbar. Manche sind gut. Andere nicht. Und das ist überall auf der Welt so. Diese toxischen Beziehungsmuster überschreiten die Grenzen von Sprache, Hautfarbe, Geografie, Religion, Alter und sexueller Orientierung.

Überall auf der Welt gehen Menschen freiwillig liebevolle, monogame Beziehungen ein. Die überwiegende Mehrheit davon wird es nicht schaffen, sie aufrechtzuerhalten, ganz egal, wie sehr sie es sich auch wünscht.

Das können wir besser.

Ich hoffe, dass dieses Buch dir dabei helfen kann, die emotionale Intelligenz und das Bewusstsein zu entwickeln, die erforderlich sind, um gesunde und erfolgreiche Langzeitbeziehungen zu führen.

Ich werde dich nicht mit irgendwelchen frommen Sprüchen motivieren. Ich werde weder über dich urteilen, noch werde ich so tun, als hielte ich mich für klug und großartig und als wärst du ein Trottel, der meine Hilfe braucht.

Ich habe das meiste falsch gemacht: Beziehungskram, Heirat, Ehe. Ich war schrecklich schlecht darin, aber ich hatte keine Ahnung, wie schlecht ich war, denn das Leben ging immer weiter.

Dies ist die Geschichte, wie ich verstehen lernte, dass ich meine Frau in unserer Ehe in vielerlei Hinsicht emotional vernachlässigt und im Stich gelassen habe und mir dabei noch einredete, sie sei die Hauptverantwortliche für unsere Beziehungsprobleme. Diese

Geschichte beschreibt, wie ich meine Frau mit einem Lächeln im Gesicht verletzt habe und dabei vollkommen davon überzeugt war, dass ich der gute Kerl war, der jedes Mal ungerecht behandelt wurde, wenn sie traurig oder verletzt reagierte.

Ich wünschte mir, es würde sich dabei allein um meine Geschichte handeln. Aber das ist die Geschichte einer jeden Ehe. Von Millionen von Menschen. Vielleicht sogar von Milliarden.

Es muss allerdings nicht so ausgehen.

1
AUF DIESE ART GEHT DEINE BEZIEHUNG ZUGRUNDE

Auf diese Art geht deine Beziehung zugrunde
Auf diese Art geht deine Beziehung zugrunde
Auf diese Art geht deine Beziehung zugrunde
Nicht mit einem Knall: mit Gewimmer
T. S. Eliot möge mir verzeihen

DER VORFALL MIT DEM FISCHSANDWICH

»Wegen der Pandemie ist im Moment alles geschlossen«, sagte er. »Ich war am Verhungern und hatte so viel zu tun auf der Arbeit. Also habe ich mir ein Fischsandwich geholt, und jetzt wird meine Frau deswegen ausflippen.«

Er war natürlich nicht ernsthaft *am Verhungern*. Er war nur hungriger als sonst und neigte deshalb zu der Art von Übertreibung, mit der viele von uns denken und sprechen. Ein unerwarteter »Notfall« bei seinem Job in der Immobilienbranche hatte Grayson gezwungen, sowohl Frühstück als auch Mittagessen auszulassen. Jetzt revoltierte sein leerer Magen, und ihm wurde schlecht. Er wollte etwas essen.

Es war Frühjahr 2020, und in der Stadt in Connecticut, in der er lebte, war wegen der Pandemie fast alles geschlossen, einschließlich der meisten Restaurants. Unter diesen Bedingungen eine schnelle Mahlzeit zu finden wäre für die meisten von uns trotzdem nicht so schwer geworden, aber weil Grayson und seine Frau sich einer strikten veganen Ernährung verschrieben hatten und auf tierische Produkte, Fleisch, Eier und Milcherzeugnisse verzichteten, waren Graysons Bemühungen zur Nahrungsmittelbeschaffung etwas komplizierter.

Grayson war einer meiner Coaching-Klienten. Bei ihm zu Hause gab es Schwierigkeiten. Seine Frau sei ständig wütend auf ihn, sagte er, und ich sollte ihm helfen herauszufinden, warum – und was er dagegen tun könne.

Ich rief ihn zum vereinbarten Termin an, der zufälligerweise auf denselben Nachmittag fiel wie der Vorfall mit dem Fischsandwich.

»Junge, du musst mir helfen«, sagte er. »Ich weiß nicht, was ich meiner Frau sagen soll. Sie wird stinksauer sein und mir einen richtigen Einlauf verpassen.«

Ich lachte, obwohl ich Ehekonflikte ernst nehme.

Er sagte, seine Frau habe ihm gerade eine SMS geschickt und gefragt, was er zu Mittag gegessen habe. Wenn er die Wahrheit sagte, würde das einen erneuten Streit auslösen. So etwas passiere immer, sagte er. Seine Frau reagiere immer über, sagte er. Er könne nie vorhersehen, was als Nächstes ihren Zorn auslöse.

Alles, was Grayson erzählte, konnte ich nachvollziehen, denn seine Geschichte hörte sich genau wie die Geschichten an, die ich vielleicht ein Jahrzehnt früher erzählt hätte, als ich noch verheiratet war. Es schien, als wäre meine Frau sehr schnell bei der Hand, mich zu kritisieren oder sich über Dinge zu beschweren, die ich, unter umgekehrten Vorzeichen, gutmütig übersehen würde.

Ich bin doch so verständnisvoll, habe ich gedacht. *Warum merkt sie denn nicht, wie verständnisvoll ich bin? Wenn sie so nett zu mir wäre wie ich zu ihr, würden wir uns wahrscheinlich nie streiten!*

Man weiß ja nie, was die Leute wirklich über einen denken, aber fast dreißig Jahre lang hielt ich mich für sympathisch und beliebt. Selbst wenn ich mir etwas vormachte, es gab mir ein gutes Gefühl. Ein Mensch zu sein, den die Leute mögen, erschien mir sinnvoller und erstrebenswerter, als jemand zu sein, den die Leute nicht mögen.

Vielleicht war ich deshalb so wütend, wenn meine Frau sich so verhielt, als ob sie mich nicht ausstehen könne.

Nichts, was ich tue, ist jemals gut genug. Kein Opfer, das ich bringe, beweist meine Hingabe. Keine kleine Freundlichkeit, kein Liebesbeweis, sei er noch so groß, wird jemals gewürdigt.

Nie fühlte ich mich weniger geschätzt oder ungerechter behandelt als in den Momenten, in denen mich meine Frau spüren ließ, dass ich sie erneut enttäuscht hatte. Es fühlte sich an, als hätte die Frau, die ich liebte und geheiratet hatte, mit einem Mal ihre Messlatte dafür geändert, was in Ordnung war und was nicht.

Ich hatte mich nicht verändert. Sie schon. Und es erschien mir ungerecht, dass sie mich unter dem Vorwand, dass wir gut zueinanderpassten und uns so liebten, wie wir waren, »unter die Haube gelockt« hatte, aber dass ich Jahre später anscheinend nicht mehr gut genug war.

Das ist doch Schwachsinn, dachte ich immer.

Auch Grayson durchlebte gerade ein ähnliches Szenario, und auch ihm kam es wie Schwachsinn vor.

»Was hätte ich denn tun sollen?«, fragte er.

Grayson hatte am Tag des Fischsandwich-Vorfalls tatsächlich extrem viel auf der Arbeit zu tun – er musste schnell essen, damit er einen Termin einhalten konnte. Das lässt sich nicht wegdiskutieren. Es gab eine globale Pandemie, die das Alltagsleben veränderte, die Restaurants in der Nähe waren geschlossen. Unter diesen Umständen ist es nachvollziehbar, dass es schwierig sein kann, eine vegane Mahlzeit zu finden. Er hat sein Bestes gegeben. Fischsandwichs sind in der Regel gesünder als Double-Cheeseburger mit Bacon.

Und genau wie er kann ich mir einfach nicht vorstellen, dass jemand sauer werden könnte, weil er ein Fischsandwich isst. Davon abgesehen halte ich es für ungesund, sich darüber zu ärgern, welches Sandwich jemand isst.

»Also, was soll ich tun, Mann? Das ist genau die Scheiße, über die sie sich immer aufregt, und das frustriert mich so«, sagte er. »Warum kann sie meine Situation denn nicht verstehen und mir einfach mal vertrauen?«

Nachdem ich Grayson versichert hatte, dass ich seine Frustration nachvollziehen könne, fragte ich ihn, ob er und seine Frau eine gegenseitige Abmachung getroffen hätten, sich vegan zu ernähren. Ich wollte wissen, ob – aus der Sicht seiner Frau – Versprechungen bezüglich ihrer Essgewohnheiten gemacht worden waren.

»Auf jeden Fall«, versicherte er. »Ich habe ihr gesagt, dass ich das mit ihr zusammen durchziehen und dass ich mich diszipliniert ernähren würde. Aber, Mann, es war nur Fisch, und wie ich schon sagte, war kein einziges Restaurant geöffnet.«

»Ich verstehe das alles«, sagte ich ihm. »Aber wir müssen deiner Frau gegenüber fair bleiben. Wenn du dich am Wochenende mit deinen Kumpels zu einer Runde Golf triffst, wird es nämlich sehr einfach werden, ihnen zu erzählen, dass deine nörgelige Frau vor ein paar Tagen nur wegen eines Fischsandwichs völlig ausgeflippt ist.«

Sicherlich hätte der eine oder andere von ihnen wissend genickt, weil ihre Lebenspartner ebenfalls solche Ausraster hatten, die sie sich nicht erklären konnten.

»Tut mir leid für dich, Mann«, würde dann einer vielleicht sagen. »Meine Alte ist genauso drauf. Sie regt sich immer über Kleinigkeiten auf, die völlig unwichtig sind.«

Aber die Geschichte mit der nörgelnden Ehefrau ist völliger Unsinn.

Wenn man es so darstellt, als ob die Frau meines Klienten ausrasten würde, weil er ein Fischsandwich gegessen hat, macht man es sich damit GENAU SO einfach, wie ich es mir vor Jahren gemacht habe. Auch ich hatte das Gefühl, dass meine Frau wegen solcher Kleinigkeiten Streits vom Zaun brach. Und weil sie das tat und ich nicht wegen »Unwichtigkeiten« ausflippte, hielt ich mich für den reiferen Menschen. Ich war vernünftig. Besonnen. Klug. Aber sie war nicht mal in der Lage, die Dinge richtig einzuschätzen. Sie konnte nicht mal den Unterschied erkennen zwischen einem dummen Fischsandwich und Dingen, die wirklich wichtig waren.

»Deine Frau glaubt, dass du es vermeidest, bestimmte Lebensmittel zu essen, weil ihr es euch gegenseitig so versprochen habt?«, fragte ich. »Ist es ein Kodex, nach dem ihr beide lebt? Etwas, das ihr gemeinsam tut, weil ihr es für eine gesunde Lebensweise haltet und es auch euren Kindern vorleben wollt?«

Ja, sagte er.

»Also, dann lass uns bitte vorsichtig sein, wie wir darüber denken und sprechen«, sagte ich. »Deine Frau verhält sich nicht wie eine verrückte Irre, die ausflippt, weil du ein Fischsandwich gegessen hast. Deine Frau verhält sich wie jemand, der gerade verletzt worden ist. Grayson, deine Frau ist verletzt, weil sie gerade betrogen wurde. Sie schert sich einen Dreck um das Fischsandwich, und es ist unfair und unehrlich, es so darzustellen.«

Worum sich Graysons Frau tatsächlich schert, ist, mit jemandem verheiratet zu sein, der seine Versprechen hält. Wenn sie von ihrem Ehemann annimmt, dass er nicht willens oder in der Lage ist, seine Versprechen zu halten, dann kann es in der Beziehung kein Vertrauen geben. Eine Beziehung ohne Vertrauen kann keine Sicherheit bieten, denn Beziehungen ohne Vertrauen sind nicht tragfähig. Menschen brauchen Sicherheit. Wir brauchen Sicherheit, um zu funktionieren, sonst verwenden wir unsere gesamte Zeit und Energie darauf, die Bedrohung zu beseitigen oder uns in Sicherheit zu bringen.

Vielleicht drückt sich das darin aus, dass man ein Gebäude fluchtartig verlässt, wenn der Feueralarm ertönt. Vielleicht darin, dass man vor hungrigen Löwen davonrennt. Oder vielleicht in der Abreise aus einer Stadt, die von einem Hurrikan bedroht wird. Oder vielleicht bedeutet es, sich von jemandem scheiden zu lassen, der nicht willens oder in der Lage ist, die Anforderungen zu erfüllen, die nötig sind, die Vertrauensbasis in einer Ehe aufrechtzuerhalten.

Graysons Frau war nicht sauer, weil ihr Mann Fisch aß. Graysons Frau war sauer, weil ihr Mann eine Entscheidung getroffen hatte, die ihr Vertrauen missbrauchte, und um die Sache noch schlimmer zu machen, hatte er ihre Wut benutzt, sie als unfaires, nörgelndes Arschloch hinzustellen, »wenn nicht alle nach ihrer Pfeife tanzen«.

Graysons Geschichte erinnerte mich an Auseinandersetzungen, die ich früher mit meiner Frau hatte, etwa darüber, dass ich einen Teller neben der Spüle stehen gelassen hatte oder dass ich Klamotten in unserem Schlafzimmer herumliegen ließ. Es kam Grayson ungerecht vor, dass man ihm etwas so scheinbar Harmloses wie den Verzehr eines Fischsandwichs in einer für ihn schwierigen Situation vorwarf. Aber für seine Frau war es sehr schmerzhaft festzustellen, dass ihr Mann ein Versprechen gebrochen hatte.

Manchmal sind in Beziehungen Gespräche über Fischsandwichs in Wirklichkeit Gespräche über Untreue, die als schmerzhaft empfunden wird. Wenn wir das nicht erkennen, sind wir dazu verdammt, dieselben Auseinandersetzungen zu wiederholen und uns immer wieder damit im Kreis zu drehen, bis etwas kaputtgeht und uns so sehr trifft, dass wir es merken.

Irgendetwas läuft hier falsch, sagen sie. *Nein, tut es nicht.*

Etwas tut weh, sagen sie. *Nein, tut es nicht.*

Ich kann so nicht leben, sagen sie. *Es ist so ungerecht, dass ich immer als der Schuldige hingestellt werde und dass nichts, was ich tue, jemals gut genug ist.*

Da sind zwei anständige, umgängliche, intelligente, wohlmeinende Menschen, die einander lieben und – philosophisch gesehen – eine erfolgreiche Ehe wollen. Doch egal, wie sehr sie sich bemühen, sich dem anderen zu erklären, scheint es nicht besser zu werden. Der Schmerz wird mit zunehmender Frustration und wachsendem Groll immer intensiver, die Abneigung nimmt zu.

Das häusliche Leben und die Partnerschaften, die sich einst so sicher und angenehm anfühlten, verändern sich langsam und stetig, bis dies nicht mehr der Fall ist. In Beziehungen mit Menschen, denen wir vertrauten, als sie uns versprachen, uns für immer zu lieben, geht dieses Vertrauen verloren.

Wir werden diese Gedanken in späteren Kapiteln noch weiter vertiefen, aber letztendlich ist es der Verlust von Sicherheit und Vertrauen, der die Ursachen für das Scheitern einer Ehe schafft.

»All You Need Is Love«, sangen John Lennon und Sir Paul McCartney bekanntlich bei den Beatles im Jahr 1967. Vielleicht haben sie es damals sogar geglaubt. Ich dagegen behaupte, dass die Liebe – in ihrer romantischen Form – bestenfalls die viertwichtigste Zutat für eine Ehe oder eine Beziehung ist, die auf Dauer Bestand haben soll.

SCHEIDUNG: DIE GROSSE GESELLSCHAFTLICHE KRISE UNSERER ZEIT

Es gibt keine größere Bedrohung für die Gesundheit und das Wohlbefinden der Menschen als toxische Beziehungen und Scheidungen. In einer zerrütteten Ehe zu leben oder eine Scheidung durchzumachen ist eine der einschneidendsten und schmerzhaftesten Erfahrungen, die ein Mensch in seinem Leben machen kann. Schlimmer noch: Es ist WAHRSCHEINLICH, dass es dazu kommt.

1. Statistisch gesehen fallen 95 Prozent der Amerikaner im Alter von achtzehn Jahren und älter in eine der drei Kategorien: verheiratet, ehemals verheiratet, mit der Absicht, in Zukunft zu heiraten.
2. Etwa 70 Prozent der Menschen, die heiraten, leiden unter einer dysfunktionalen Beziehung und/oder deren

Scheitern. (Diese 70 Prozent umfassen sowohl die Menschen, die sich scheiden lassen, als auch die Menschen, die in ihrer bestehenden Ehe unglücklich sind.)

3. Nach Ansicht von Psychologen, die die Auswirkungen von Stress auf die körperliche Gesundheit untersuchen, sind Scheidung und eheliche Trennung die am zweit- beziehungsweise drittstärksten belastenden Lebensereignisse, die ein Mensch durchmachen kann. Meine etwas weniger wissenschaftliche Herangehensweise, den Trennungsschmerz anhand der vergossenen Tränen und des angstbedingten Erbrechens zu bemessen, bestätigt die Ergebnisse der Forscher.
4. Die Ursachen, die dazu führen, dass sich gesunde Ehen und langfristige Liebesbeziehungen dramatisch verschlechtern, sind sehr schwer zu erkennen. Ich würde sogar so weit gehen, sie als unsichtbar zu bezeichnen.
5. Schlussfolgerung: Praktisch jeder ist von den negativen Folgen schlechter Ehen und Scheidungen betroffen. Die Informationen und Lebenskompetenzen, die erforderlich sind, um effektiv an gesunden, dauerhaften Liebesbeziehungen teilzuhaben, scheinen den meisten Menschen zu fehlen. Dafür kann niemand etwas. Natürlich liegt es in unserer Verantwortung, aber es ist nicht unsere Schuld. Weder unsere Eltern noch unsere Großeltern haben uns diese Dinge beigebracht oder auch nur in einer Weise darüber gesprochen, die uns auf die Strapazen einer Beziehung im Erwachsenenalter vorbereitet hätte. Aber bitte gib ihnen nicht die Schuld. Auch ihnen hat es niemand beigebracht.

In den Geschichten, die Menschen von ihrer Scheidung erzählen, tauchen immer wieder die gleichen Motive auf. In der Beziehung entstehen Spannungen, aber das passiert langsam und fast unmerklich. Die Belastung schleicht sich ein. Ganz leise. Heimtückisch. Wenn wir in der Lage wären, im gleichen Moment zu erkennen, was da passiert, würden die meisten von uns den Kurs korrigieren, denn die meisten von uns lieben ihre Partner und wollen, dass ihre Ehe weiter besteht.

Unsere wichtigsten Beziehungen sabotieren wir nicht mit Absicht. Es passiert eher so nebenbei. Die meisten von uns bemerken es noch nicht einmal. Diese Momente, die zum allmählichen Zusammenbruch unserer Beziehungen beitragen – da fallen keine Schüsse, da gehen keine Bomben hoch. Man kann es eher mit Nadelstichen vergleichen. Oder mit Papierschnittwunden. Sie hinterlassen winzige Verletzungen, die uns nicht sofort töten und die wir auch nicht für besonders gefährlich halten. Und genau DARIN liegt die Gefahr. Wenn wir etwas nicht als Bedrohung erkennen, dann sind wir nicht auf der Hut. Wir treffen keine Vorkehrungen, um uns und andere vor womöglich furchtbaren Folgen zu schützen. Diese winzigen Wunden beginnen zu bluten, aber sie bluten so langsam und kontinuierlich aus, dass viele von uns die Bedrohung erst erkennen, wenn es zu spät ist.

Die Scheidung war für mich sehr problematisch, und ich glaube, dass es den meisten von uns so geht. Aber wir sprechen nicht viel darüber. Vielleicht liegt es daran, dass wir uns schämen, vielleicht aber auch daran, dass Gespräche über Scheidung sowohl für Erzähler als auch Zuhörer unangenehm und schwer zu ertragen sind.

Wenn andere Leute dabei waren, taten meine Frau und ich meistens so, als wäre alles in Ordnung. Die Leute sollten nicht mitbekommen, dass unsere Ehe in die Brüche geht. Ich weiß nicht, wie viel davon der Höflichkeit und wie viel davon der Angst geschuldet war. Es kam mir ein bisschen so vor wie in den Zeiten, als ich finanzielle Schwierigkeiten hatte, aber nicht wollte, dass jemand davon erfuhr. Ob als Paar oder als Einzelperson, wenn ich eingeladen wurde, mit Freunden in den Urlaub zu fahren oder einfach nur am Wochenende in ein nettes Restaurant zu gehen, hatte ich meistens nicht das Geld, um zuzusagen (oder ich sagte zu, wusste aber, dass mir das Geld später fehlen würde, um Rechnungen und Lebenshaltungskosten zu bezahlen). Manchmal sagen wir nicht die Wahrheit – nicht, weil wir jemanden reinlegen wollen, sondern vielleicht um die Schmach, die wir zu verbergen versuchen, nicht publik zu machen oder weil wir so rücksichtsvoll sind, die Menschen, die wir lieben, mit unseren Sorgen zu verschonen.

Die wenigsten Menschen fühlen sich wohl, die schrecklichsten, stressigsten Abschnitte ihres Lebens mit anderen zu teilen. Und so laufen wir alle mit unseren aufgesetzten Masken der Höflichkeit herum oder versuchen, Dinge zu verbergen, für die wir uns schämen, während Millionen von Menschen in dem Irrglauben leben, sie seien die Einzigen, die mit dem Stress, der Angst, der Traurigkeit und der Wut konfrontiert werden, die sie empfinden.

Wenn wir die unmittelbare Erfahrung einer kriselnden Beziehung, die kurz vor dem Ende steht, beiseitelassen und über den Zustand der Ehe und langfristiger Liebesbeziehungen auf einer Makroebene nachdenken, wird unser Abstand noch deutlicher.

Trennungen kommen häufig vor. Scheidungen kommen häufig vor.

Jeden Tag gibt es Tausende davon. Ereignisse, die häufig vorkommen, scheinen normal zu sein. Üblich. Nichts dabei. Ereignisse, die wir für üblich halten, machen uns keine Angst. Und weil wir keine Angst haben, dass etwas Schlimmes passiert, versäumen wir es oft, uns zu schützen oder uns darauf vorzubereiten. Wenn Menschen vor der Ehe Schutzmaßnahmen ergreifen, dann meist in Form eines Ehevertrags, der einen der beiden davor schützen soll, vom anderen betrogen oder finanziell ausgenutzt zu werden, wenn die Ehe später geschieden wird.

Abgesehen von Eheverträgen und ein wenig vorehelicher Beratung, wie sie in bestimmten Religionen üblich ist, haben die meisten Menschen, die eine Ehe eingehen, wenig bis gar keine Zeit damit verbracht, sich sinnvoll darauf vorzubereiten. Als ich mir ausmalte, verheiratet zu sein, stellte ich mir vor, dass es sich anfühle wie die Fortsetzung der paar Jahre, die wir bereits miteinander verbracht hatten. Wenn es um andere langfristige Beziehungen als die Ehe geht, wird der Vorbereitung noch weniger Aufmerksamkeit geschenkt.

Ehe ist wie Freund und Freundin sein, ein Pärchen – aber für immer! Das wird großartig!

Wir gehen in die Ehe, ohne dass uns bewusst ist, dass Vorbelastungen aus früheren Beziehungen, die wir für weniger auffällig halten oder von denen wir glauben, dass sie sich mit der Zeit auflösen würden, in der Ehe oft zu wuchern beginnen, Metastasen bilden und uns schließlich zerstören. Wir wissen nicht, woran unsere Beziehungen scheitern werden, und selbst wenn wir es wüssten, fehlen uns in der Regel die Mittel und Fertigkeiten, die wir brauchen, um diese Probleme aus dem Weg zu räumen. Wir steuern geradewegs darauf zu, in unseren wichtigsten grundlegenden menschlichen Beziehungen zu scheitern. Wir bemerken aber gar nicht, dass wir etwas falsch machen, sonst würden wir ja ganz andere Entscheidungen treffen. Aber dass das nötig wäre, kommt uns nie in den Sinn.

Ist doch alles in Ordnung. Das wird sich bald beruhigen.

DER VERLUST DES EHEPARTNERS: DAS BELASTENDSTE EREIGNIS IM LEBEN EINES MENSCHEN

Im Jahr 1967 untersuchten die Psychiater Thomas Holmes und Richard Rahe die gesundheitlichen Auswirkungen verschiedener Lebensereignisse auf den Menschen, indem sie der Stressbelastung jedes Ereignisses einen Punktwert zuordneten. Das Ergebnis ihrer Arbeit war die Social Readjustment Rating Scale (SRRS), auch als Holmes-Rahe Stress Inventory oder Holmes-und-Rahe-Stressskala bekannt.

Wie bereits erwähnt kamen sie zu dem Schluss, dass eine Scheidung das zweitstressigste Lebensereignis für einen Menschen ist, noch vor einer Gefängnisstrafe, dem Tod eines Elternteils, eines Kindes oder dem Verlust eines Körperteils bei einem schweren Unfall. **Hinweis:** *Holmes und Rahe haben spezifisch den Stress gemessen, nicht die Intensität des emotionalen oder psychologischen Traumas. Ereignis A mag mehr SCHMERZEN als Ereignis B, aber Ereignis B kann dennoch mehr physischen Stress auf Geist und Körper ausüben.* Nur der Tod eines Ehepartners wird von ihnen als noch größerer Stressfaktor im Leben eingeschätzt, aber es kommt nicht von ungefähr, dass der Verlust des Ehepartners so weit oben auf der Stressskala steht.

Eine Trennung oder Scheidung verändert das Leben über Nacht.

Sie hat rechtliche und finanzielle Folgen. Vielleicht gibt es gemeinsame Kinder, vielleicht Haustiere. Familientreffen werden nie mehr so sein wie vorher. Dasselbe gilt im Grunde für jede größere Runde.

Die Holmes-Rahe-Stressskala

SOCIAL READJUSTMENT RATING SCALE

ANLEITUNG: Notiere den Punktwert für jedes dieser Lebensereignisse, das dir im vergangenen Jahr widerfahren ist. Addiere die entsprechenden Punkte. Ein Wert von über 150 Punkten weist auf ein erhöhtes Risiko hin, eine stressbedingte Krankheit zu entwickeln. Mehr als 300 Punkte deuten auf ein hohes Risiko hin, also pass bitte auf dich auf.

LEBENSEREIGNIS	PUNKTZAHL
1. Tod des Ehegatten	100
2. Scheidung	73
3. Trennung von Ehegatten	65
4. Inhaftierung oder Zwangsunterbringung in einer anderen Einrichtung	63
5. Tod eines nahen Familienangehörigen	63
6. Eigene Verletzung oder Krankheit	53
7. Heirat	50
8. Verlust des Arbeitsplatzes	47
9. Aussöhnung mit dem Ehepartner	45
10. Pensionierung/Ruhestand	45
11. Wesentliche Veränderung der Gesundheit oder des Verhaltens eines Familienmitglieds	44
12. Schwangerschaft	40
13. Änderung der persönlichen Gewohnheiten (Kleidung, Freundeskreis, das Rauchen aufhören)	24
14. Wechsel des Wohnsitzes	20
15. Starke Veränderung der Schlafgewohnheiten (viel mehr Schlaf oder weniger als gewöhnlich)	16
GESAMT	______

Ein Teil deiner Identität wird dir genommen, und du kannst nicht mal mehr du selbst sein. Alles tut weh. Du weinst. Du schämst dich, bist verängstigt, unsicher. Hast Schuldgefühle. Und dann weinst du noch mehr.

Ich bin zugegebenermaßen erstaunt darüber, dass wir diese Themen nicht offensiver und öfter miteinander besprechen. Wie kann es denn sein, dass unsere Bildungssysteme Kindern und jungen Erwachsenen wichtige Inhalte und Fertigkeiten vermitteln sollen, aber zwischenmenschliche Beziehungen, die praktisch jeden betreffen, überhaupt keine Rolle spielen?

Statistisch gesehen werden 95 von 100 Menschen heiraten, oder zumindest haben sie es vor. Bei den verbleibenden 5 Prozent kann man mit einiger Sicherheit davon ausgehen, dass die meisten im Erwachsenenalter in langfristigen Liebesbeziehungen leben werden, deren Dynamik oft der einer Ehe ähnelt.

Rekapitulieren wir noch einmal das statistisch gesehen häufigste realistische Szenario, wie Mann und Frau zusammenfinden: Zwei Menschen lernen sich kennen; der Altersschnitt reicht von Teenagern bis zu Menschen in den Vierzigern, aber die meisten sind in den Zwanzigern, wenn sie die Person treffen, die sie heiraten werden. In der Regel sind diese jungen Menschen, die sich total verliebt haben und ein gemeinsames Leben in Erwägung ziehen, nicht verhaltensgestört, keine kriminellen Psychopathen, keine pathologischen Lügner, nicht gewalttätig, krank, dumm oder bösartig. Meistens handelt es sich um zwei nette, anständige Menschen, die sich ineinander verlieben und aus freiem Willen heiraten *(sie tun es, weil sie es WOLLEN)*. Vom Konzept her sind sich beide über die Bedingungen der Ehe im Klaren. Sie wissen, dass es sich um einen Bund fürs Leben handelt und dass, wenn einer von ihnen es vermasselt, das Leben für alle Beteiligten ziemlich furchtbar werden kann. Beiden ist auch bewusst, dass fast die Hälfte aller Ehen in einer Scheidung endet, aber niemand glaubt, dass er selbst einmal zu der geschiedenen Hälfte gehören wird.

Mit anderen Worten: Obwohl wir emotional schlecht auf das vorbereitet sind, was auf uns zukommt, weiß im Prinzip jeder, worauf er sich einlässt, wenn er eine Ehe schließt.

In den Vereinigten Staaten beginnen 99 von 100 akzeptierten Heiratsanträgen damit, dass der zukünftige Bräutigam die Frage stellt. Er ist ein junger Mann, der einen Traum hat. Statistisch gesehen ist er neunundzwanzig Jahre alt und hat mehr als 6000 Dollar für den Verlobungsring ausgegeben.

Das glückliche, optimistische Paar beginnt, die Hochzeit zu planen. In der Regel laden sie die meisten Leute, die sie kennen, zu ihrer Heiratszeremonie und ihrem Hochzeitsempfang ein – eine eintägige Party, für die die Paare oder ihre Eltern durchschnittlich – halt dich fest – 30 000 Dollar ausgeben.

Die Geldsumme und die Gästeliste mögen im Zusammenhang mit dem Austausch des Eheversprechens zweier Menschen nebensächlich erscheinen, aber es ist wichtig zu bedenken, was es bedeutet, wenn Menschen bereit sind, so viel Geld auszugeben und sich vor allen, die sie kennen, eine öffentliche Erklärung dieser Größenordnung zu geben. Es ist ein hinreichender Beweis dafür, dass es diesen beiden Menschen mit ihren Absichten ernst ist. Dass sie in den Monaten vor ihrer Hochzeit und am Tag selbst viele Möglichkeiten in Betracht gezogen und sich für das Versprechen entschieden haben, einander für den Rest ihres Lebens treu zu sein. Sie bekunden dies vor Publikum – oft Hunderten ihrer engsten Freunde und Familienmitglieder – und schließen darüber hinaus in der Regel einen rechtsgültigen Ehevertrag.

Diese beiden glauben nicht, dass sie sich eines Tages scheiden lassen werden, obwohl bekannt ist, dass Ehen in etwa der Hälfte der Fälle damit enden. Allein in den Vereinigten Staaten werden täglich etwa 6200 Ehen geschlossen. Im Umkehrschluss bedeutet dies, dass täglich etwa 3000 Scheidungen ausgesprochen werden. Das solltest du mal einen Moment sacken lassen.

Mehr als 6000 Menschen (zu einer Ehe gehören in der Regel zwei Personen) sowie deren Kinder, Familien, Freunde und Arbeitskollegen werden jeden Tag mit einer neuen Scheidung konfrontiert. Und das nur in den Vereinigten Staaten. Ich könnte jetzt anfangen, das auf all die beschissen laufenden Ehen und unglücklichen Menschen in anderen Teilen der Welt hochzurechnen, aber ich möchte nicht, dass wir so früh im Buch zum Alkohol greifen müssen.

Dennoch ist der Mensch schwer unterzukriegen. Wir sind widerstandsfähig und haben eine biologische oder kulturelle Veranlagung, nach Fortschritt und Verbesserung zu streben. Obwohl eine Scheidung das Leben erschüttert und die Seele quält, nehmen manche ihren ganzen Mut und ihre Kraft zusammen und beschließen, es noch einmal zu versuchen.

»Ich bin wieder verliebt! Oh, happy day! Ich habe so viel aus meinen dummen Fehlern der Vergangenheit gelernt! Ich werde wieder heiraten, und es wird alles so sein, wie ich mir die Ehe immer vorgestellt habe! Ich habe endlich meinen Seelenverwandten gefunden!«

Vielleicht gibt es beim zweiten Mal weniger Pomp und Trara. Vielleicht geben die Leute dann keine 30 000 Dollar mehr aus und laden weniger Leute zu ihrer zweiten Hochzeit ein. Ich kann es dir nicht sagen.

Ich weiß nur eines: Trotz all der Lebenserfahrung und Weisheit, die man aus der vorherigen Ehe gewonnen hat, und trotz all des Schmerzes, der Traurigkeit und der Wut, die man nach einer Scheidung empfindet, beenden Menschen ihre zweite Ehe noch häufiger als die unerfahrenen Erstverheirateten, die nicht wussten, worauf sie sich einließen.

Zweite Ehen scheitern in den USA in 67 Prozent der Fälle.

Das ist doch Wahnsinn, oder? Dass Menschen all das durchmachen und sich dann beim zweiten Mal noch beschissener in der Ehe anstellen? Das war eine rhetorische Frage. NATÜRLICH ist es Wahnsinn.

Es handelt sich nicht um Menschen, die mit vorgehaltener Waffe gezwungen werden, oder gar um Menschen, zu deren Kultur die arrangierte Ehe gehört. Es geht hier um Menschen, die sich der Bedeutung von »für immer« und »Monogamie« voll bewusst sind und FREIWILLIG die Ehe mit dem Partner ihrer Wahl eingehen.

Sie wollen es so und können sich einigermaßen vorstellen, was auf dem Spiel steht, und trotzdem funktioniert es in der Hälfte der Fälle nicht. Und die Belohnung für diejenigen, die es ein zweites Mal wagen? Die Chancen, dass sie in nicht allzu ferner Zukunft die Scheidungspapiere beim Notar einreichen, stehen in etwa bei zwei zu eins.

WIE ICH DIE SCHEIDUNG KENNENLERNTE

Ich war vier Jahre alt, ein Einzelkind, als ich erfuhr, was Scheidung bedeutet. Meine Eltern ließen sich 1983 scheiden. Während einer Tornado-Übung in der Vorschule weinte ich einmal, weil ich dachte, der Tornado aus *Der Zauberer von Oz* würde gleich über uns hereinbrechen und uns in den Himmel blasen. Schwer zu erklären ist auch, dass ich mir beim Werkunterricht ein Stück Klebeband so weit in eines meiner Nasenlöcher stopfte, dass die Lehrer es nicht mehr entfernen konnten und meine Mutter anrufen mussten, damit sie von der Arbeit kam und mich abholte. Man muss hier also einen gehörigen Grad an Hirnverbranntheit berücksichtigen, wenn ich mich an folgende Ereignisse zu erinnern versuche. Vielleicht sollte man lieber nicht jedes Wort auf die Goldwaage legen. Wahrscheinlich habe ich einen Haufen Dinge missverstanden. Aber eines weiß ich ganz genau: Bis zu meiner eigenen Scheidung dreißig

Jahre später hat mich kein Lebensereignis so sehr mitgenommen und geprägt wie dieses.

Mama und Papa setzten mich an dem Tag, an dem ein Scheidungsrichter in Iowa über das Sorgerecht entscheiden sollte, bei einem Freund der Familie ab. Meine Eltern waren schon etwas älter, sie hatten cooles Zeug zu Hause, antike Miniaturholzschiffe mit funktionierenden Masten und Segeln, in unserer Garage stand ein echtes Sammlerstück, ein seltener Wagen von Excalibur, und sie hatten einen kleinen Schnauzer oder Scotchterrier namens Colonel Klink. Vermutlich benannt nach der Figur aus der Fernsehserie *Ein Käfig voller Helden*. Ich habe nie gefragt.

Wir holen dich danach ab, sagten meine Eltern.

Wonach?

Wir gehen zu einem Richter, sagten sie.

Aber warum?

Weil Mommy und Daddy ab heute nicht mehr zusammenleben werden, und der Richter wird entscheiden, ob du hier bei Dad oder in Ohio bei Mom leben wirst, sagten sie.

Aber warum?

Ich wusste ja nicht, was ein Sorgerechtsstreit ist, und ich bezweifle, dass jemand versucht hat, es mir zu erklären. Ich wusste nicht, welche Auswirkungen es haben würde, Hunderte von Kilometern von einem meiner Elternteile entfernt zu leben. Ich wusste nicht, wie schwerwiegend die Entscheidung des Richters an diesem Tag war. Noch dazu gibt es keine Entscheidung, die ein Justiziar treffen könnte, die etwas reparieren kann, das kaputtgegangen war oder ein Unrecht wiedergutmachte.

Nach ihrem Termin bei Gericht kehrten meine Eltern zurück. Beide waren traurig und weinten. Ich kann mich nicht erinnern, dass ich sie schon einmal weinen gesehen hätte.

Aber warum?

Papa kniete sich hin, damit er mir in die Augen sehen konnte. »Der Richter hat entschieden, dass es das Beste für dich sei, bei deiner Mutter in Ohio zu leben«, sagte er. »Wir können den Sommer und die Ferien zusammen verbringen«, sagte er. »Ich werde immer dein Vater sein, und ich werde dich immer lieben«, sagte er. »Alles wird gut werden«, sagte er.

Auch Mama kniete sich hin und sah mir in die Augen. »Wir ziehen weit weg nach Ohio zu deinen Großeltern«, sagte sie. »Es tut mir so leid«, sagte sie. »Dein Vater wird immer dein Vater sein, und er wird dich immer lieben«, sagte sie. »Ich werde dich nie daran hindern, deinen Vater zu sehen«, sagte sie. »Wir beide lieben dich so sehr«, sagte sie. »Alles wird gut«, sagte sie.

Na gut. Kann ich jetzt wieder zurück zu meinen Spielsachen?

Ich war vier. Es fällt mir selbst heutzutage noch schwer genug, solche Nachrichten zu verdauen. Ich brauchte He-Man und Chewbacca, um meinen Tag zu retten. Ich brauchte meine Garfield- und E.T.-Stofftiere, um sie fest an mich zu drücken.

Alles wird gut.

Ich weiß nicht mehr, wie viel Zeit zwischen dem Bekanntwerden der Entscheidung des Richters und meinem ersten Abschied von einem meiner Eltern verging. Oft sind es nicht die Details, an die wir uns in den einschneidendsten Momenten des Lebens erinnern. Es ist ein Gefühl, das haften bleibt.

Vielleicht kennst du dieses Gefühl. Wenn es dir so geht wie mir, dann schnürt es dir die Kehle zu. Fast so, als ob etwas darin stecken würde. Erst tut es ein bisschen weh. Und dann sehr. Es ist weniger ein Stechen als vielmehr eine Schwellung. Du kannst atmen, aber nicht so leicht wie sonst. Und all das kannst du verbergen, aber nicht die Tränen. Die Tränen verraten dich jedes Mal.

Es war an der Zeit, stark zu sein. Wie meine Plastikactionfiguren und ihre animierten Kollegen, die in den Zeichentrickfilmen am Samstagmorgen die Welt retteten. Wenn ich weinte, würde das denjenigen, von dem ich mich verabschiedete, noch mehr verletzen. Wenn ich weinte, würde es noch dazu den Elternteil verletzen, der mich weit weg von dem anderen brachte. Egal wie: Wenn ich weinte, tat ich Mama und Papa weh.

Erst Jahre später entwickelte ich die Fähigkeit, alles zu unterdrücken – es runterzuschlucken und drinzubehalten, wo es niemand sehen kann. Aber an diesem Tag – ich war immer noch vier Jahre alt und hatte noch keine Übung darin – habe ich es nicht geschafft, mich zu verstellen. Ich winkte Papa so lange zu, wie ich ihn noch sehen konnte. Er wurde durch die Heckscheibe immer kleiner, als wir einem neuen Zuhause und einem neuen Leben in der Ferne entgegenfuhren.

Vielleicht zerbrach ich nach diesem ersten Abschied von meinem Vater innerlich ein wenig, vielleicht war es aber auch erst beim nächsten oder übernächsten Mal. Es waren meine ersten Begegnungen mit diesem unsichtbaren Schmerz.

Diese ungewöhnliche Lebensweise prägte meine Kindheit. Ich wuchs mit Hunderten von Kilometern Entfernung zwischen mir und einem Elternteil auf. Kaum eines der anderen Kinder, die ich kannte, hatte geschiedene Eltern. Die einen oder anderen lebten nur eine kurze Autofahrt vom anderen Elternteil entfernt, sodass sie sich oft sahen.

Eine Scheidung ist hart, dachte ich immer wieder. *Ich weiß nicht, was ich mal mit meinem Leben anfangen werde, aber eines weiß ich ganz sicher: Ich werde mich NIEMALS scheiden lassen.*

Denn ich wusste, was auf dem Spiel steht. Es gibt nichts Unangenehmeres als diesen Kloß im Hals. Dabei bin ich wirklich keiner, der schnell aufgibt.

Kennst du das, man fragt dich, was du werden willst, wenn du erwachsen bist? Ich hatte nie die passende Antwort, außer: »Ich weiß, was ich nicht sein will – ein Versager. Das Einzige, was ich sicher weiß, ist, dass ich mich niemals scheiden lassen will.«

Ups!

IST EINE SCHEIDUNG WIRKLICH SO SCHLIMM?

Vielleicht denkst du gerade: »*Echt jetzt, Matt. Die große gesellschaftliche Krise unserer Zeit? Ist das nicht vielleicht ein bisschen dick aufgetragen? Sicher, eine Scheidung ist schlimm, aber auf der Welt gibt es so viele Dinge, die noch viel schlimmer sind!*«

Mir geht es hier nicht darum, über deine Prioritäten zu urteilen. Menschen, die Besseres verdient hätten, müssen alle möglichen Schicksalsschläge erleiden. Und bei Scheidungen kann man argumentieren, dass sie manchmal sogar positive Entwicklungen einleiten (Menschen sollten die Möglichkeit haben, missbräuchlichen Beziehungen und grundsätzlich ungesunden Ehen zu entkommen), während andere unangenehme gesellschaftliche Phänomene wie Armut, Rassismus, Sexismus und verschiedene Formen von Intoleranz und Bigotterie alles immer nur noch schlimmer machen.

Ich will hier nicht versuchen, eine Rangliste all der Dinge zu erstellen, die scheiße sind, und dabei gedankenlos die wichtigen Kämpfe bagatellisieren, die gute Menschen da draußen austragen. Nichtsdestotrotz behaupte ich, dass Scheidungen schlimmer sind als ihr Ruf.

Wenn Menschen sich scheiden lassen, denken die meisten von uns: »Das war ja klar. Haben wir doch alle kommen sehen. Das ist sehr schade. Was gibt es eigentlich zum Abendessen?«, bevor wir zu unserem gewohnten Unterhaltungsprogramm zurückkehren: fernsehen und unsere Social-Media-Feeds checken.

Ist eine Scheidung oder die Trennung nach einer Langzeitbeziehung wirklich SO schlimm? Vielleicht nicht für jeden. Aber meine Scheidung war es für mich. Vielleicht war ich wegen der Scheidung meiner Eltern vorbelastet. Vielleicht war ich besorgt darüber, was meine Familie und meine Freunde von mir denken würden, weil ich im wichtigsten Job, den ich hatte, versagt hatte. Vielleicht hatte ich Angst vor dem Alleinsein. Vielleicht vermisste ich auch einfach nur meine Frau und meinen Sohn.

Ja, für mich war es SO schlimm.

In den ersten Monaten nach der Trennung lebte ich immer noch unter dem Irrglauben, ich sei das Opfer. Dass die Scheidung etwas war, das meine Frau mir angetan hatte. Dass sie sich selbstsüchtig und auf völlig unfaire Art dafür entschieden hatte.

Die Scheidung hat mich innerlich gebrochen. Manchmal ertappte ich mich dabei, wie ich nach dem Rasieren oder Zähneputzen mein Spiegelbild anstarrte. *Wer zum Teufel bist du eigentlich?* Es war genauso seltsam, wie du es dir gerade vorstellst.

Die Scheidung hat die meisten meiner Erinnerungen an mein früheres Leben verdorben und vergiftet. Als ob ich einen Teil meines Lebens verschwendet hätte. Als ob nichts davon von Bedeutung gewesen wäre. Die Scheidung löste das größte Gefühl von Schmerz und Verlust aus, das ich je erlebt hatte – etwas, das ich mit mir herumtragen und verstecken musste, während ich vergeblich versuchte, zu funktionieren, auf der Arbeit, im Freundeskreis oder bei Familientreffen, wo nichts mehr so sein würde und sein konnte wie früher.

Eine Scheidung beraubt dich nicht nur deiner Vergangenheit. Sie raubt dir auch deine Zukunft. Deine Hoffnungen und Träume? Die Pläne, für die du jeden Tag aufgestanden bist und auf die du hingearbeitet hast? *Verpufft.* Wie ich mir den nächsten Tag vorgestellt hatte, wie ich in fünf und in fünfundzwanzig Jahren leben wollte – all das konnte nun nie mehr Wirklichkeit werden. Es war eine äußerst unangenehme und einschneidende Umstellung meines Lebens, auf die ich nicht vorbereitet war.

Eine Scheidung ist nicht das Ende der Welt, aber mental und emotional kann es sich so anfühlen. Unser Gehirn und unser Körper sind durchaus in der Lage, in diese Weltuntergangsstimmung zu verfallen, da kann die Sonne jeden Tag noch so verlässlich auf- und untergehen.

Ich habe meiner Frau die Schuld gegeben. Dafür, dass sie mich im Stich gelassen hat. Dass sie mir meinen Sohn weggenommen hat, so wie mir als Kind mein Vater weggenommen wurde. *Sie hat mir das angetan.*

Unser kleiner Junge wurde in den ersten Monaten nach der Scheidung fünf Jahre alt – er war so alt wie ich, als sich meine Eltern trennten. Es kam mir fast schon poetisch vor, wie in einer dieser Geschichten von Edgar Allan Poe, die Unbehagen in einem auslösen. Wenn ich ihn bei seiner Mutter absetzte oder sie ihn bei mir abholte, hatte ich das gleiche Gefühl wie damals in der Kindheit, den Kloß im zugeschwollenen Hals. Das Gefühl, das ich hatte, wenn ich mein Gepäck vom Auto eines Elternteils zum anderen gebracht hatte und dann wegfuhr, mit den Tränen kämpfte und wusste, dass es Monate dauern würde, bis ich Mama oder Papa wiedersehen würde.

Ich war so verdammt wütend darüber, dass ich dreißig Jahre später als Vater und verlassener Ehemann dieselben Gefühle wieder empfand. *Sie hat mir das angetan.*

Irgendwie wollte ich sterben. Ich dachte nicht unbedingt an Selbstmord, aber ich fühlte einen konstanten und lähmenden Schmerz in meinem Kopf und in meiner Brust, der so quälend war, dass ich zum ersten Mal in meinem Leben keine Angst mehr vor dem Tod hatte.

Du hast keine Angst mehr, weil es dir so vorkommt, als könnte es nicht mehr schlimmer kommen, kein Schmerz größer sein als der, den du schon empfindest. (Es stellte sich heraus, dass dieser Zustand nicht von Dauer ist: Mittlerweile bin ich wieder total paranoid und habe wieder Angst vor dem Sterben. Juhu, geheilt!)

Aber das erste Jahr? Geistig und emotional war ich ein bisschen wie Heath Ledgers Interpretation des Jokers in *The Dark Knight* in der Szene, in der Batman auf dem Batpod (dem seltsamen Motorrad mit den fetten Reifen) angerast kommt und der Joker direkt auf ihn zugeht, als wollte er überfahren werden. Ich erinnere mich daran, wie ich im Auto saß und riesige Sattelschlepper sah, die auf dem Highway auf mich zurasten, und manchmal dachte ich: *Vielleicht schläft der Fahrer ein, durchbricht die Leitplanke in den Gegenverkehr und macht allem ein Ende.*

»*Komm schon. Ich will, dass du es tust. Ich will, dass du es tust. Treff mich. Treff mich!*«, brüllt der Joker Batman wie irrsinnig an. So ähnlich war es auch bei mir, obwohl ich weder Gesichtsbemalung trug noch mit einer automatischen Waffe hantierte.

Zum ersten Mal in meinem Leben verspürte ich eine so große Schmerzbelastung, dass ich nachvollziehen konnte, warum Menschen manchmal den Tod suchen. Ich war von so viel Dunkelheit umgeben, dass mir dieser Ausweg plausibel erschien. *Wenn ich mich jeden Tag so fühlen würde, ohne Hoffnung, dass der Schmerz jemals aufhört, würde ich vielleicht auch nicht mehr leben wollen.*

Dies war mein erster Durchbruch nach der Scheidung. Es war der erste Moment, an den ich mich konkret erinnern kann, wie ich meine Gedanken, Gefühle und Befürchtungen in Bezug auf etwas, mit dem »andere Menschen« zu kämpfen haben (emotionaler Schmerz und Selbstverletzungs- oder Selbstmordgedanken), registriert und daraufhin meine Haltung dazu geändert habe.

Es dauerte nicht lange, bis ich mir zusammenreimen konnte, dass diese äußerst schmerzhaften Gefühle, die ich hatte, sich nicht wesentlich von denen unterschieden, die meine Frau durchgemacht und mir zu veranschaulichen versucht hatte, während sie um unsere Ehe kämpfte.

Heilige Scheiße! Gefühle können WEHTUN, dachte ich. *Und wenn Gefühle so sehr wehtun können und meine Frau genau darunter litt und ich jedes Mal, wenn sie versuchte, mir auf den Trichter zu helfen, ihren Schmerz zu verstehen, so reagierte, als wäre sie dumm, schwach oder verrückt, und ich mich weigerte, mein Verhal-*

ten zu ändern – ist es dann nicht verständlich, dass sie unsere Ehe beenden wollte? Wenn ich an ihrer Stelle gewesen wäre und denselben Schmerz durchlebt hätte, ohne dass sie mich unterstützt oder sich um mein Leiden gekümmert hätte, hätte ich dann nicht die gleiche Entscheidung getroffen wie sie?

In Sachen Empathie – eine der wichtigsten Lebenskompetenzen, die man braucht, um in Beziehungen zu bestehen – war ich nicht besonders versiert, aber so begann meine Reise.

GESCHEITERTE BEZIEHUNGEN RESULTIEREN VOR ALLEM AUS UNSEREM NICHTWISSEN

Das ist keine besonders verblüffende oder sexy These. Aber wir müssen uns nicht lange umsehen, um Millionen von emotional gestörten und krankhaft depressiven Geschiedenen und ihre vielen unschuldigen Kinder zu finden, die von den Folgen der gescheiterten Ehe betroffen sind und fast alles dafür geben würden, wenn ihre Familien wieder zusammengebracht werden könnten.

Wir brauchen nicht lange zu suchen, um Menschen zu finden, die eine qualifizierte Ausbildung genossen haben und in ihren Berufen großartige Fertigkeiten vorweisen können, aber darunter leiden, dass ihr Familienleben auseinanderbricht.

Wir brauchen nicht lange zu suchen, um Menschen zu finden, die anscheinend jedes Kästchen auf ihrer »Was ich schon Tolles im Leben gemacht habe«-Checkliste abhaken können, aber alles dafür eintauschen würden, wenn sie den Schmerz loswerden könnten, den sie nach einer Trennung von ihrem Partner und ihrer Familie empfinden.

Obwohl sich meine Eltern scheiden ließen, als ich noch klein war, habe ich die meiste Zeit in dem Glauben gelebt, dass das, was Ehen auseinanderbringt, Verhaltensweisen sind, die ich als

»schwere Eheverbrechen« bezeichnen möchte. So wie Mord, Vergewaltigung und bewaffneter Raubüberfall in der Strafjustiz als schwere Verbrechen gelten, so betrachte ich sexuelle Affären, körperliche Misshandlung des Ehepartners oder das Verspielen der Familienersparnisse als schwere Eheverbrechen.

Da ich keine schwerwiegenden Eheverbrechen beging, schlug ich vor, dass wir es dabei belassen sollten, unterschiedlicher Meinung zu sein, wenn meine Frau und ich auf verschiedenen Seiten eines Problems standen. Ich glaubte, dass sie im Unrecht war – entweder dass sie die Situation grundlegend falsch einschätzte oder dass sie mich ungerecht behandelte. Es schien immer so, als würde die Strafe nicht zum Verbrechen passen – als würde sie mich des vorsätzlichen Mordes beschuldigen, obwohl mein Vergehen von der Größenordnung her eher darin bestand, mit einem durchgebrannten Rücklicht, von dem ich nicht einmal wusste, dass es durchgebrannt war, ein wenig zu schnell gefahren zu sein.

Nur weil sie es so wolle, müsse ich ihr noch lange nicht »recht geben«, sagte ich immer. Während unserer zwölfjährigen Beziehung habe ich mich oft so verhalten und ähnliche Sprüche von mir gegeben. Unsere Ehe starb tausend Tode, bevor sie offiziell beerdigt wurde.

Die Umstände, die Liebesbeziehungen zerstören, das Vertrauen untergraben, unsere emotionale Gesundheit vergiften und unbemerkt den Countdown zur Scheidung in unseren Ehen einleiten, verstecken sich oft hinter harmlosen, unschuldigen alltäglichen Verhaltensweisen.

Gewöhnlich stirbt die Liebe nicht mit einem lauten, dramatischen Knall. Es gibt keine Blitze oder grellen Lichtsignale. Die Probleme verstecken sich im Schatten. Der Schmerz schleicht sich in den stillen Momenten ein, wenn wir mit unseren Gedanken und Ängsten und einem Haufen unbeantworteter Fragen darüber, was unsere Partner wirklich über uns denken, allein sind.

Hunderte, vielleicht Tausende Male hat meine Frau versucht,

mir zu signalisieren, dass etwas nicht stimmt. Dass etwas sie verletzt hatte.

Aber das kann doch gar nicht sein. Ich versuche doch gar nicht, sie zu verletzen, also sollte sie sich auch nicht verletzt fühlen.

Es ist nicht alles mit einer krachenden Explosion in die Luft geflogen. Wir sind an 10 000 Papierschnittwunden verblutet.

Im Stillen. Ganz langsam.

Sie wusste, dass etwas nicht stimmte. Ich bestand darauf, dass alles in Ordnung war. Auf diese Art geht deine Beziehung zugrunde.

Lebens- oder Ehepartner, die häufig, wenn nicht gar immer, Wert darauf legen, den anderen in ihre täglichen Entscheidungen einzubeziehen, bauen gegenseitiges Vertrauen auf und schaffen damit die Grundlage für eine langfristige Partnerschaft oder Ehe, die Bestand haben kann.

2
GUTE MENSCHEN KÖNNEN SCHLECHTE EHEPARTNER SEIN

Die meisten von uns treten in den Ehestand ein, wie ich es mir in einer Folge der ausgedachten Fernsehshow *Die Ehe: Insel der Überlebenden* vorstellen könnte.

Nichts anderes ist die Ehe doch im Grunde, oder? Ganz gleich, wie wunderbar unsere Eltern und die restlichen Familienangehörigen sind, und ganz gleich, wie gut unsere Ausbildung und unsere akademischen Qualifikationen aussehen, Ehe ist im Grunde so, als ob alle, die wir zu unserer Hochzeit einladen, mit uns im selben Flugzeug säßen. Dann verabschieden sie sich von uns, und wir springen mit dem Fallschirm über einer Insel ab, von der wir glauben, dass wir uns dort auskennen, von der wir aber eigentlich so gut wie nichts wissen.

Wir wissen, wie wir uns ernähren können und dass das für unser Überleben wichtig ist. Aber wissen wir auch, wo wir Essen finden und was wir auf der Insel unbesorgt essen können? Vielleicht wissen wir, wie man einen Unterschlupf baut. Aber wissen wir auch, welcher Standort dafür geeignet ist und was unsere Sicherheit gefährden könnte – das Wetter, Krankheiten, Tiere, andere Menschen? Normalerweise wissen wir gerade mal so ein bisschen, wie man es schafft, am Leben zu bleiben, aber in diesem Fall wissen wir nicht einmal, was tödlich sein könnte und was ungefährlich.

»Viel Glück!!! Wir lieben euch, Leute!!! Geht niemals im Streit ins Bett!!!« Alle lächeln sie uns an und winken und pusten Seifenblasen oder werfen Reiskörner mit den besten Absichten und geben

uns Weisheiten mit auf den Weg, die aus einem Glückskeks stammen könnten, während sie uns losschicken, um Darwinismus in Reinkultur zu erleben.

Niemand sagt uns die Wahrheit über die Ehe, und selbst wenn jemand es versucht, wird sie nicht ankommen, weil die meisten von uns nichts ernst nehmen, was keine unmittelbare Bedrohung darstellt. Es ist ein Klischee, in dem aber auch viel Wahres steckt: Wir wissen nicht, was wir nicht wissen.

Die Erwachsenen haben uns schlechte Dienste erwiesen, als wir aufwuchsen. Sie haben uns nicht die ganze Geschichte erzählt. Die schmutzigen Stellen haben sie für sich behalten. Sie haben uns nicht die Wahrheit gesagt.

Sie haben uns nicht gesagt, dass sich das, was Liebe und Ehe letztendlich den Garaus macht, als unwichtig und belanglos tarnt. Sie haben uns nicht gesagt, dass das, was am gefährlichsten ist, weder gefährlich ERSCHEINT noch sich gefährlich ANFÜHLT, während es passiert. Sie haben uns nicht davor gewarnt, dass die langsame, aber stetige Anhäufung von Tausenden von Kleinigkeiten – Tausende von Papierschnittwunden – letztlich jeden Anflug von Vertrauen und Intimität zerstören wird und dass dies oft zum endgültigen Zusammenbruch von Ehe und Familie führt.

Natürlich hatten sie die besten Absichten bei dieser Vorenthaltung von Tatsachen, denn es ging darum, uns zu schützen. Wenn du, wie ich, Kinder hast, wird es dir nicht schwerfallen, das nachzuvollziehen. Die Erwachsenen wollten unsere Unschuld bewahren. Sie wollten, dass wir weiter an den Weihnachtsmann glauben, weil es uns gefiel und glücklich machte.

Wir sollten unseren Eltern nicht die Schuld für unsere Probleme geben. Ich glaube auch nicht, dass meine Lehrer, Trainer oder andere Erwachsene aus der Zeit, als ich aufgewachsen bin, dafür verantwortlich sind, dass ich ein beschissener Ehemann bin. Wir alle machen selbst (oder auch nicht) die Betten, in denen wir schlafen.

Wenn wir sie alle nebeneinander aufreihen und danach fragen würden, würden wir feststellen, dass ihre Eltern, Lehrer und Trainer ihnen auch nichts von diesem Zeug erzählt haben. Alle haben diese Ignoranz und Blindheit weitergegeben. Das sieht man auch an der miserablen Erfolgsquote von Ehen und Langzeitbeziehungen.

Ich möchte hier keineswegs behaupten, dass ich der Meinungsführer in Sachen Weisheiten zur Ehe und »So geht es richtig« bin. Ich bin auch nicht viel mehr als irgendein geschiedenes Arschloch. Mir stellen sich die gleichen Fragen darüber, wie man die Scheidungsepidemie und ungesunde Beziehungen bekämpfen kann, wie dir. Aber offensichtlich ist da etwas nicht in Ordnung. Wenn die meisten Menschen in ihrer wichtigsten Beziehung extrem unglücklich sind, trägt das wohl kaum positiv zur Gesamtsituation auf der Welt bei. Ich weiß nicht, ob man messen kann, wie sehr sich der ganze zwischenmenschliche Mist auf gesellschaftlicher Ebene auswirkt (man denke nur an Demonstrationen und politische Unruhen), aber ich kann mir kaum vorstellen, dass es sehr viele Teilnehmer gewalttätiger Protestmobs gibt, die von einer hohen Beziehungsqualität zu Hause sprechen würden.

Eine der Möglichkeiten, die Welt zu verbessern, besteht darin, dass wir uns selbst und die jüngeren Generationen ernsthaft mit dem Wissen und den Fertigkeiten vertraut machen, die wir brauchen, um unsere zwischenmenschlichen Beziehungen zu meistern. Als Eltern können wir unsere Kinder vielleicht vorbereiten, wie es uns nicht vergönnt war, um sich besser durch das emotionale Minenfeld von Beziehungen im Erwachsenenalter zu navigieren. Und auf gesellschaftlicher Ebene können wir vielleicht mehr Zeit darauf verwenden, darüber nachzudenken und zu diskutieren, wie wir unsere Schüler im Bildungssystem mit diesem Wissen und diesen Fertigkeiten ausstatten können.

Rate doch mal, wie oft der Satz des Pythagoras oder die Fähigkeit, Eruptiv- von Sedimentgestein zu unterscheiden, oder das Wissen, welche Generäle die Armeen im Krieg von 1812 anführten, wichtig für mein Leben gewesen sind?

Ich mache das hier, weil mir alle da draußen, die ihre Kämpfe austragen und nicht einmal wissen, worauf sie achten müssen oder wofür sie in ihren Beziehungen die größte Energie aufwenden sollen, nicht egal sind. Ich mache das hier, um für all die weinenden kleinen Kinder zu kämpfen, die nichts weiter wollen, als dass Mama und Papa einander lieben und sie beschützen.

Der Zustand menschlicher Beziehungen und die negativen Auswirkungen auf die Menschen, die sie führen, ist ein globales Problem. Eines, das wir auf unsere Gefahr hin ignorieren. Lass uns also über einige der Gedanken sprechen, die mich zu einem besseren Menschen gemacht haben, die vielleicht meine Ehe gerettet hätten und vielleicht auch dir helfen könnten oder jemandem, den du liebst.

Ich habe mich immer für einen guten Menschen gehalten. Ich habe das bereits erwähnt, weil es stimmt und dazu beigetragen hat, dass ich in diesen ganzen Schlamassel geraten bin. Solange ich mich erinnern kann, war das der Fall. Für mich stand fest, dass ich Menschen liebe und niemanden hasse. Dass man ein guter Mensch zu sein hatte, war für mich einer der wichtigsten Werte. Für mich stand fest, dass ich niemals jemanden absichtlich verletzen wollte – und wenn mir klar wurde, dass ich jemanden VERLETZT HATTE, fühlte ich mich immer schrecklich und wünschte, es wäre nicht passiert.

Ich bin keiner, der anderen schaden will, und war es auch nie. Und ich glaube (ich hoffe, das ist nicht naiv von mir), dass die meisten Menschen so sind. Dass die meisten Liebespartner so sind.

Dieser Gedanke ist wichtig, weil ich glaubte, dass die unsichtbaren Faktoren, die uns zu dem machen, was wir sind – die uns zu sogenannten guten oder schlechten Menschen machen –, die gleichen sind, die darüber entschieden, ob ich ein guter oder ein schlechter Ehemann war. Ein guter oder ein schlechter Vater. Ein guter oder ein schlechter Freund.

Denn ich bin ein guter Mensch, der seine Frau liebt, der ihr gute, positive Gefühle entgegenbringt, der ihr nie absichtlich wehtun würde. Ich bin ein guter Ehemann!

Ziemlich albern, nicht wahr? Aber vielleicht denkst und fühlst du das auch.

Mir kommt diese Vorstellung heute absurd vor.

Im Leben bekommen wir es mit unzähligen liebenswerten, erstaunlichen, bewundernswerten Menschen zu tun, die aber trotzdem einer bestimmten Funktion oder Rolle nicht gewachsen sind. Meine Großmutter ist der liebste und netteste Mensch, den es je gegeben hat. Jeder, der etwas anderes behauptet, ist entweder ein dreckiger Lügner oder hat sie nie kennengelernt. Trotz des tadellosen Charakters meiner Großmutter halte ich sie nicht für die am besten geeignete Person, wenn es darum geht, einen Rennwagen zu steuern, ein Architektenteam zu leiten, das ein Hochhaus in New York City entwirft, oder eine kaputte Uhr zu reparieren. Die Fähigkeit, Rennwagen zu fahren, Gebäude zu entwerfen, die nicht einstürzen, und kaputte Uhren zu reparieren, hat sehr wenig damit zu tun, ob die Person einen guten Charakter hat.

Sowohl die Entwicklung eines fundierten Fachwissens zu einem Thema als auch die Aneignung von Fertigkeiten, Aufgaben auf hohem Niveau zu meistern, erfordern nicht nur Studium, sondern auch Praxis. Doch Beziehungen sehen die meisten nicht als etwas an, an dem wir arbeiten müssen, um es zur Vervollkommnung unserer Fertigkeiten zu bringen.

Stell dir vor, du wärst in der Kochschule und rührtest ein katastrophales Omelett aus faulen Eiern, vergammeltem Gemüse und ranzigem Essig zusammen, und dann beschwertest du dich über deinen Ausbilder, der die von dir zubereitete Mahlzeit kritisiert, mit der Begründung, du seist ein beliebter Mensch, der lokale Wohltätigkeitsorganisationen unterstützt.

Für meine Frau muss ich mich genau so angehört haben.

Dann zog sich bei mir alles zusammen, die Anspannung stieg, und ich machte das ungläubige Gesicht mit den zu Schlitzen verengten Augen und der gerunzelten Stirn, das ich immer mache, wenn ich etwas sehe oder höre, das meiner Einschätzung nach lächerlich ist. Ich glaube nicht, dass ich jemals gesehen habe, wie ich aussehe, wenn ich dieses Gesicht mache, aber man kann davon ausgehen, dass es ein Gesicht ist, in das man einfach nur noch reinschlagen möchte.

Und wenn ich in einem solchen Fall nicht das Schläge provozierende »Alles, was du sagst, ist falsch und dumm!«-Gesicht machte, starrte ich meine Frau mit leerem Blick stumm an und gab ihr das Gefühl, sie hätte gerade so etwas Dämliches gesagt, dass ich eine außerkörperliche Erfahrung durchmachte, ähnlich wie bei den wenigen Gelegenheiten, als ich im College psychedelische Pilze schluckte, nur ohne den Spaß.

> MEINE FRAU: »Du hast gerade etwas getan, das mich verletzt hat. Nicht nur ein bisschen, sondern sehr. Ich habe das Gefühl, dass du mich nicht liebst. Ich weiß nicht, wie ich dir vertrauen soll und wie ich sicher sein soll, dass wir eine friedliche, dauerhafte Ehe führen können, wenn du immer wieder verletzende Dinge sagst oder tust.«

> ICH: »Das ist doch dämlich. Ich würde niemals wollen, dass du dich verletzt fühlst, also DARFST du dich auch nicht verletzt fühlen! Ich liebe dich! Ich bin ein netter Mensch! Die Leute mögen mich! Du bist wirklich die

einzige Person, die sich jemals über mich beschwert! Du behandelst mich, als ob ich ein schlechter Ehemann wäre, aber ich bin ein guter Kerl!«

Da ich in meinen Augen ein guter Mensch und damit auch ein guter Ehemann war, wurden ihre gegenteiligen Behauptungen kurzerhand als überemotionale und ungenaue Anschuldigungen einer undankbaren Ehefrau abgetan, der es an Perspektive mangelte.

Sie fühle sich ungeliebt, sagte sie. *Ahhh! Aber ich liebe dich doch mehr als jede andere Person. Merkst du das nicht daran, dass ich dich geheiratet habe und dir alles gebe, was ich habe, und dass ich mein bisheriges spaßerfülltes Singledasein aufgegeben habe, um den Rest meines Lebens mit dir zu verbringen?*

Wie kann man nur so undankbar und ohne jegliches Gespür sein? Da draußen gibt es Typen, die ihre Frauen schlagen, mit ihren Arbeitskolleginnen schlafen, Verbrechen begehen, die ganze Nacht wegbleiben und trinken und so weiter – aber ich soll ein schlechter Ehemann sein?!

Diese ganzen furchtbaren Dinge, die böse Männer tun, die schlechte Ehemänner tun, ich mache das doch alles nicht! Warum beschwert sie sich immer nur und nimmt die guten Sachen niemals wahr?

Ich habe es erst lange nach dem Ende unserer Ehe herausgefunden: **Gute Männer können schlechte Ehemänner sein. Gute Menschen können schlechte Ehepartner sein.**

Aber bevor ich zu diesem Schluss kam, stieß jede Andeutung, ich verletze meine Frau oder für mein Verhalten in unserer Ehe gebe es noch Luft nach oben, auf meinen Widerstand.

Zum Glück war ich ja da, um es ihr zu erklären. *Sobald sie meine deutlich zutreffendere Einschätzung der Situation hört, von meiner rationaleren Art des Denkens und Fühlens überzeugt wird und deshalb besser versteht, warum ich getan habe, was ich getan habe, wird alles gut, und wir können das hinter uns lassen! Ein Hoch auf die glückliche Ehe!*

DIE DREIFACHBEDROHUNG DURCH HERABSETZUNG: DIE HAUPTURSACHE FÜR DAS SCHEITERN VON BEZIEHUNGEN SEIT 3,5 MILLIONEN JAHREN

Wenn man nach den häufigsten Scheidungsursachen recherchiert, stößt man auf schwammige Formulierungen wie »unüberbrückbare Differenzen«, »mangelndes Engagement« oder – kurz und bündig – »Konflikte«. Da mag überall etwas dran sein, aber als Beschreibung ist das ungefähr so präzise, wie wenn ein Gerichtsmediziner die Todesursache einer Person angibt mit »Gehirn hat aufgehört zu arbeiten« oder »Herz hat aufgehört, Blut zu pumpen«.

Hmmm. Ja, das war wohl so. Aber warum?

Die weltweit häufigste Ursache für das Scheitern von Beziehungen ist – zumindest glaube ich das – ein heimtückisches kleines Gesprächsmuster, das ich die »Dreifachbedrohung durch Herabsetzung« nenne.

Wahrscheinlich kennst auch du diesen alles vergiftenden verbalen Schlagabtausch, bist sogar beteiligt – entweder als derjenige, der den anderen herabsetzt, oder als derjenige, der herabgesetzt wird (vielleicht tauschst du, je nach Thema, auch manchmal die Rollen). Und da muss ich mal meine Stimme erheben: Ich bitte dich in aller Höflichkeit, diesen Scheiß zu unterlassen. Und zwar pronto.

Die Dreifachbedrohung durch *Herabsetzung* tötet jedes Mal ein kleines Stück mehr Vertrauen.

Sie tarnt sich als harmlose Meinungsverschiedenheit, über die wir uns keine weiteren Gedanken machen. So geht sie oft unvermindert weiter und untergräbt das Vertrauen schleichend, eine neue Papierschnittwunde nach der anderen, bis kein Vertrauen mehr vorhanden ist.

Kein Vertrauen = keine Beziehung. Das ist nur eine Frage der Zeit.

Anmerkung zu Geschlechterstereotypen: Pauschale Aussagen, die behaupten, dass Männer Dinge auf eine bestimmte männliche Art und Weise tun und dass Frauen Dinge auf eine von einem anderen Planeten stammende weibliche Art tun, erscheinen mir unverantwortlich und unpassend, weil diese Stereotypen eine Menge Menschen ausschließen. Auch Menschen, die nicht in diese Stereotypen passen, haben Ehen und Familien, und sie erleben dieselben Beziehungsprobleme – auch wenn sich Details unterscheiden mögen (manchmal bleibt der Vater mit den Kindern zu Hause, und die Mutter verdient das Geld, manchmal übernimmt der Vater den Großteil der Hausarbeit, und die Mutter kümmert sich nicht darum, manchmal sind beide Partner gleichen Geschlechts und so weiter). Nichtsdestotrotz könnte ich nachts nicht schlafen, wenn ich ignorieren würde, dass Frauen viel häufiger Opfer dieses vertrauens- und beziehungszerstörenden Verhaltens werden als Männer. Geschlechterrollen sind wichtig für unser Thema hier. Wir werden darauf zurückkommen.

Die Dreifachbedrohung durch Herabsetzung ist nicht einfach ein komisches Wortkonstrukt. Es gibt tatsächlich **drei verschiedene herabsetzende Arten**, wie Menschen mit ihren Partnern interagieren, und ich behaupte, dass dieses toxische Gesprächsmuster weltweit der Ehekiller Nr. 1 ist.

Obwohl es mir in meiner Ehe mehrmals pro Woche, wenn nicht gar mehrmals am Tag unterlief, kam es doch jedes Mal wie aus dem Nichts. Vielleicht habe ich mich gerade um meinen eigenen Kram gekümmert, niemandem wehgetan und mich anständig verhalten. Hab einfach mein Leben gelebt. Mir vielleicht ein Spiel angesehen, am Esstisch gesessen oder im Auto, was auch immer. Und dann – *bumm* – kommt meine Frau und unterbricht meinen Wohlfühlzustand, um mir von irgendwas Nervigem zu berichten, das sie gerade durchmacht und nun zu MEINEM Problem machen will.

Zumindest ist das die Version der »Meine Frau flippt schon wieder wegen eines Fischsandwichs aus!«-Geisteshaltung.

Die ehrlichere Version ist: Etwas war passiert, das bei meiner Frau negative Emotionen hervorrief – etwas, das ihr wehtat. Sie fühlte sich verletzt oder traurig, war vielleicht ängstlich, gestresst, angespannt, frustriert oder wütend. Sie versuchte, mir diese negative Erfahrung nahezubringen. Es ging ihr dabei nicht darum, mir Unbehagen zu bereiten. Das Ziel meiner Frau war nicht, Zweifel an meiner charakterlichen Eignung zu äußern. Das Ziel meiner Frau war es nicht, sich zu beschweren, ich sei ein beschissener Ehemann.

Meine Frau hätte sich von diesem Gespräch zwei Dinge gewünscht:

1. Sie wollte mich auf etwas Negatives – oft Schmerzhaftes – aufmerksam machen, das sie durchgemacht hatte oder im Moment durchmachte. Es war gerade etwas Schlimmes passiert, und sie wollte mir davon erzählen. Wie hätte ich es sonst erfahren sollen?
2. Sie wollte mich auf ihrer Seite haben, damit ich ihr helfe, die unangenehme Situation zu verarbeiten oder ihr Leid zu mindern. Denn wenn ich nachvollziehen kann, wie und warum das, was gerade passiert ist, meine Frau verletzt hat, dann kann ich zukünftig besser dazu beitragen, dass so etwas nicht wieder vorkommt.

Du kannst dir wahrscheinlich vorstellen, wie oft die Bemühungen meiner Frau, auf diese Weise Verständnis und Unterstützung zu finden, bei mir gefruchtet haben, ich mich erkundigt habe, wie es ihr geht, oder den echten Wunsch verspürt habe, etwas an meinem Verhalten zu ändern. *Ich mache doch gar nichts falsch! Ich versuche nicht, dich zu ändern, also hör auf, mich ändern zu wollen!*

DREIFACHBEDROHUNG DURCH HERABSETZUNG, REAKTION NUMMER 1: MEINE FRAU SCHÄTZT ALLES FALSCH EIN

Es ist ein Ereignis X eingetreten, das dazu geführt hat, dass meine Frau Schmerz oder eine andere negative Emotion empfunden hat – Wut, Scham, Angst, Traurigkeit –, etwas richtig Unangenehmes.

»Hey, Matt! Ereignis X ist passiert, und ich fühle mich beschissen«, sagte sie.

Und dann antwortete ich so was wie: »Halt, warte mal. Ereignis X ist GAR NICHT so passiert, wie du es behauptest. Du bringst die Fakten durcheinander. Du solltest dich nicht verletzt fühlen, du hast es einfach falsch aufgefasst. Was wirklich passiert ist …«

Bei der ersten Version der Dreifachbedrohung durch Herabsetzung geht es darum, die Erinnerung anderer Menschen an Ereignisse oder ihre Wahrnehmung der Realität als fehlerhaft infrage zu stellen. Es hätte erst gar nicht zu den negativen Gefühlen meiner Frau kommen dürfen, argumentierte ich.

Wenn das sogenannte schmerzhafte Ereignis nicht wirklich schmerzhaft war, weil es sich gar nicht so zugetragen hat, wie du sagst, dann gibt es auch keinen Grund mehr, sich deswegen schlecht zu fühlen oder mich weiterhin für deine Gefühle verantwortlich zu machen. Problem gelöst!

DREIFACHBEDROHUNG DURCH HERABSETZUNG, REAKTION NUMMER 2: DIE GEFÜHLE MEINER FRAU SIND UNANGEMESSEN

Es ist ein Ereignis Y eingetreten, das dazu geführt hat, dass meine Frau Schmerz oder eine andere negative Emotion empfunden hat – Wut, Scham, Angst, Traurigkeit –, etwas richtig Unangenehmes.

»Hey, Matt! Ereignis Y ist passiert, und ich fühle mich beschissen«, sagte sie.

Und dann antwortete ich so was wie: »Halt, warte mal. Sicher ist Ereignis Y eingetreten, aber warum machst du so eine große Sache daraus? Das bringt doch gar nichts, dass du dich deswegen so aufregst. Wenn Ereignis Y eintritt, wäre doch die angemessenere und gesündere Reaktion …«

Bei der zweiten Version der Dreifachbedrohung durch Herabsetzung geht es darum, dass wir die emotionalen Erfahrungen anderer Menschen abwerten, weil sie nicht im Einklang mit dem sind, was wir für die angemessene Reaktion halten.

Die Gefühle meiner Frau waren fehlgeleitet, weil sie eine Überreaktion (oder vielleicht eine Unterreaktion) auf das Geschehene waren, dachte ich für mich. Meine Frau teilte mir mit, dass etwas passiert sei, und ich maßte mir an, ihre Erfahrung als unrichtig einschätzen zu können.

Ihre Gefühle als unangemessen einschätzen zu können.

Das ist doch eine Überreaktion! Wenn du mal deinen Gefühlshaushalt neu arrangierst und das nicht mehr so an dich heranlässt, wirst du dich mit einem Mal viel besser fühlen! So mache ich das! Du solltest es mal so versuchen, denn MEINE Gefühle sind eindeutig besser und gesünder als DEINE Gefühle!

DREIFACHBEDROHUNG DURCH HERABSETZUNG, REAKTION NUMMER 3: DIE RECHTFERTIGUNGSVERTEIDIGUNG

Die dritte Reaktion ist die gefährlichste, weil sie meiner Meinung nach am meisten Schaden anrichtet, am häufigsten vorkommt und – ironischerweise – am besten zu rechtfertigen ist.

Ereignis Z ist eingetreten. Diesmal hatte ich etwas getan oder unterlassen, was dazu führte, dass meine Frau sich schlecht fühlte.

»Hey, Matt! Ereignis Z ist passiert, und ich fühle mich beschissen«, sagte sie.

Und dann antwortete ich so was wie: »Halt, warte mal. Lass es mich erklären!« Und dann habe ich ihr einen Vortrag darüber gehalten, warum es für mich völlig normal war, das zu tun, was zu Ereignis Z geführt hat.

Wenn du die Situation so verstehst, wie ich sie verstanden habe, wirst du ganz klar erkennen, dass ich unschuldig bin, also solltest du dich nicht schlecht fühlen! Und WENN du dich trotzdem schlecht fühlst, solltest du es nicht mir in die Schuhe schieben, denn es war alles nur ein großes Missverständnis!

Zur dritten und gefährlichsten Version der Dreifachbedrohung durch Herabsetzung gehört, dass du deine Handlungen erklärst, um sie zu rechtfertigen. Das untergräbt das Vertrauen auf zwei Arten. Nicht nur setzt es die Gedanken und Gefühle unseres Ehepartners herab, der mühevoll versucht hat, uns bewusst zu machen, dass gerade etwas Schmerzhaftes passiert ist, noch dazu impliziert es, dass wir dieses Schmerz verursachende Verhalten in Zukunft wiederholen werden.

Wenn meine Frau mir erzählte, dass etwas Schlimmes passiert war, suchte sie damit mein Verständnis und meine Unterstützung, damit ich mithalf, so etwas in Zukunft zu vermeiden. Doch anstatt auch nur einen Funken Empathie, Reue oder Mitgefühl zu zeigen, rechtfertigte ich meine Entscheidung damit, dass es auf der Grundlage der mir vorliegenden Informationen die richtige gewesen sei. Genau wie bei den Reaktionen Nummer 1 und Nummer 2 verteidigte und rechtfertigte ich mich in völliger Ignoranz dessen, dass meine Frau direkt vor mir stand und mir erzählte, dass ihr gerade etwas Schlimmes passiert war. Es musste so wirken, als ob mich der Schmerz meiner Frau nicht interessierte, wenn ich für dessen Ursache verantwortlich war. Anscheinend scherte ich mich nur dann um ihre Gefühle, wenn nicht mein Verhalten der Grund ihrer Traurigkeit oder Wut war.

Es ist sowohl dieses Muster als auch die Angst davor, dass sich dieses Muster immer wieder wiederholt, das den Vertrauensschwund in unseren Beziehungen beschleunigt.

Während ich ihr erklärte, wie klug und rechtschaffen es von mir war, das zu tun, was ich getan hatte, musste meine Frau dabei heraushören, dass mir auch in allen ähnlichen zukünftigen Szenarien ihr Schmerz – ihr Bedürfnis, geliebt und respektiert zu werden, Geborgenheit zu finden – nicht so wichtig sein würde wie meine superschlauen und logischen Erklärungen, die ich für mein Verhalten parat hatte.

Meine Frau hörte also immer wieder, dass ich sie auch in Zukunft verletzen würde. Dabei dachte ich, ich würde sie auf meine intelligente Art an eine andere Denkweise heranführen, damit ihre kindischen Gefühle ihr nicht mehr im Weg standen.

Ich muss mich nicht ändern, weil ich ein guter Mensch bin, der nichts falsch gemacht hat. SIE muss sich ändern, weil es nicht fair ist, dass sie MICH für ihre Gefühle verantwortlich macht!

Meine Frau musste daraus schließen, dass es mir nicht nur egal war, ob sie sich verletzt fühlte, sondern dass ich mich immer für das entscheiden würde, was ich gerade wollte, selbst wenn es für sie schmerzhaft war. Sie musste daraus schließen, dass es morgen, nächsten Monat und in fünf Jahren genauso weitergehen, genauso wehtun würde wie heute, vielleicht sogar noch mehr. Die Zukunft sah düster und bedrohlich aus, alles andere als strahlend und vielversprechend. Ganz gleich, wie sehr sie es sich wünschte. Ganz gleich, wie sehr ich davon überzeugt war, dass ich ein guter Mensch war, der die richtigen Entscheidungen traf.

Die Dreifachbedrohung durch Herabsetzung fügt Menschen SCHADEN zu. Sie löst Konflikte aus und untergräbt das Vertrauen jedes Mal ein bisschen mehr, wenn sie auftritt – und sie tritt verdammt oft auf.

Man muss kein schlechter Mensch sein oder böse Absichten hegen, um in solche, für die Ehe tödlichen Gesprächsmuster zu verfallen. Es kann passieren, dass wir völlig arglos hineingeraten, mit Liebe im Herzen und der Wahrheit auf der Zunge. Gute Menschen, die die Wahrheit sagen, so wie sie sich für sie darstellt.

Erkennst du das Problem? GENAU SO werden Ehen zerstört.

Ein liebender Ehepartner mit den besten Absichten, ein ehrlicher und verlässlicher Mensch mag der Darstellung, was gerade passiert ist, widersprechen. *Warte mal, ich glaube, du irrst dich. Ich erkläre dir mal, wie es wirklich war.*

Ein liebender Ehepartner mag aus ganzem Herzen empfinden, dass sein Partner diese negativen Empfindungen völlig unnötig durchmacht. *Halt, ich liebe dich und möchte nicht, dass es dir so schlecht geht. Könnte es sein, dass du so etwas gar nicht nötig hast? Dass du etwas Unwichtigem mehr Macht über dein Leben zugestehst, als es haben sollte?*

Und ein liebender, ehrlicher Ehepartner mag einen völlig legitimen Grund für seine Entscheidung haben, die zu dieser schmerzhaften Erfahrung geführt hat. *Wenn du mich erklären lässt, was ich mir damals dabei gedacht habe, wirst du erkennen, dass du die gleichen Entscheidungen getroffen hättest wie ich!*

Die Dreifachbedrohung durch Herabsetzung tarnt sich als ungefährlich. Es sind doch einfach nur zwei Menschen, die sich lieben und eine harmlose Meinungsverschiedenheit haben. *Ist doch keine große Sache!*

Und doch passiert es immer und immer und immer wieder. Mehrere Male am Tag. Manchmal sogar mehrmals während desselben Gesprächs. Jedes Mal schwindet ein kleines Stück Vertrauen. Ein kleines bisschen mehr Sicherheit geht verloren. Es ist der Beginn des langsamen Marsches auf das Ende unserer Beziehung zu, aber wir bemerken überhaupt nicht, dass er begonnen hat, geschweige denn machen wir uns eine Vorstellung davon, wie unangenehm es auf dem Weg dorthin noch werden wird.

SIE LIESS SICH VON MIR SCHEIDEN, WEIL ICH DAS GESCHIRR NEBEN DER SPÜLE STEHEN LIESS

Im Januar 2016 veröffentlichte ich einen Blogbeitrag mit dem Titel »Sie ließ sich von mir scheiden, weil ich das Geschirr neben der Spüle stehen ließ«. Ich hatte mir nicht vorgenommen, einen reißerischen Artikel zu schreiben, mir ging es einfach nur darum, persönliche Erfahrungen und meine Vorliebe für Metaphern einzusetzen, um meine Ansichten über eheschädigendes Verhalten zu teilen.

Eine Woche nach der Veröffentlichung hatten bereits mehrere Millionen Menschen den Beitrag gelesen, er ist nach wie vor der beliebteste und am häufigsten geteilte Text, den ich je geschrieben habe. Einige Leser beschimpften mich als Idioten, andere dankten mir dafür, dass ich ihre Ehe gerettet habe. Hier ist die neue, verbesserte und aktualisierte Version ohne die ganze »Männer machen es immer so und Frauen immer anders«-Schiene (denn das stimmt nicht).

Es liest sich völlig absurd, wenn man es so ausdrückt: *Meine Frau hat mich verlassen, weil ich manchmal das Geschirr neben der Spüle stehen lasse.* Das lässt sie als Witzfigur dastehen und mich wie das Opfer einer ungerechten Erwartungshaltung.

Wir zeigen gerne mit dem Finger auf andere, wenn wir erklären wollen, warum etwas schiefgelaufen ist. Zum Beispiel, als Biff Tannen in *Zurück in die Zukunft* das Auto von George McFly zu Schrott gefahren und ihn mit Bier besudelt hat, aber George die Schuld gab, weil der ihm nicht gesagt habe, dass der Wagen einen toten Winkel hat.

Diese schlimme Sache ist wegen diesem, jenem und dem anderen passiert. Nicht wegen irgendetwas, das ich getan habe!

Manchmal lasse ich benutzte Gläser neben der Spüle stehen, nur wenige Zentimeter vom Geschirrspüler entfernt. Das ist für mich jetzt keine große Sache mehr. Es war auch keine große Sache für mich, als ich noch verheiratet war. Aber für sie WAR es eine große Sache.

Jedes Mal, wenn meine Frau in die Küche kam und ein Glas entdeckte, das ich neben der Spüle abgestellt hatte, rückte sie ein Stück näher in Richtung Ausziehen und Ehe-Beenden. Ich wusste es nur noch nicht. Aber ich fürchte, selbst wenn ich es gewusst hätte, hätte ich weniger daran gearbeitet, mein Verhalten zu ändern, sondern eher stur versucht, sie davon zu überzeugen, dass ich es richtig gemacht hatte.

Ich muss wohl geglaubt haben, dass meine Frau mich respektieren sollte, nur weil wir ein Eheversprechen abgelegt hatten. Es wäre nicht das erste Mal gewesen, dass ich gehandelt hätte, als ob mir etwas ganz selbstverständlich zustünde. Was ich aber mit Sicherheit weiß: Geschirr in den Geschirrspüler einzuräumen habe ich nie damit in Verbindung gebracht, dass auch das mir den Respekt meiner Frau sichern könnte.

Ich erinnere mich, dass meine Frau sagte, wie anstrengend es für sie sei, mir ständig sagen zu müssen, was ich tun soll. Deshalb ist es extrem sexy, wenn wir zu unserem Partner sagen: »Ich mach das schon«, und dann kümmern wir uns um das, was erledigt werden muss. (Oder man kümmert sich darum, ohne es groß zu verkünden oder Lob dafür einheimsen zu wollen, dass man einen sinnvollen Beitrag zum gemeinsamen Haushalt geleistet hat.)

Ich habe immer zu ihr gemeint: »Sag mir doch einfach, was ich tun soll, ich mache es gerne.« Aber meine Frau wollte nicht für mich die Mutter spielen. Sie wollte die Partnerin eines Erwachsenen sein, und sie wollte, dass ich Intelligenz und Lernfähigkeit zeige, um unser Leben wie auch unseren Haushalt in den Griff zu kriegen. Sie wollte, dass ich selbst herausfinde, was getan werden muss, damit unser Leben funktioniert, und dass ich dann einen Blick für die anstehenden Aufgaben entwickle, ohne ihr die Verantwortung aufzutragen, alles zu regeln.

Ich wünschte, ich könnte mich daran erinnern, was mir damals daran so absurd erschien.

MÄNNER KÖNNEN WAS!

Wir werden später noch auf die sogenannten tradierten Geschlechterrollen eingehen und erörtern, wie sie die Qualität unserer Beziehungen beeinflussen. Im Moment wollen wir erst mal festhalten, dass ich in meiner Ehe passiv zugeschaut habe, wenn es um die gemeinsame Erledigung der häuslichen Pflichten und – was noch schlimmer ist – wenn es darum ging, unser Baby abzuholen und das Kind zusammen großzuziehen. Wenn ich mir nicht zutraute, eine Aufgabe so gut zu erledigen oder Abläufe so effektiv umzusetzen wie meine Frau, zog ich mich einfach ganz aus dem Thema heraus und vertraute darauf, dass sie es übernahm. Es war richtig, ihr den Vortritt zu lassen, weil sie diese Dinge erstaunlich gut beherrschte, aber es war falsch, vor der gemeinsamen Verantwortung davonzulaufen, die Augen zu verschließen vor dem Schmerz meiner Frau, wenn ich sie im Stich lasse und sie Haushalt, Kind und andere Aspekte der Ehe allein bewältigen muss.

Vielleicht war meine Einschätzung richtig, dass ich für bestimmte häusliche Aufgaben nicht geeignet war. Aber statt mich zurückzuziehen und meine Frau alles erledigen zu lassen, wäre die richtige Lösung gewesen, meine Kenntnisse und Fertigkeiten zu erweitern, bis ich es gelernt hatte. Aber Veränderungen sind unangenehm. Neue Dinge zu lernen ist schwer. Also blieb ich bequem und zwang damit meine Frau, die weniger angenehmen Aufgaben in Ehe und Kindererziehung allein auf sich zu nehmen.

Im Hinterkopf hatte ich immer: *Ich bin ein Typ. Sie ist eine Frau. Sie ist gut in diesen Dingen. Ich bin es nicht. Deshalb sollte sie sich darum kümmern und ich ihr dabei nicht im Weg stehen.*

Es waren Männer, die die schweren Maschinen erfunden haben, die zuverlässig und sicher durch die Luft fliegen können. Männer haben das heliozentrische Weltbild ausgearbeitet und herausgefunden, dass die Erde die Sonne umkreist. Es gibt Männer, die Wolkenkratzer entwerfen und bauen, und andere, die den Toten Organe entnehmen und sie verwenden, um versagende Organe bei kranken Menschen zu ersetzen. Und diese Menschen können danach weiterleben. Das ist Wahnsinn.

Was ich damit sagen will? Männer können Sachen total gut, wenn sie sich Mühe geben. Auch ich war durchaus in der Lage, viele der Dinge, die ich meiner Frau aufgebürdet habe, allein zu tun.

Du fragst dich vielleicht: *»Hey, Matt! Warum lässt du überhaupt ein Glas neben der Spüle stehen, anstatt es in den Geschirrspüler zu stellen?«*

Dafür gibt es verschiedene Gründe:

1. Ich möchte es vielleicht noch einmal benutzen.
2. Mir persönlich ist es egal, ob ein Glas neben der Spüle steht, außer es sind Gäste da.
3. Nie im Leben wird es mir etwas ausmachen, wenn ein Glas neben der Spüle steht. Nie. Könnte mir überhaupt nicht passieren. Das ist so, als würde man von mir verlangen, dass ich mich fürs Häkeln interessiere oder Spaß an der Gartenarbeit habe. Ich habe keine Lust zu häkeln. Und es fällt mir schwer, mir ein Szenario vorzustellen, in dem die Arbeit in meinem Garten verlockender klingt als irgendeine von mehreren Tausend weniger schlimmen Sachen, die ich stattdessen tun könnte.

Es gibt nur einen Grund, warum ich das Glas nicht mehr neben der Spüle stehen lassen werde, und diese Lektion habe ich viel zu spät gelernt: Weil ich meine Partnerin liebe und respektiere und weil ihr das wirklich wichtig ist. Ich verstehe jetzt, dass es meine Frau verletzt hat, als ich das Glas dort stehen gelassen habe – und zwar im wahrsten Sinne des Wortes, denn es fühlte sich für sie so an, als hätte ich gerade gesagt: »Hey, ich respektiere dich nicht und halte nichts von deinen Gedanken und Meinungen. Dass ich mir die vier Sekunden, mein Glas in die Spülmaschine zu stellen, erspare, ist mir wichtiger, als du es bist.«

Plötzlich geht es in diesem Moment nicht mehr um etwas so Banales wie schmutziges Geschirr. Jetzt geht es um einen bedeutungsvollen Beweis der Liebe und der Hingabe.

Später wurde mir klar, dass ich überhaupt nicht verstehen musste, WARUM meiner Frau etwas wichtig war (obwohl ich denke, dass die Suche nach dem Warum immer eine lohnende Übung ist). Das Einzige, was ich verstehen musste, war, dass es meiner Frau nicht egal war. Ich musste verstehen, was ihr wichtig und was ihr nicht wichtig war. Und dann Wertschätzung für die Dinge zeigen, die auf ihrer »Das ist mir wichtig«-Liste standen.

Dann wäre mir vielleicht, bevor es zu spät war, klar geworden, dass die Liebe zu meiner Frau in meinem Kopf und in meiner Brust nicht annähernd so wichtig war, wie ihr meine Liebe durch Taten zu beweisen.

So wie gute Menschen mit guten Absichten durch Worte und Taten versehentlich Schaden anrichten (zum Beispiel wenn sie jemandem mit einer gefährlichen Nussallergie einen Erdnussbutter-Cookie anbieten), passiert es auch, dass aufrichtig liebende Menschen unabsichtlich das Gegenteil vermitteln.

Wenn ich verstanden hätte, dass meine Frau wegen etwas wie diesem Glas, das neben der Spüle stand, ernst zu nehmend gekränkt ist – nicht anders, als es mir geht, wenn ich verletzt bin, weil ich irgendeine unangenehme Scheiße durchmachen muss –, hätte ich ihr meine Liebe und meinen Respekt vermitteln können, indem ich ihr NICHT jeden Tag winzige Hinweise darauf hinterließ, dass sie nicht beachtet wurde. Dass ich nicht an sie dachte. Dass sie nicht respektiert wurde. Ich hätte es sorgsam vermeiden können, Beweise dafür zu hinterlassen, dass ich immer meine Befindlichkeiten und Wünsche über ihre stellte.

Daraus folgt:

Sie zu mögen = Glas in die Spülmaschine stellen.

Sie zu beachten = die Klamotten nicht auf den Boden werfen.

Sie zu beachten = sich Mühe geben, keine Dreckspuren auf dem Boden, den sie mühsam geputzt hat, zu hinterlassen.

Sie zu beachten = sich um Kinderangelegenheiten kümmern, damit sie sich ein wenig entspannen kann und eine Sorge weniger hat.

Sie zu beachten = »Hey, Babe, gibt es irgendetwas, das ich heute tun oder auf dem Heimweg mitbringen kann, damit dein Tag besser wird?«

Sie zu beachten = eine Million kleiner Dinge, die lauter »Ich liebe dich« sagen, als es die Worte je könnten.

Es ist kompliziert. Aber es könnte so einfach sein wie diese Gleichungen. Menschen, die fähig sind, ihr Denken und Verhalten anzupassen, können eine großartige Beziehung führen. Es ist ja geradezu so, als ob wir darauf bestehen würden, das Glas dort stehen zu lassen, es als unser gutes Recht ansehen. Weil wir vielleicht denken, es sei nicht fair, dass die Wünsche unseres Partners immer über die unseren siegen sollen.

So könnte sich das äußern:

Leck mich doch, Frau, denken wir. *Ich bringe so viele Opfer für dich, und du machst mir Vorwürfe wegen EINES Glases an der Spüle? DIESES kleine Scheißglas, das man in wenigen Sekunden in die Spülmaschine stellen kann, was ich auch gerne tue, wenn ich weiß, dass ich es nicht mehr benutze, ist dir so wichtig, dass du mich deswegen anmachst? Du willst an einem ansonsten friedlichen Abend einen Streit vom Zaun brechen und mir sagen, dass ich etwas nicht kapiere und dich im Stich lasse wegen dieses Glases? Nach all den Riesenanstrengungen, die ich auf mich nehme, um uns dieses Leben zu ermöglichen – wofür ich nie ein Danke höre (und auch nicht darum bitte) –, willst du ein Glas neben der Spüle zu einem Eheproblem hochstilisieren? So kleinlich könnte ich gar nicht sein, selbst wenn ich es versuchte. Und ich muss in dieser Sache hart bleiben. Wenn das Glas in der Spülmaschine stehen soll, räume es selbst ein, aber erzähl mir nichts davon. Andernfalls räume ich es weg, wenn Leute vorbeikommen oder wenn ich nicht mehr daraus trinken will. Das ist ein bescheuerter Streit, unfair mir gegenüber, und ich werde mich schon gar nicht für dich verbiegen.*

Ich wollte, dass meine Frau einsieht, dass, wenn man mal das große Ganze in Betracht zieht, ein Glas neben der Spüle, das niemand außer uns jemals sehen wird und das in vier Sekunden weggeräumt wäre, einfach kein Problem ist, das einen Ehestreit auslösen sollte. Ich war der Meinung, dass sie erkennen müsste, wie unbedeutend es für das Leben als solches war. Fast zwölf Jahre lang habe ich mich darauf versteift und gewartet, dass sie es endlich einsieht.

Aber das hat sie nie getan. Sie hat es nie eingesehen.

Ich habe über das Für und Wider eines Glases neben der Spüle gestritten. Aber für meine Frau ging es nicht um das Glas. Es ging nicht um Geschirr neben der Spüle oder um die Wäsche auf dem Boden oder darum, dass sie sich vor der Betreuung unseres Sohnes drücken wollte, für den sie alles tun würde. Es ging um Beachtung. Um ihr allgegenwärtiges Gefühl, dass sie mit jemandem verheiratet war, der sie weder respektierte noch schätzte. Und wenn ich sie nicht respektierte oder schätzte, dann liebte ich sie auch nicht in einer Weise, die ihr Vertrauen gab. Auf den Erwachsenen, der ihr versprochen hatte, sie für immer zu lieben, konnte sie sich nicht verlassen, denn ein Blick Richtung Spüle sagte ihr, dass es damit nicht weit her war.

Wenn es kein Vertrauen gibt, kann es auch keine Sicherheit geben. Menschen, die sich nicht sicher fühlen, werden immer nach Sicherheit suchen. Für die Ehe bedeutet das, dass unsere Partner sich gezwungen sehen, uns zu verlassen und einen neuen Lebensweg zu finden, der ihnen Sicherheit und Zufriedenheit bietet. Bedingungen, in denen Schmerz nicht zur täglichen Erfahrung gehört.

Wenn ich gewusst hätte, dass diese Angelegenheit mit dem Glas und weitere ähnliche Streitigkeiten meine Ehe zum Scheitern bringen würden – dass die Existenz von Liebe und Vertrauen und Respekt und Sicherheit in unserer Ehe in diesen Momenten, die ich als belanglose Meinungsverschiedenheiten abtat, infrage gestellt wurde, hätte ich mich anders verhalten.

»Ich rege mich doch auch nie darüber auf, wenn du etwas tust, das mir nicht gefällt«, argumentierte ich, als ob meine Frau sich absichtlich dafür entschieden hätte, sich verletzt und unglücklich zu fühlen.

Wenn man jemanden liebt, wird es zum Vergnügen, Dinge zu tun, die das Leben des anderen verbessern und die Partner einander näherbringt, und nicht zu einer lästigen Pflicht. Nicht so: *Ver-*

dammt noch mal, ich muss schon wieder diesen Mist für meine Frau erledigen. Sondern so: *Ich bin dankbar, dass ich eine weitere Gelegenheit nutzen kann, meiner Frau zu zeigen, dass sie für mich an erster Stelle steht und dass sie sich darauf verlassen kann, dass ich für sie da bin und dass sie nicht woanders nach Glück und Erfüllung suchen muss.*

Als ich einmal verstanden hatte, dass die Angelegenheit mit dem Glas, die mir völlig schnuppe war, NICHT WENIGER SCHLIMM war als ein anderer Vorfall, der meiner Frau Leid zufügte und meiner Ehe schadete, begann ich mich zu verändern. Ich war nicht länger eine konstante Bedrohung.

Natürlich kam diese Erkenntnis erst Jahre nach dem Ende unserer Ehe. Es wäre schön gewesen, wenn ich das alles schon viel früher verstanden hätte.

WIE OFT BEZIEHST DU DEINEN EHEPARTNER EIN, WENN DU ENTSCHEIDUNGEN TRIFFST?

Die Gründe, warum mehr als die Hälfte aller Beziehungen (einschließlich der Ehe) scheitern, sind den wenigsten Menschen klar. Wenn du einen Beweis brauchst, frag einfach deinen jetzigen oder früheren Beziehungspartner, was er über die gemeinsamen Erfahrungen – gute und schlechte – in eurer Beziehung denkt (oder über die Gründe, warum du deinen früheren Partner verlassen wolltest). Ich bin bereit zu wetten, dass sich in acht – wahrscheinlich neun – von zehn Fällen die Antworten stark von deiner Einschätzung unterscheiden werden und dabei deutlich wird, dass niemand ganz verstanden hat, was für dich wichtig ist und was nicht.

Wenn du nicht in der Lage bist, die Herausforderungen deiner Ehe (oder Liebesbeziehung) so zu schildern, dass dein Partner mit dem Kopf nickt und sagt: »*Ja, das ist genau richtig. Du bringst meine*

Gefühle auf den Punkt«, dann kannst du dich getrost von der Vorstellung verabschieden, dass du deinen Partner gut genug kennst und verstehst, um Konflikte zu vermeiden und effektiv zu kommunizieren.

»Ich möchte das Gefühl haben, dass die Person, die ich geheiratet habe, mich einbezieht, wenn sie Entscheidungen trifft«, haben mir viele Ehefrauen und eine Handvoll Ehemänner gesagt.

Ich habe häufig nicht bedacht, dass sich meine Entscheidungen, Worte und Taten auf meine Frau auswirken. Nach mehreren schmerzhaften Jahren, in denen sie diese mangelnde Rücksichtnahme zu spüren bekam, hat sie sich entschieden, mich zu verlassen.

Manchmal ließ ich ein Paar Jeans auf einem Sessel in unserem Schlafzimmer herumliegen. Jeans, die nicht schmutzig genug waren, um sie in die Wäsche zu werfen. Sie hasste das und bat mich, es nicht mehr zu tun. Ich behandelte sie, als ob sie keinen Grund hätte, sich zu beschweren, oder überdreht sei, weil sie immer ihre Bedürfnisse über meine stellte. Manchmal machte ich auch vor unseren Freunden Witze auf ihre Kosten und verteidigte mich dann damit, dass ich ja gar nicht vorgehabt hatte, ihre Gefühle zu verletzen. Und wenn sie das später ansprach, habe ich sie behandelt, als wäre sie emotional labil. Als ob sie nicht ganz dicht wäre, weil sie sich über die meiner Meinung nach harmlosen Witzchen aufregte.

Sie sprach das an. Ich hörte nicht zu. Sie hatte den Eindruck, dass ich ihr entweder nicht abnahm, dass ihr solche Situationen wehtaten, oder dass es mir, falls doch, scheißegal war. Meine Frau war mit einem Mann verheiratet, der häufig Entscheidungen traf, die sich direkt oder unbeabsichtigt auf sie auswirkten – manchmal sogar auf sehr negative Weise. Und ich redete mich damit raus, dass es unglücklich gelaufen sei. Dass ich es so nicht gemeint hätte. Ich wollte das so durchdrücken. Ich glaubte wirklich, dass es nie so schlimm war, wie sie es darstellte. *Ich bin doch ein guter Kerl! Ich liebe dich wirklich! NIEMALS würde ich dich verletzen oder unglücklich machen wollen!*

Sie tat immer so, als ob das keine Rolle spielen würde, und ich tat immer so, als ob sie ungerecht zu mir wäre. Unsere gesamte Beziehung über merkte ich nicht, worum es wirklich ging.

Es war nicht so, dass ich meine Frau im Sinn gehabt und danach eine Reihe von Entscheidungen getroffen hätte, die ihr wehtaten oder sie verärgerten oder respektlos waren. Schlimmer noch ist, dass Tage vergingen, ohne dass ich sie überhaupt einbezog. **Ich traf oft Entscheidungen, bei denen meine Frau gar kein Faktor in der mathematischen Gleichung war, anhand derer mein Gehirn sich festlegte.**

DAS ist es, was den Menschen, die wir lieben, wehtut. Wir sind ja kein Haufen Arschlöcher, die sich absichtlich hinterfotzig verhalten, um unsere Ehen zu sabotieren. Natürlich sind wir das nicht.

Der Gedanke, der intensiven Schmerz verursacht und das Vertrauen in unsere Beziehungen untergräbt, ist der, unsere Partner die Erfahrung machen zu lassen, dass sie für uns anscheinend so unbedeutend sind – unserer Fürsorge und Sorge so unwürdig –, dass wir blind und gedankenlos Entscheidungen treffen, ohne zu bedenken, wie sie davon betroffen sein könnten.

Es kam mir nicht in den Sinn, meine Frau zu fragen, was sie davon hielt, oder mir die Zeit zu nehmen, darüber nachzudenken. Ich war oft wie vor den Kopf gestoßen, ja sogar beleidigt, dass sie aus jeder neuen Kleinigkeit eine große Sache machte, die unnötigerweise zu einem Eheproblem hochstilisiert wurde. Ich regte mich dermaßen über den – meiner Meinung nach – nicht enden wollenden Strom neuer Beschwerden über mich auf, dass ich nicht erkannte, wie meine Ehe und Familie hätten gerettet werden können.

Absicht meiner Frau war es NICHT, sich über mich zu beschweren oder mich persönlich anzugreifen, dennoch reagierte ich in der Regel defensiv, herabsetzend, ließ sie spüren, dass ich mich ungerecht behandelt fühlte.

Sie wollte sich geliebt fühlen. Geschätzt. Respektiert. Begehrt. Meine Frau wollte, dass ihr Mann ihr mit seinem Denken und Handeln das Gefühl gab, sie sei ihm wichtig genug, einbezogen zu werden – dass ich sie respektiere und an sie denke, wenn ich Entscheidungen treffe, ganz gleich, für wie belanglos ich diese Entscheidungen halte.

Lebens- oder Ehepartner, die häufig, wenn nicht gar immer, Wert darauf legen, den anderen in ihre täglichen Entscheidungen einzubeziehen, bauen gegenseitiges Vertrauen auf und schaffen damit die Grundlage für eine langfristige Partnerschaft.

Und wie wir im Folgenden erörtern werden, werden die Qualität deiner Beziehung und deine Fähigkeit, den Höhen und Tiefen, die das Erwachsenenleben mit sich bringt, standzuhalten, am stärksten davon beeinflusst, wie viel Vertrauen du und dein Partner zueinander aufbaut und aufrechterhaltet.

Aber dann wachen wir als Erwachsene auf und müssen uns früher oder später der Wahrheit stellen: Unsere Gefühle sind wichtig. Wirklich.

3
DIE DREIFACHBEDROHUNG DURCH HERABSETZUNG: DIE GEFAHR, DIE SICH IM SCHATTEN VERBIRGT

sicher, Adjektiv –	geschützt vor der Bedrohung durch Gefahr, Schaden oder Verlust
vertrauen, Verb –	auf jemanden/etwas bauen oder zählen; sicher sein, dass man sich auf jemanden/etwas verlassen kann

»Du gibst mir keine Sicherheit«, sagte meine Frau. »Ich habe nicht mehr das Gefühl, dass ich dir vertrauen kann.«

Das ist absurd, dachte ich.

Bei Sicherheit dachte ich in erster Linie an körperliche Sicherheit. Den Gurt anzulegen. Keinem bewaffneten Raubüberfall zum Opfer zu fallen. Das Tragen der richtigen Ausrüstung auf der Baustelle, in der Fabrik, beim Football- oder Baseballspielen.

Auch in der Beziehung drückte sich meine Vorstellung von Sicherheit darin aus, dass ich meine Frau vor körperlichen Schäden beschützen wollte.

Ich werde so nah wie möglich an der Schlafzimmertür schlafen.

Ich werde derjenige sein, der nachsieht, wenn seltsame Geräusche im Haus zu hören sind.

Ich werde sie begleiten, wenn sie nachts durch ein schummriges Parkhaus laufen muss.

Ich werde eine Alarmanlage anschaffen, die Eindringlinge abschreckt und uns vor ihnen warnt.

Ich werde kämpfen und mögliche Schläge einstecken, damit sie Zeit hat, wegzulaufen.

Ich werde die Kugel für sie abfangen.

Und ich werde niemals die Hand gegen sie erheben. Niemals.

Und weil ich mir diese Verhaltensregeln aufgestellt hatte, dachte ich, dass meine Frau (und alle anderen auch) sich bei mir sicher fühlen würden. Ich glaubte, das mache mich zu einem Menschen, in dessen Gegenwart man sicher ist.

❤

Sicherheit ist wichtiger für dich, als es dir bewusst ist. Nach den grundlegenden Stoffwechselfunktionen wie Atmung und Herzschlag sowie den überlebenswichtigen Grundbedürfnissen (Nahrung, Wasser, Unterkunft und Kleidung) steht die Sicherheit als Nächstes auf der Liste der Dinge, die Lebewesen benötigen.

Menschen brauchen gewisse Dinge.

Wir können über die Bedeutung des Wortes »brauchen« debattieren, etwa darüber, ob wir Elektrizität oder Sanitäranlagen oder WiFi oder Sex oder Fahrzeuge wirklich »brauchen«. Aber wenn du mir etwas Spielraum bei der Formulierung einräumst, wird uns das helfen.

Der Psychologe Abraham Maslow veröffentlichte 1943 seine berühmte Bedürfnishierarchie. Die Vorstellung dahinter: dass wir, sobald wir die grundlegendste Ebene menschlicher Bedürfnisse befriedigt haben, zum nächsten Bedürfnis übergehen können und dann zum nächsten, bis wir das für uns bestmögliche Leben leben.

Die Bedürfnishierarchie wird üblicherweise in Form einer Pyramide wie dieser dargestellt:

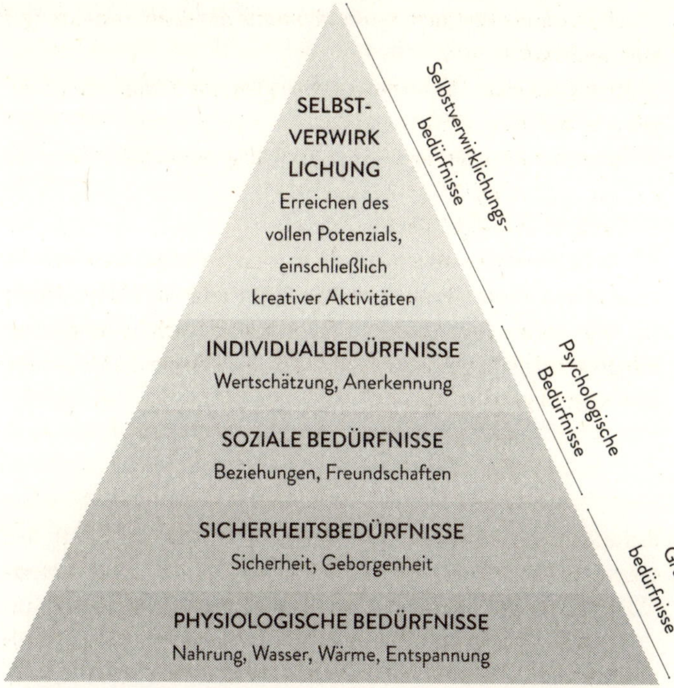

Die Bedürfnisse bauen von unten nach oben aufeinander auf:

1. PHYSIOLOGISCHE BEDÜRFNISSE/GRUNDBEDÜRFNISSE
Wir brauchen Luft, Wasser, Nahrung, Kleidung und eine Unterkunft. Fehlt etwas davon, werden uns Dinge egal, die uns normalerweise interessieren würden, etwa Familiendramen, die wirtschaftliche Lage oder das Staffelfinale unserer Lieblingsserie.

2. SICHERHEIT
Wir müssen uns sicher fühlen. Wenn Löwen oder Bären hinter uns her sind, wenn eine Waffe auf uns gerichtet wird, wenn eine schwere oder gar lebensbedrohliche Krankheit diagnostiziert wird, wenn die

Finanzmärkte zusammenbrechen und wir unser ganzes Geld verlieren, oder wenn Terroristen Bomben auf öffentlichen Plätzen zünden, raubt uns das unser Sicherheitsgefühl. Stress und Angst verzehren uns, und wir sitzen auf der zweiten Sprosse der Leiter der Lebensbedürfnisse fest, bis unser Gefühl der Sicherheit zurückkehrt.

3. LIEBE/ZUGEHÖRIGKEIT

Wir haben das Bedürfnis, uns geliebt zu fühlen, und/oder das Bedürfnis, zu einem Stamm zu gehören. Der Mensch hat ein tiefes Bedürfnis, sich von anderen geliebt und akzeptiert zu fühlen. Das geht so weit, dass wir manchmal unsere persönliche Sicherheit opfern, uns an Menschen klammern, die uns ausnutzen und missbrauchen (körperlich, sexuell, geistig und/oder emotional), weil wir uns so sehr nach ihrer Liebe und Akzeptanz sehnen. Dabei kann es sich um Beziehungspartner, Eltern, Betreuer, Autoritätspersonen oder Menschen handeln, die wir für unsere Freunde halten. Wir tun dies auf der Suche nach dem Gefühl, von anderen geliebt zu werden, die wir als »wie wir« einstufen oder als Menschen, denen wir nacheifern wollen.

4. WERTSCHÄTZUNG

Wir haben das Bedürfnis, uns respektiert und akzeptiert zu fühlen. Wir sehnen uns nach beruflichem Erfolg, danach, gut in einem unserer Hobbys zu sein, dem Anhäufen von Reichtum oder dem Sieg in einem Wettbewerb. Viele Menschen sehnen sich nach Ruhm und Anerkennung, um sich von anderen respektiert zu fühlen, obwohl das nicht so krass sein muss, wie es vielleicht klingt. Vielleicht bist du zum Beispiel ein geschiedener, alleinerziehender Vater mittleren Alters, der sich so sehr für seine Versäumnisse als Ehemann und Vater schämt, dass er sich von den meisten seiner Freunde und seiner Familie zurückzieht und sich weitgehend vor der Welt versteckt. Aber dann, wie durch ein Wunder, bietet sich dir die Gelegenheit, ein geschätzter Buchautor zu werden, und du fühlst dich etwas weniger erbärmlich und angeschlagen, sodass du das nächste Klassentreffen vielleicht nicht mehr schwänzen wirst, wie du es in der Vergangenheit getan hast.

Maslow nannte dieses Verlangen nach der Anerkennung durch andere die niedere Form des Selbstwertgefühls. Er nannte es so, weil wir uns erst dann richtig respektiert und akzeptiert fühlen können, wenn wir uns selbst respektieren und akzeptieren:

5. SELBSTVERWIRKLICHUNG/TRANSZENDENZ

Selbstachtung, so Maslow, ist die höhere Form des Selbstwertgefühls: Wenn wir das Gefühl haben, wertvoll zu sein, und zwar nicht aufgrund der Wahrnehmung anderer, sondern weil wir für uns selbst etwas Wertvolles geschaffen haben. Wir müssen unser individuelles oder kollektives Potenzial ausschöpfen und alles erreichen, wozu wir fähig sind, um ohne Scham oder Bedauern leben und sterben zu können.

Die Psychologie lehrt uns, dass Gefühle des Selbsthasses oder das Gefühl, nicht gut genug zu sein, unsere Beziehungen vergiften und uns manchmal veranlassen, die Liebe des Partners zu unterschätzen. Ein geringes Selbstwertgefühl kann dazu führen, dass wir die Handlungen unseres Partners negativ interpretieren, weil wir uns unbewusst fragen, ob wir seiner Liebe würdig sind. Diese Situation führt zu Angstgefühlen und der Erwartung, zurückgewiesen zu werden, was zur Folge hat, dass wir neutrale oder gut gemeinte Handlungen als abweisend oder »gemein« interpretieren. Psychologen und andere Fachleute plädieren für eine gesunde Selbstliebe, die sich am besten als Selbstakzeptanz beschreiben lässt: Sich selbst für würdig zu halten, geliebt zu werden, ohne sich anderen Menschen beweisen zu müssen. Wenn wir uns selbst lieben und akzeptieren, ist es weniger wahrscheinlich, dass wir unseren Partner (oder jeden anderen, den wir lieben) mit einer Bedürftigkeit belasten, indem wir sein Verhalten übermäßig kritisieren oder von ihm übermäßig viel Bestätigung verlangen.

Wenn du dir die fünfstufige Pyramide ansiehst und dich nach oben bewegst, von den Grundbedürfnissen des Überlebens zu den Bedürfnissen der Seele und des Herzens, wirst du feststellen, dass die Pyramidenstufen – und die Anzahl der Menschen, die sie erreicht haben – immer kleiner werden. Das liegt daran, dass wir ein menschliches Bedürfnis nicht nur verstehen, sondern auch beherrschen müssen, bevor wir zur nächsten Stufe aufsteigen können. Aus vielen unterschiedlichen Gründen leben manche Menschen ihr gesamtes Leben, ohne sich je geliebt zu fühlen, ohne sich selbst zu respektieren und ohne sich jemals wirklich sicher oder wohl in ihrer eigenen Haut zu fühlen. Die Erfahrung zeigt auch, dass es möglich ist, sich zurückzuentwickeln und ein oder zwei Stufen der Pyramide herabzusteigen.

Viele Jahre sah ich mich erfolgreich auf Stufe 4 zu Hause, der Wertschätzung, aber jetzt stolpere ich meistens wieder auf Stufe 2, dem Sicherheitsbedürfnis, herum und versuche herauszufinden, was zum Teufel mit mir los ist und ob ich überhaupt noch in der Lage bin, mich nach der Scheidung aus dem Morast herauszuziehen und jemals wieder ein glückliches Leben mit denen, die ich liebe, zu führen.

»Hey, Matt! Leidet meine Beziehung darunter, wenn die Bedürfnisse meines Partners oder meine eigenen Bedürfnisse nicht erfüllt werden?«

So sieht's aus.

Du brauchst etwas. Und dein Partner auch. Und wenn einer oder beide etwas brauchen, werden sie (oft unbewusst) danach streben, sich das zu holen, was ihnen fehlt.

Es ist doch ganz einfach: **Wenn wir unseren Partnern bei der Erfüllung ihrer eigenen Bedürfnisse im Weg stehen oder wenn wir es versäumen, die Aufgaben zu erfüllen, die von uns als Part-**

ner erwartet werden, sind wir mitschuldig daran, wenn unsere Partner die Erfüllung ihrer Bedürfnisse woanders suchen.

Das bedeutet nicht, dass es in Ordnung ist, unsere Partner zu betrügen, weil sie keine Lust auf einen Dreier haben, oder sich auf Kosten von Sex mit unseren Partnern bei Internetpornos einen runterzuholen, weil man behauptet, dass sie die eigenen sexuellen »Bedürfnisse« nicht befriedigen würden. Und genauso wenig bedeutet das, dass es plötzlich in Ordnung ist, eine Affäre mit Heidi von der Arbeit oder Brad aus dem Fitnessstudio anzufangen, weil die Aufmerksamkeit, die sie einem schenken, die eigenen emotionalen Bedürfnisse nach Liebe und Wohlbefinden befriedigt. Es BEDEUTET, dass wir alle ganz bewusst herausfinden sollten, wo die Bedürfnisse unserer Partner liegen (nicht was WIR dafür halten, sondern was SIE), und alles dafür tun, ihnen zu helfen, ihre fünf Stufen der Bedürfnispyramide zu erreichen und ihr bestmögliches Leben zu führen.

Entweder das, oder wir kommunizieren ehrlich und klar, dass wir dazu nicht bereit sind, damit sie ein Leben führen können, ohne dass sie von uns dabei gebremst werden.

Wenn wir unsere Partner nicht dabei unterstützen, ihr bestes Leben zu leben, rechtfertigt das trotzdem nicht, dass sie uns hintergehen oder ausnutzen. Aber rechtfertigt es, dass sie ein Leben wählen, in dem wir nicht mehr das Hindernis sind, das im Weg steht, weil wir nicht willens oder in der Lage sind, uns zu bewegen?

Entscheide selbst. Meine Frau hat mich verlassen. Als das passierte, weinte ich und schrie und beschuldigte sie, mein Leben zu ruinieren. Heute glaube ich, dass sie in Anbetracht ihrer Lebensumstände und der Erfahrungen, die sie in den vergangenen zwölf gemeinsamen Jahren gesammelt hat, eine weise Entscheidung getroffen hat. Wenn sich jemand ständig schlecht behandelt und ungeliebt fühlt, ist es sowohl vernünftig als auch gesund für sie, sich zu fragen, ob man diesen Zustand freiwillig aufrechterhalten möchte.

Genauso wie Menschen auf einer bestimmten Stufe der Bedürfnispyramide feststecken, bis sie ein bestimmtes Bedürfnis erfüllt haben, bleiben auch unsere Beziehungen auf diesen Stufen stecken – oft auf Stufe 2. Wenn es kein Vertrauen gibt, gibt es keine Sicherheit, und wenn es keine Sicherheit gibt, können wir uns nicht auf der Ebene der Liebe und Zugehörigkeit oder der Wertschätzung miteinander verbinden.

Hast du jemals ein Geschenk oder ein Kompliment gemacht, Zuneigung oder sexuelles Verlangen für deinen Partner gezeigt, bist dabei aber nicht auf Gegenliebe gestoßen und hast dich abgewiesen gefühlt? Menschen sind oft verärgert, wenn das passiert. Meiner Erfahrung als Beziehungscoach und meiner eigenen Erfahrung nach reagieren Männer empfindlicher auf diese Form der Zurückweisung.

»Sie sagt, sie will dies und das von mir, und wenn ich dann tatsächlich versuche, es zu tun, weist sie mich zurück und behandelt mich wie ihren Feind! Bei niemandem fühle ich mich so wenig geschätzt und so oft abgewiesen wie bei meiner Frau!«

Dabei geht es hier NICHT um Zurückweisung.

Es handelt sich nämlich um die Folgen unbefriedigter Bedürfnisse weiter unten in der Pyramide. Teure Geschenke, Flirt-SMS und ernsthafte Bemühungen, mehr im Haushalt zu helfen, werden nicht als Liebesbeweise aufgefasst, wenn sie von der gleichen Person kommen, die Misstrauen und kein ausreichendes Sicherheitsgefühl auslöst.

Menschen, deren Beziehungen schlecht laufen, finden selten den Weg aus der Krise. Wir versprechen, uns zu ändern, und scheinen zu glauben, dass Blumensträuße, Schmuck, Reisen, teure Abendessen und andere Gesten der Aufmerksamkeit und des Interesses an unseren Partnern den Weg zurück in ihre Herzen ebnen können. Es mögen probate Mittel sein, um Liebe und Verbundenheit zu signalisieren, wenn Sicherheit und Vertrauen in der Beziehung vorhanden sind. Aber du wirst feststellen, dass sie sich meistens als wenig wirksam erweisen, sollten Sicherheit und Vertrauen nicht mehr vorhanden sein.

BEZIEHUNGEN VERKÜMMERN UND ZERBRECHEN, WEIL PARTNER EINANDER NICHT VERTRAUEN

Als ich noch verheiratet war, brachte ich »Vertrauen« bei Beziehungen in erster Linie mit dem Thema Untreue in Zusammenhang. Verständlicherweise ist es den meisten Menschen sehr wichtig, loyal und vertrauenswürdig zu sein. Wir suchen schließlich auch »vertrauenswürdige« Finanzpartner und Miteltern. Ich habe mir also gedacht: *Ich betrüge sie nicht, ich misshandle sie nicht, ich verzocke nicht unser Geld, ich bin nicht drogensüchtig, und es besteht keine Gefahr, dass ich sie oder unsere Kinder jemals sitzen lassen werde. Ich bin vertrauenswürdig!*

Aber die Gleichung, wie sich Vertrauen zusammensetzt, sieht anders aus:

Sicherheit + Zugehörigkeit + Wertschätzung = VERTRAUEN

So sieht es zumindest die Autorin und Unternehmerin Christine Comaford, die über Neurowissenschaften und Unternehmensführung schreibt. Aber natürlich gibt es dabei ein Problem: unser Gehirn, das nicht so funktioniert, wie es sollte.

Unser Gehirn vollbringt zwar erstaunliche und bewundernswerte Gedankenleistungen, es ist aber auch völlig unzuverlässig. Wenn wir unser Gehirn im Brain Store kaufen müssten, hätten die meisten von uns es bereits gegen ein anderes umgetauscht, von dem sie sich erhofften, es würde besser funktionieren. (Ich hingegen könnte mich nicht mal daran erinnern, wo ich den Kassenzettel hingelegt habe.)

Comaford berät Führungskräfte, wie sie die Bedürfnisse ihrer Mitarbeiter am Arbeitsplatz erkennen und erfüllen können. Grundlegende, einfache Bedürfnisse. Und ganz egal, wie gleichgültig ein Arbeitgeber zu diesen »Bedürfnissen« stehen mag, ein Versäumnis, die Mitarbeiter bei der Erfüllung dieser Bedürfnisse zu unterstützen (seien es persönliche Ziele zu Hause oder berufliche am Arbeitsplatz), wird dazu führen, dass Mitarbeiter und Unternehmensteams unterdurchschnittliche Leistungen erbringen oder sich die Erfüllung ihrer arbeitsbezogenen Bedürfnisse anderswo suchen.

Die Parallelen zu unseren Ehen und Beziehungen liegen auf der Hand.

Zu keinem Zeitpunkt meiner Erziehung hat man mir diese Vorstellungen von Sicherheit nähergebracht. Man hat mir auch diese differenziertere Sichtweise dafür nicht vermittelt, in wie vielen wichtigen Facetten sich Sicherheit und Geborgenheit für den Ehepartner darstellen. Zu den weiteren Sicherheitsbedürfnissen zählen neben dem Schutz vor Unfällen oder Gewalttaten zum Beispiel finanzielle Sicherheit sowie Gesundheit und Wohlbefinden (geistige und emotionale Sicherheit).

Jeder Mensch definiert für sich anders, wie finanzielle Sicherheit aussieht. Dass man genug Geld haben muss, um damit seine Familie ernähren zu können, ist eine Vorstellung, die die meisten reifen Erwachsenen verstehen. Sogar ich, als ich noch verheiratet war.

Aber in Bezug auf geistige und emotionale Sicherheit? Ich habe dermaßen versagt, wie jemand, der sich auf Unwissenheit beruft, nur versagen kann. Ich war meiner Frau gegenüber geistig und emotional übergriffig, ohne es zu merken, denn wenn ich nicht aufpasse, kann ich ein episches Maß an Selbstbezogenheit an den Tag legen. *Alles, was mir passiert, und alles, was ich denke und fühle und will und glaube, ist am wahrsten und am wichtigsten auf der Welt! Ich, ich, ich, ich, ich, ich!!!*

(Das hat sich aber inzwischen gebessert, versprochen.)

Ich bin allerdings nicht der Einzige, der zu vergessen scheint, dass er nicht das Zentrum des Universums ist und dass es in Wirklichkeit etwa acht Milliarden andere lebende, atmende, denkende, fühlende Menschen gibt, die das Leben auf die gleiche Weise in der ersten Person erleben wie du und ich. All diese Menschen haben vielleicht andere individuelle Wünsche und Bedürfnisse, aber sie sind allesamt absolut berechtigt, wenn man sie aus der Warte dieser Menschen betrachtet.

WARUM PAARE IMMER »DENSELBEN ALTEN STREIT« AUSTRAGEN

In Beziehungen zwischen Frau und Mann (und auch bei vielen gleichgeschlechtlichen Paaren) läuft es meistens so ab: Zwei coole, vernünftige, gesunde, anständige Menschen heiraten – vielleicht etwas früher, als sie sollten –, und beide glauben unschuldig und naiv, dass es immer so bleiben wird, wie es jetzt ist. *Es ist im Grunde genau so, wie Freund und Freundin sein, ein Pärchen! Das kriegen wir doch hin!* Sie lieben sich. Sie versprechen sich aufrichtige Treue. Sie geben sich das Eheversprechen mit den besten Absichten.

Und dann, man kann die Uhr danach stellen, geht es bei mehr als der Hälfte aller Ehen innerhalb von fünf bis sieben Jahren bergab. Einer oder beide haben Affären oder spielen zumindest mit dem Gedanken, weil sie »einfach wieder etwas spüren wollen«. Er holt sich unter der Dusche oder nachts zu Pornos im Internet einen runter, anstatt mit ihr zu schlafen. Sie verknallt sich in so ziemlich jeden einigermaßen brauchbaren Kerl, der ihr Aufmerksamkeit schenkt und das Gefühl gibt, etwas Besonderes zu sein, weil sie das von ihrem Mann nicht mehr bekommt.

Sie werden sich schließlich scheiden lassen oder möglicherweise »wegen der Kinder« in stillem Elend zusammenbleiben – und für den Rest ihres Lebens nur noch beschissene Tage miteinander verbringen.

Jedes Paar hat seine eigene Version »desselben alten Streits«. Die Details variieren von Beziehung zu Beziehung, aber das Konfliktmuster ist in jeder Beziehung, in der kein Vertrauen mehr vorhanden ist, praktisch identisch.

Es kann alle möglichen Auslöser geben. Geschirr neben der Spüle liegen lassen. Wäsche auf den Boden werfen. Mit den Schuhen Dreckspuren im Haus verteilen, nachdem der Partner den Boden geputzt hat – ganz egal. Im Fall meiner Klientin Tara, die mit ADHS zu kämpfen hat, dreht sich ein häufiger Konfliktauslöser in ihrer Beziehung um das Zeitmanagement und ihre Neigung zur Unpünktlichkeit. Taras Partnerin empfindet dies als Respektlosigkeit: *Sie kann oder will ihr Leben nicht so ausrichten, dass sie pünktlich ist. Ich kann mich nicht auf sie verlassen* – und das untergräbt natürlich das Vertrauen.

Auch das ist ein Verlust an Sicherheit. Nicht wegen einer Bedrohung für Leib und Leben, sondern im Sinne einer sich langfristig andeutenden lang anhaltenden Unzuverlässigkeit. Wir versuchen immer, dieses Gefühl der Sicherheit auf der zweiten Stufe der maslowschen Pyramide wiederzuerlangen. Im Hinblick auf unsere Beziehungen bedroht das Fehlen von Verlässlichkeit, Respekt und Unterstützung durch unseren Partner die langfristige Tragfähigkeit unseres Lebens als Paar.

Wenn Taras Partnerin Miranda ihr mitteilt, wie sie sich fühlt, neigt Tara – wie so viele von uns – dazu, in eines der Reaktionsmuster der Dreifachbedrohung durch Herabsetzung zu verfallen. Normalerweise nehme sie eine Verteidigungshaltung ein, sagt sie.

Auffällig ist: Für den Rest des Gesprächs spricht keine der beiden Frauen mehr über dieselbe Sache. Tara fühlt sich verletzt, weil die Umstände ihrer Verspätung durch irgendeinen externen Faktor verursacht wurden – oft etwas, das mit der Betreuung ihres

Kleinkinds zu tun hat. In diesem Moment erscheint es ihr ungerecht, dass Miranda eine so große Sache daraus macht.

Und natürlich fühlt sich Taras Partnerin nicht wegen dieses einen Vorfalls verletzt oder wütend. Sie ist verletzt und wütend, weil es den Anschein hat, dass Tara sie nicht genug liebt oder respektiert, um pünktlich da zu sein, wo sie sein sollte, so wie sie es versprochen hat. Es geht nicht um das eine Mal. Es geht um Dutzende, um Hunderte Male.

Wenn ich mich mit meiner Frau über den Teller neben der Spüle stritt, dachte ich immer: »*Wie krank muss man denn sein, dass man wegen einer so unbedeutenden Sache wie hingeworfenen Klamotten oder einem schmutzigen Teller einen furchtbaren Streit vom Zaun bricht, den Abend ruiniert und unsere Ehe gefährdet? So unvernünftig bin ich im ganzen Leben nicht! Wenn sie denkt, dass Klamotten und Geschirr wichtiger sind als unsere Ehe, dann hat sie die falschen Prioritäten, und sie liebt mich nicht.*«

Und meine Frau dachte, ganz ähnlich wie Taras Partnerin, dann: »*Ich kann diesem Mann nicht vertrauen. Ich kann mich nicht auf ihn verlassen. Er respektiert mich NICHT. Er entschuldigt sich nie dafür, dass er mich verletzt, weil er denkt, es sei keine große Sache. Er signalisiert mir immer, dass das, was ich denke und fühle, falsch oder unangemessen ist. Ich habe all diese Gefühle, und ich weiß, dass ich nicht verrückt bin, aber er erkennt sie NIE als wichtig genug oder als beachtenswert an. Er denkt, dass es wichtiger ist, bei seinem Standpunkt zu bleiben und als Sieger aus unseren Auseinandersetzungen hervorzugehen. Ich bin ihm dabei egal. Er liebt mich nicht.*«

Wenn sie »denselben alten Streit« dann mehrere Hundert Mal ausgetragen haben, bemühen sich die Beteiligten nicht mehr in vollem Maße um eine Ehe, die ihnen nun wie eine schlechte, gescheiterte, schmerzhafte und wenig lohnende Investition vorkommt. Eine Zeit lang kann eine Ehe am Leben erhalten werden, wenn nur ein Partner sich anstrengt. Aber wenn beide aufgeben, dann ist tatsächlich alles vorbei.

Die meisten von uns sind einfach nicht stark genug, um mit den mentalen und emotionalen Qualen umzugehen, die wir empfinden, wenn unsere Ehen zerbrechen. Nichts in unserem bisherigen Leben hätte uns darauf vorbereiten können. Alles fühlt sich neu an und macht uns Angst, und es gibt keine Bedienungsanleitung für das, was als Nächstes zu tun ist.

Die Ehe zerbricht unmerklich langsam – vor allem für den Partner, der im guten Glauben lebt, dass es keine weiteren Probleme gebe als belanglose Streitereien über Unpünktlichkeit oder das schmutzige Geschirr neben der Spüle. Diese Person (bei Heteropaaren in der Regel der Mann) wird völlig überrumpelt von den Neuigkeiten, dass sie unglücklich ist und die Scheidung in Erwägung zieht.

Seine Frau glaubt hingegen, dass sie ihre Gefühle wiederholt sehr deutlich zum Ausdruck gebracht habe. Trotzdem denkt ihr Mann vielleicht: *»Was zum …?! Warum hast du nie was gesagt?!«* Sie hält ihn für ahnungslos, selbstsüchtig und desinteressiert. Er wiederum glaubt, dass sie wieder einmal emotional weit über das Ziel hinausschießt.

Meine Frau wusste, dass ich einigermaßen intelligent bin, deshalb konnte sie sich nicht erklären, wie ich nach Hunderten solcher Gespräche immer noch so dumm sein konnte. Sie begann sich zu fragen, ob ich sie vielleicht absichtlich verletzen wollte und ob ich sie überhaupt noch liebte.

Wenn wir wieder »denselben alten Streit« ausfechten, können selbst beste Absichten oder die Rechtfertigung, man habe das alles so nicht gewollt, genauso vertrauensschädigend sein wie schwerwiegendere Verletzungen. Wenn Roger sich in der örtlichen Kneipe zulaufen lässt, in seinen Pick-up steigt und bei einem Unfall Menschen verletzt oder gar tötet, weil er auf der Heimfahrt einen Blackout hatte, vertrauen wir ihm wahrscheinlich weniger als zuvor. Wenn Linda sich mit Crystal Meth zudröhnt, ihren Job verliert und anfängt, Geld und Schmuck bei Familie und Freunden zu stehlen, um ihre Sucht zu finanzieren, werden wir ihr wahrscheinlich weniger vertrauen, auch wenn es gar nicht ihre Absicht war, den Menschen zu schaden, denen sie am meisten am Herzen liegt. Es spielt keine Rolle, ob wir uns absichtlich weigern, mit unseren Ehepartnern zu kooperieren, oder ob wir einfach nicht erkennen, dass etwas nicht stimmt – am Ende kommt das Gleiche dabei raus. Das Ergebnis »dieses selben alten Streits« ist MEHR Schmerz. WENIGER Vertrauen. Unabhängig von den Vorsätzen der Beteiligten. Und so leben sich zwei Menschen mit den besten Absichten langsam auseinander.

Es zeigt sich aber, dass viele Menschen das nicht wissen. Da das einzige Bewusstsein, das wir wirklich verstehen, unsere individuelle Ich-Erfahrung ist, nehmen viele von uns an, dass alle anderen dasselbe sehen, denken und fühlen müssten wie wir. Wir gehen feste Beziehungen ein, die Ehe eingeschlossen, ohne uns darüber bewusst zu sein, dass unsere Grundüberzeugungen ungewollt zu Beziehungskonflikten führen, die so schmerzhaft und stressig sind, dass es Tage gibt, an denen wir uns am liebsten ins Vergessenskoma saufen und/oder eine Weltraumrakete besteigen und ins Innere der Sonne fliegen würden.

Unsere Eltern haben uns nie etwas davon erzählt, wahrscheinlich weil sie nicht wollten, dass wir mitbekamen, wie oft sie sich fast scheiden ließen oder mit jemand anderem schlafen wollten. Und in der Schule erklärt uns auch niemand etwas darüber, weil unsere Bildungsbeauftragten offensichtlich der Meinung sind, dass der Satz des Pythagoras, Referate über *Früchte des Zorns* und detaillierte Analysen der Französischen Revolution wichtiger sind, als junge Menschen mit dem Wissen auszustatten, das sie benötigen, um als Erwachsene funktionierende Beziehungen führen zu können.

Die Sache ist die: Ein Teller neben der Spüle ist in keiner Weise schmerzhaft oder respektlos für jemanden, der jeden Tag aufwacht und einen Ehepartner erlebt, der ihm in Wort und Tat vermittelt, wie wichtig und wertvoll ihm Partner und Beziehung sind. Meine Frau ist nicht wegen eines Tellers neben der Spüle ausgeflippt, weil sie eine unausstehliche Nervensäge ist, die immer ihren Willen durchsetzen musste. Meine Frau hat damit ihren Schmerz und ihre Frustration über die häufigen Signale zum Ausdruck gebracht, die ihr immer und immer wieder zeigten, wie wenig sie bei meinen Entscheidungen beachtet wurde.

Jemand anders würde es vielleicht so ausdrücken: »*Weil es beweist, dass du mich nicht liebst oder respektierst, und ich keine Zeit habe, die ganze Wäsche zu waschen UND mich um die Kinder zu kümmern, weil Kyle am Donnerstag einen Klassenausflug hat und Valerie zu ihrem Schwimmwettkampf muss, und es tut so weh, dass ich mich nicht darauf verlassen kann, dass du dafür sorgst, dass Kyles Pausenbrot eingepackt, seine Kleidung gewaschen und die Erlaubnis unterschrieben ist, und morgen ist der vierte Todestag meines Vaters, und – ja, Arschloch – es tut immer noch weh, weil er sich immer darum gekümmert hat, dass es mir gut ging, und dann habe ich dir vertraut und geglaubt, dass du diese Rolle für den Rest meines Lebens übernimmst, und du tust es nicht, und jetzt ist er nicht mehr da, und fick dich einfach dafür, dass du mich in meiner Ehe allein gelassen hast.*«

Bei den meisten scheiternden Beziehungen haben wir es mit einer Ehefrau oder Freundin zu tun, die das Vertrauen in ihren Mann oder Freund verliert, nachdem sie wiederholt versucht hat, zu erklären, warum sie sich verletzt fühlt, und um Hilfe bittet. Doch keines der Hilfegesuche führt zu positiven Veränderungen oder irgendwelchen Anzeichen, dass er bereit ist, sein Verhalten zu ändern und mit ihr zusammenzuarbeiten.

Mit der Aussicht vor Augen, für den Rest ihrer Ehe/Beziehung jeden Tag aufs Neue verletzt zu werden, und ohne Anzeichen, dass ihr Partner bereit ist, daran mitzuwirken, ihren Schmerz zu lindern, hört sie auf, ihm zu vertrauen. Da spielt es keine Rolle, ob er ansonsten ein guter Mensch ist und welche großartigen Leistungen er in anderen Lebensbereichen an den Tag legt. Sie leidet, und er kann oder will nicht helfen. Sie weiß, dass die Beziehung ohne Vertrauen keinen Bestand haben kann. Das stellt ihre gesamte Zukunft infrage. Ihre Sicherheit und ihr Wohlergehen sowie das ihrer Kinder sind jetzt gefährdet.

Daher fühlt sie sich nicht sicher.

Und egal, wie sehr er es versucht und möchte: Ein Mann, von dem sie nicht weiß, ob er sie nicht bald wieder verletzt, wird ihr nie das Gefühl von Sicherheit geben.

Ich hatte immer geglaubt, dass die schlimmsten Typen für Beziehungen die offensichtlichen Arschlöcher seien. Du weißt schon, die bösen Jungs, die ihre unbedingte Männlichkeit noch ein paar toxische Schritte weitertreiben. Die Typen, die schlagen, betrügen und beleidigen. Die Betrunkenen, Süchtigen und Kriminellen. Aber das glaube ich mittlerweile nicht mehr, denn deren Alarmzeichen sind leicht zu erkennen. Es gibt genug Signale, die Menschen warnen, sich von ihnen fernzuhalten.

Viel gefährlicher sind diejenigen, bei denen man es nicht schon von außen erkennen kann. Du weißt schon, die »guten Jungs«. Die Netten, Freundlichen, Klugen, Erfolgreichen, die allem Anschein nach gute Männer und gute Väter sind. Kerle wie ich. Wenn eine Frau die Ehe mit einem solchen Mann beenden will, stößt sie oft auf Unverständnis.

»Bist du sicher, dass das die richtige Entscheidung ist?! Er ist doch so nett, da hast du so viel Glück gehabt mit ihm!«

Als meine Frau mehr Angst um sich und unseren Sohn hatte als jemals zuvor in ihrem Leben, weil sie spürte, dass das Ende unserer Ehe nahte, und sie sich vielleicht – wie ich – schuldig fühlte, weil wir es nicht auf die Reihe gebracht hatten, war wohl das, was sie am ehesten benötigte, die Unterstützung derer, die sie liebten.

Ausgerechnet der eine Mensch, der ihr versprochen hatte, sie für immer zu lieben und zu unterstützen, war in Wirklichkeit die größte Quelle ihres Schmerzes, ihrer Ängste und ihrer Rastlosigkeit.

Misstrauen. Keine Sicherheit. Kämpfen oder flüchten? Sie hatte bereits jahrelang gekämpft, also ließ ich ihr nur noch eine Wahl: *die Flucht.*

NICHTS IM LEBEN GEHT EINEM SO NAHE WIE DIE ENGSTEN BEZIEHUNGEN

Wenn es eine massive Fehleinschätzung in unserem Bildungskanon gibt – oder ein großes Versäumnis in unserer Prioritätensetzung –, dann ist es meiner Meinung nach jene, dass wir unsere Jugend im Stich lassen, weil wir nicht besser versuchen, sie auf Beziehungen vorzubereiten und sie mit den Fertigkeiten auszustatten, diese zu führen.

Wir schaffen es einigermaßen, sie so weit vorzubereiten, dass sie Jobs finden, in denen sie ihre jeweiligen Stärken einsetzen, damit sie Geld verdienen, Steuern zahlen und Dinge kaufen können. Aber ich glaube nicht, dass vielen Kids, die eine Grund-, Mittel- oder Oberschule oder eine Hochschule abschließen, bewusst ist, dass ihr akademischer oder beruflicher Erfolg sie nicht davor bewahren kann, bittere Tränen zu vergießen, sich übergeben zu müssen und sich die Frage zu stellen, ob sie am nächsten Morgen überhaupt noch aufwachen wollen, wenn ihnen das Ende einer Beziehung das Herz zerrissen hat.

Weder haben wir es gelernt noch haben wir unseren Kindern beigebracht, dass nichts im Leben uns dermaßen nahegeht wie unsere engsten zwischenmenschlichen Beziehungen – die Ehe oder eine eheähnliche feste Beziehung.

Natürlich ist unsere Gesundheit wichtig, aber es gibt zahlreiche Studien, die den Zusammenhang von körperlichem Wohlbefinden und einer funktionierenden Beziehung herstellen, ganz besonders bei der Ehe. Bei Männern hat sich zum Beispiel gezeigt, dass die Ehe dazu beiträgt, dass sie länger leben. Und Scheidungen bringen alle möglichen beschissenen Erscheinungen mit sich, etwa Depressionen, Gefäßkrankheiten, Krebs, Einsamkeit und so weiter. Bei Frauen scheint dieses Phänomen nicht aufzutreten. Alleinstehende Frauen leben tendenziell länger als verheiratete Frauen, und ich wage hier zu spekulieren, dass der Grund darin liegt, dass es vielen dieser Singlefrauen, die ihre verheirateten Geschlechtsgenossinnen überlebt haben, gelungen ist, unbefriedigende, seelenfressende Beziehungen hinter sich zu lassen. Dass es Frauen waren, die nicht länger die ungleiche Verteilung der häuslichen Pflichten wie Putzen, Kochen, Einkaufen, Wäsche waschen, Kindererziehung und vieler anderer mühsamer, unangenehmer Aufgaben akzeptieren wollten.

Einsamkeit raubt Männern die Lebenskraft und bringt sie schneller um als verheiratete oder in einer Partnerschaft lebende Männer. Und Frauen, die in beschissenen, erdrückenden Ehen gefangen sind, in denen sie sich TROTZ Beziehung ständig einsam und verlassen fühlen, sterben eher als unabhängige Frauen, die sich daraus retten konnten.

Vom Standpunkt der Erziehung und der Ehevorbereitung aus gesehen ist die Aufgabe zwar sicherlich schwierig, aber nicht unmöglich zu bewältigen. Wir müssen die Jungen mit dem Wissen und den Lebenskompetenzen ausstatten, damit sie nicht länger selbst die Zustände schaffen, die häufig dazu führen, dass ihre Partnerinnen die ungesunde Beziehung beenden wollen (statistisch gesehen werden 70 Prozent der Scheidungen von den Frauen initiiert – oft aus den oben genannten Gründen). Und wir müssen unsere Mädchen dazu erziehen, gesunde Beziehungsgrenzen zu ziehen und gesunde Kommunikationstechniken zu erlernen, damit sie sich nicht mehr auf einen Partner einlassen, dessen Verhalten im Laufe der Zeit das Vertrauen so weit untergräbt, dass sie keine unbelastete, tragfähige Beziehung oder Ehe mehr führen können.

So unbequem diese Wahrheit auch ist, wir sollten uns auf dem Weg dahin von einem unbeständigen und sich ständig verändernden Anteil des menschlichen Befindens leiten lassen – von unseren Gefühlen.

GEFÜHLE SPIELEN EINE ROLLE, OB WIR ES WOLLEN ODER NICHT

Bei mir als Mittzwanziger kam diese Vorstellung nicht besonders gut an. *Vielleicht fühle ich mich heute so, aber morgen wieder ganz anders. Manchmal bin ich wütend auf jemanden oder wegen etwas, aber wenn ich eine Nacht darüber geschlafen habe, vergeht das wieder. Manchmal möchte ich für mich allein sein, ein anderes Mal aber unter Menschen. Manchmal habe ich Lust, Rap zu hören, und ein anderes Mal Gitarrenrock. Da sich die Gefühle ständig ändern, kann ich mich bei meinen Entscheidungen nicht von ihnen leiten lassen. Ich werde absolut darüberstehen!*

Aber dann wachen wir als Erwachsene auf und müssen uns früher oder später eingestehen: Unsere Gefühle spielen eine wichtige Rolle. Wirklich.

Ich habe die meiste Zeit meines Berufslebens im Marketing gearbeitet. Dort habe ich gelernt, dass nicht Logik und Verstand, sondern emotionale Impulse den größten Einfluss auf unsere Entscheidungen haben, auch darauf, was wir in einem Geschäft oder auf einer Website kaufen. Wir möchten gerne glauben, dass wir die meisten Entscheidungen im Leben unserem Verstand überlassen. Ist aber nicht so. Wir tun etwas, weil wir Lust darauf haben. Denn irgendwie, irgendwo befriedigen wir damit einen Gefühlsreiz, den wir haben. Und selbstverständlich vermeiden wir es, Dinge zu tun, auf die wir keine Lust haben.

Auf den Meeren des Lebens mag unser Verstand versuchen, auf unsere Entscheidungen einzuwirken wie ein besserwisserischer, aber oft ignorierter Erster Offizier, doch das Schiff steuert der rumbesoffene Seebär mit unseren Emotionen. *Arrrrggghhh, volle Kraft voraus, zum Teufel mit dem Verstand!*

Wenn wir uns selbst achten, wenn wir Selbstfürsorge betreiben wollen, damit wir gesund bleiben und das Leben meistern können, ohne uns selbst oder den Menschen in unserem persönlichen Umfeld zu schaden, müssen wir uns zunächst bewusst machen, dass wir nicht unbedingt psychotisch sind, wenn es uns nicht gelingt, unser Verhalten anzupassen, um irgendeine Facette unseres Lebens zu verändern. Bei den meisten unserer Beziehungsprobleme geht es nicht um Logik. Es sind emotionale Probleme. Gute Abschlussnoten und ein Doktortitel werden uns also weniger nutzen als ein geschärftes emotionales Bewusstsein. EQ kommt vor IQ.

Unsere Emotionen beruhen auf chemischen Reaktionen. Und die Chemie beeinflusst alles. Das habe ich in der Schule gelernt – da, wo man mir nicht beigebracht hat, wie man ein guter Partner fürs Leben wird.

DAS SCHLIMMSTE, WAS ICH JE GETAN HABE

Das Baby wollte nicht kommen.

Pressen.

Meine Frau hatte Schmerzen. Immer mehr Ärzte und Krankenschwestern versammelten sich um sie herum. Sie muss sich völlig ausgeliefert gefühlt haben.

Ich war neunundzwanzig, ahnungs- und hilflos. Ich stand einfach nur da, mit halb geöffnetem Mund, drückte ihre Hand und murmelte: »Komm schon, Baby«, mehr zu meiner Frau als zu dem Baby.

Aber es kam kein Baby. Die Wehen hatten lange angehalten, die Geburt war vor mehr als vierundzwanzig Stunden eingeleitet worden.

Pressen.

Unser Kind kam nicht. Die Ärzte überwachten die Herzfrequenz und den Blutdruck und all die Funktionen, die wir normalerweise als selbstverständlich erachten, die aber entscheidend dafür sind, ob sich dieses glückliche Ereignis zur Tragödie entwickelt.

»*Okay. Das reicht jetzt. Wir müssen sie in den OP bringen*«, sagte die Ärztin.

Ich starrte nur stumm und mit großen Augen vor mich hin. Die Ärztin versicherte mir, dass alles gut werden würde. Ich wollte ihr glauben. Eine Krankenschwester reichte mir einen Kittel zum Anziehen. Es hatte schon etwas Surrealistisches, als man mich Richtung Operationssaal bugsierte, wo eine Notoperation vorbereitet wurde.

Meine Frau war erschöpft. So hatte ich sie noch nie gesehen. Der Anästhesist fing mit seiner Behandlung an. Da ich so etwas noch nie erlebt hatte, bekam ich es mit der Angst zu tun, als ich sah, wie meine Frau die Augen verdrehte und das Bewusstsein verlor. Ich wusste nicht, was vor sich ging. Nur, dass ein Haufen Fremder meine Frau aufschnitt und dass ich nicht wollte, dass sie stirbt.

Alles ging so schnell. Um 20:24 Uhr hörte ich Schreie.

Heilige Scheiße! Unser Baby.

Eine Krankenschwester hielt mir ein kleines Menschenbündel entgegen.

»Können Sie erkennen, ob es ein Junge oder ein Mädchen ist?«, fragte sie lächelnd.

Ein Junge. *Ich habe einen Sohn.*

Zu meiner Linken säuberten die Krankenschwestern einen zappelnden, schreienden kleinen Jungen. Nun lag es in meiner Verantwortung, dass er ein rechtschaffener Mensch wurde. Zu meiner Rechten nähten die Ärzte die erschöpfte Mutter des Babys zusammen. Ich schaute nach links. *Mein Sohn.* Dann nach rechts. *Meine Frau.*

Sie hätten es beide gut überstanden, sagten alle.

Nachdem er gewaschen, gewickelt und mit einer winzigen Babymütze ausgestattet worden war, drückte mir das Pflegepersonal unseren Sohn in die Arme. Zu sagen, seine Mutter hätte die ganze Arbeit geleistet, wäre noch stark untertrieben, aber ich durfte ihn zuerst halten. Das kam mir ungerecht vor. Aber so erschöpft und kaum bei klarem Verstand, wie sie war, lächelte sie ihn einfach nur an. Ziel erreicht.

Es ging ihm gut.

Ihr ging es gut.

Meine Frau hatte gerade 158 Jahre (in Wehen-Zeitrechnung) damit verbracht, ein Kind zur Welt zu bringen, und war aufgeschnitten worden. Sie war am Verhungern. Vom Krankenhaus bekam sie beschissene kalte Hähnchensticks. Ich kann mich nicht mehr erinnern, ob sie viel davon gegessen hat.

Schließlich wurde das Baby der Mutter übergeben. Es musste gefüttert werden. Mit dem Stillen klappte es nicht. Unser widerspenstiger kleiner Sohn wollte nicht mitmachen. Die frischgebackene Mutter muss schreckliche Angst bekommen und sich sehr hilflos gefühlt haben.

Es war spät, und ich wurde müde. Einige Leute sagten mir, ich solle mich um ausreichenden Schlaf bemühen, denn es sei wichtig, dass wenigstens einer der beiden Elternteile so ausgeruht sei, dass er klar genug im Kopf wäre, um Entscheidungen zu treffen. Irgendwie hatte ich mir in den Kopf gesetzt, nach Hause zu gehen, um zu schlafen, und am nächsten Morgen wiederzukommen. Meine Frau war erschöpft von den vergangenen zwei Tagen und hatte Angst – *wir hatten ein Neugeborenes!* –, und die einzigen Menschen, die sie um sich herum hatte, waren Fremde. Sie bat mich zu bleiben. Sie wolle, dass ich bleibe, sagte sie, emotional aufgewühlt und unter Tränen.

»Es wird alles gut«, sagte ich. »Ich kann dir sowieso nicht helfen, die Krankenschwestern aber schon. Ich bin gleich morgen früh wieder da.«

Meine Frau war so verängstigt, hilflos und erschöpft wie noch nie in ihrem Leben.

Mittlerweile verstehe ich, dass sie mich nicht deswegen an ihrer Seite haben wollte, damit ich ihr »helfe«. Sie wollte mich bei sich haben, weil Begleitung und Unterstützung den Menschen ein Gefühl der Sicherheit geben. Sie war nun für das Überleben und die Erziehung eines winzig kleinen Menschen verantwortlich, und sie glaubte, dass mir das genauso am Herzen lag wie ihr. Sie wollte versichert sein, dass jemand hinter ihr stand. Dass sie geliebt wurde. Dass sie sich auf den Vater ihres Sohnes verlassen konnte, wenn das Leben ihr Schmerzen und Angstgefühle bereitete.

Ich aber war der Meinung, dass sie klammerte und übermäßig dramatisch reagierte. Und so habe ich sie in ihrer allerersten Nacht als Mutter – erschöpft, verheult und mit frisch genähter Operationsnarbe – in diesem Krankenhauszimmer zurückgelassen. Allein und verängstigt.

Ich habe soziopathische Züge an mir festgestellt: Ich habe Probleme, Empathie für den körperlichen Schmerz anderer zu entwickeln. Wenn ich Bücher lese oder höre, wie jemand etwas beschreibt, das ich noch nie gesehen habe, entsprechen die Bilder in meiner Vorstellung fast nie der Realität. Vielleicht fällt es mir deshalb so schwer, mich in den körperlichen Schmerz anderer hineinzuversetzen. Weil mir dazu die Vorstellungskraft fehlt.

Für emotionalen Schmerz bin ich sehr empfänglich – vor allem, wenn ich bereits selbst einmal etwas Ähnliches erlebt habe oder wenn ich mir zumindest einigermaßen vorstellen kann, wie es sich anfühlt. Das ist aus zwei Gründen wichtig: Ich war mir überhaupt nicht darüber im Klaren, welche körperlichen Beschwerden meine Frau während der Schwangerschaft durchmachte, und weil ich ein ignoranter Schwachkopf war, konnte ich auch nicht die Sorgen, den Stress und die Beklemmung nachvollziehen, die sie empfunden haben mag, weil sie sich zuerst über die Geburt des Kindes und dann über die folgenden achtzehn oder mehr Jahre Gedanken machte, in denen sie für die Sicherheit und das Wohlergehen eines Menschen verantwortlich war.

Während meine Frau in den Wehen lag, hatte ich vom Sessel neben ihrem Bett aus einigen unserer engsten Freunde SMS geschickt, um sie über den neuesten Stand bei Frau und Baby auf dem Laufenden zu halten. Ich dachte, ich hätte damit Wichtiges geleistet.

Sie machte mir deutlich, dass ihr das nicht wirklich gefiel. Sie wollte, dass ich voll und ganz bei ihr war, Engagement und meine Hingabe zeigte, um ihr zu verdeutlichen, dass ich in den schwierigen Momenten des Lebens immer an ihrer Seite stehen würde.

Ich würde nie etwas für wichtiger halten als die Geburt meines Sohnes. Aber Freunden SMS zu schreiben, während meine Frau in den Wehen lag – egal wie beiläufig es mir erschien, als ich es tat –, muss ihr vorgekommen sein, als ob es mir wichtiger sei, zu tun, was ich wollte, als ihr in Momenten größter Verletzlichkeit bei der Geburt unseres Sohnes beizustehen.

Ich würde meine Frau niemals im Stich lassen, wenn sie weint. Aber genau das habe ich getan. Sie weinte. Sie bat mich zu bleiben. Aber ich bin trotzdem gegangen, weil ich es so wollte. Ich habe meine weinende Frau nur wenige Stunden nach einem Kaiserschnitt allein in einem Krankenhauszimmer zurückgelassen, wo sie sich mit einem schreienden Kind abmühte, das nicht gestillt werden wollte, und die Krankenschwestern ihr das Gefühl gaben, dass sie sich einfach nicht genug anstrengte.

Und warum?

Um zu schlafen, zu duschen, Fotos an Familie und Freunde zu

schicken (Smartphones gab es damals noch nicht) und das wunderbare Gefühl zu genießen, der Vater eines neugeborenen Sohnes zu sein.

Ich hoffe, du glaubst mir, wenn ich dir sage, wie normal und angebracht mir das damals erschien. Aber im Hinblick auf meine neunjährige Ehe ist es das Schlimmste, was ich je getan habe.

Sie wollte mich bei sich haben. Die Frau, die mich schließlich verlassen sollte. Die Frau, deren Abschied sich für mich anfühlte, als hätte man mir ungefragt das Herz herausoperiert. Es war die größte Zurückweisung und der intensivste Schmerz, den ich je erlebt habe.

Diese Frau WOLLTE mich dort haben. Sie wollte, dass wir zusammen einen kleinen Jungen großziehen. Wollte für den Rest unseres Lebens mit mir verheiratet sein. Aber ich wies sie ab. Ich hatte in diesem Moment Wichtigeres zu tun.

»Dir geht es gut, Babe«, sagte ich. »Das wird alles wieder.«

Dasselbe hatte mir die Ärztin auch gesagt. Wie sich herausstellte, lagen wir beide falsch.

4
VERLETZT DEIN EHEPARTNER DICH ABSICHTLICH?

Ich habe meine Frau nie wirklich gekannt, obwohl wir neun Jahre verheiratet waren und uns bereits als Teenager begegnet sind. Nicht wegen irgendeiner verrückten Geheimniskrämerei oder weil sie absichtlich versucht hätte, ihre Identität vor mir zu verbergen. Ich habe meine Frau nie wirklich gekannt, weil ich während unserer gesamten Beziehung nie die Zeit, die Mühe und die Energie investiert habe, sie wirklich kennen- und verstehen zu lernen. Wenn ich mich nur darum bemüht hätte, hätte ich meine blinden Flecken beseitigen können und hätte gewusst, was ich tun muss, damit ich sie nicht verletze.

»Es tut mir so leid! Das habe ich nicht gewollt! Ich hatte keine Ahnung, dass das für dich so eine große Sache ist!« Das ist die verbreitete Entschuldigung in unseren Beziehungen, nicht wahr? Ich schätze, dass dir das bekannt vorkommt. Tatsächlich ist das noch die bestmögliche Version dieser »Blinder Fleck«-Dynamik, und trotzdem wird sie deine Beziehungen vergiften und deine Ehe dem Ende näher bringen.

Weitaus häufiger kommt es aber vor, dass einer von uns versucht, den Partner davon zu überzeugen, dass er überreagiert, dass das, was passiert ist, für ihn keine große Sache sein DARF. Wenn der Partner endlich mal erkennen würde, wie unbedeutend der Vorfall/die Bemerkung/die Interaktion/das Gespräch war oder wie dumm der Streit darüber ist, dann könnte er aufhören, sich deswegen schlecht zu fühlen.

Keiner regt sich mehr darüber auf. Problem gelöst!

So habe ich es gemacht. Ich habe versucht, meine Frau zu beruhigen, indem ich mich ihr erklärt habe, schätzungsweise in dem Glauben, dass ihr Schmerz, die Wut oder die Traurigkeit, die sie empfand, verfliegen würden, wenn sie endlich einsah, dass ich mit meiner Version der Ereignisse recht hatte.

Etwas, das mich frustriert hat und das viele der Männer und Frauen, mit denen ich bei meinen Coachings spreche, frustriert, ist das Gefühl, dass unsere Partner uns häufig mit neuen Beschwerden »überraschen«.

Ist doch so, oder? Da geht man einfach seinem Tagwerk nach, kümmert sich um seine eigenen Angelegenheiten, tut nichts, was irgendjemandem schadet, und – BÄÄÄM – macht sie wieder ihr beleidigtes Gesicht und erhebt ihre wütende Stimme.

Na toll! Jetzt geht das wieder los.

Ehrlich gesagt, meine Frau war verletzt und/oder verärgert über etwas, das sie erlebt hatte, und ich reagierte darauf, indem ich alles, was sie mir erzählte, mit der Vorstellung abtat, sie sei eine kleinliche, unfaire, nörgelnde, überempfindliche, übermäßig emotionale, undankbare Person. Ich hielt SIE für diejenige, die unserer Ehe schadet. Das habe ich wirklich geglaubt.

Wenn man sich selbst für einen klugen, freundlichen, höflichen Menschen hält, der im Job erfolgreich ist, gesunde soziale und berufliche Beziehungen pflegt und immer gut mit sämtlichen Familienmitgliedern auskam, als er aufwuchs, und die EINZIGE Person, die sich jemals über einen beschwert, der Ehepartner ist (dem man versprochen hat, ihn für immer zu lieben, mit dem man alles teilt und für den man die meisten Opfer zu bringen glaubt), dann ist es leicht, zu dieser Schlussfolgerung zu kommen, weil die traurige und wütende Frau in diesem Beispiel der statistische Ausreißer ist. Sie ist diejenige, die sich radikal anders verhält als der Rest deiner zwischenmenschlichen Datenstichprobe.

Wem soll ich denn nun glauben? Meiner eigenen Einschätzung plus der von ALLEN, die ich je kennengelernt habe – oder dieser verrückten Frau, die versucht, mich als den Bösen hinzustellen?

Versteh mich also bitte nicht so, als ob ich die Ehepartner, die sich so rechtfertigen – oder mich selbst vor zehn Jahren –, verteufeln wollte. Man kann vollkommen anständig sein und gute Absichten haben und trotzdem dem Ehepartner und der Ehe durch seine blinden Flecken schaden.

Gute Menschen können schlechte Ehegatten sein. Gute Menschen zerstören unwissentlich ihre Ehen.

Und das geschieht unter anderem dann, wenn der eine (meiner Erfahrung nach sind es meist die Männer) von der Traurigkeit oder Wut des anderen Partners »überrascht« wird. Und das immer wieder.

Wie konnte das passieren? Wie ist es möglich, dass sie sich so über etwas aufregt, von dem ich überhaupt nichts bemerkt habe?

Dabei entsteht der Schaden, WEIL du es nicht bemerkt hast.

Wenn du Kinder siehst, die im Haus oder neben dem Schwimmbecken herumrennen oder mitten auf der Straße Skateboard fahren, weißt du, wie unschön das ausgehen kann. Du erkennst die potenziellen Gefahren und kannst aufmerksam dazu beitragen, dass sich niemand verletzt. Das liegt wahrscheinlich nicht daran, dass du hellseherische Fähigkeiten hast. Wahrscheinlich liegt es daran, dass du über das Wissen und die Erfahrung verfügst, einschätzen zu können, was in diesen Situationen alles passieren kann.

Ähnlich geht es uns im Beruf oder bei unserem Lieblingshobby. Das, womit wir die meiste Zeit verbracht haben, was wir trainiert, geübt, gelesen haben, worüber wir nachgedacht oder diskutiert haben, darüber wissen wir am besten Bescheid. Das geht jedem von uns so.

Ich kann schnell tippen und normalerweise recht brauchbar Wörter aneinanderreihen. Verglichen mit den meisten anderen Leuten weiß ich ziemlich viel über NFL-Football, Marvel-Filme, Bourbon Whiskey, Videospiele, die Zeitungsindustrie, Kochen, Poker und Schach. Ich habe einfach viel Zeit in jedes dieser Themen investiert.

In den letzten paar Jahren habe ich auch viel über Beziehungen gelernt, weil ich sie studiert, über sie nachgedacht, über sie geschrieben und über sie gesprochen habe – mehr als über alles andere. Die Dinge, mit denen wir die meiste Zeit verbringen und über die wir am meisten gelernt haben, sind die Dinge, in denen wir Fachwissen oder Fähigkeiten entwickeln.

Leider besuchen die meisten von uns aber nie die »Wie werde ich ein guter Ehepartner«-Universität. Wir besuchen nicht einmal den Grundkurs »Wie werde ich ein guter Ehepartner« in der Highschool. Viele von uns lernen die Dinge, die eine Beziehung braucht, um zu funktionieren, erst, wenn es zu spät ist oder wenn sie gefährlich nahe am Abgrund stehen. Manchmal braucht es eine ernsthafte Erschütterung in unserem bequemen Leben, bevor wir bereit sind, uns die schwierigeren Fragen darüber zu stellen und zu beantworten, wer wir sind und warum wir so handeln, wie wir handeln.

Beim Beziehungscoaching hatte ich einen Klienten, der bereits über siebzig war und sechsunddreißig Jahre verheiratet. Er äußerte sich frustriert darüber, dass er seit fast vierzig Jahren die gleichen Beschwerden von seiner Frau zu hören bekam. (Du darfst ruhig darüber lächeln. Ich hätte es auch fast getan, obwohl es wahrscheinlich eher traurig als lustig ist.)

Ich bat ihn, zu Stift und Papier zu greifen und in zwei Spalten aufzuschreiben, was seiner Frau am wichtigsten war. Eine Spalte mit positiven Nennungen, eine Spalte mit negativen. Mit anderen Worten: Was hat positiven, was hat negativen Einfluss auf deinen Partner? Welche Ereignisse lenken seine Gefühle in die eine oder die andere Richtung?

Mein Klient konnte nicht EINE Sache aufschreiben. Nicht eine.

»Ich weiß es wirklich nicht, Matt«, sagte er.

Tja. Da muss man sich nicht wundern.

»Bei allem Respekt, Sir«, sagte ich, »dann kennen Sie wohl Ihre Frau nicht.«

Stell dir vor, du beschäftigst dich mit Poker, spielst zweimal pro Woche am Tisch, mehrmals pro Woche online und siehst dir unzählige Stunden davon im Fernsehen an. Ich besorgte mir Pokerlehrbücher, die ich wälzte. Ich studierte die Profis im Fernsehen. Ich analysierte jede einzelne Entscheidung, die die besten Spieler der Welt trafen. Ich las Zusammenfassungen von Turnieren oder sogenannte High Stakes Hands im Magazin *Card Player*, um Einblicke und Inspiration zu erhalten.

Und es hat funktioniert. Ich wurde ein ziemlich guter Pokerspieler.

Und jetzt stell dir vor, du wärst eine Frau, die bei jeder Entscheidung, die sie trifft, ob wichtig oder unwichtig, ihren Mann miteinbezieht. Was es zum Abendessen gibt. Wann sie bestimmte Themen mit ihm absprechen soll. Welche Pläne es für das kommende Wochenende gibt. Welche Geschenke seine Eltern zu den Festtagen oder zu Geburtstagen bekommen – woran er überhaupt nicht denkt, bevor sie es erwähnt.

Meine Frau traf im Laufe eines Tages kaum eine Entscheidung, ohne zu berücksichtigen, wie sich diese Entscheidung auf mich oder unseren Sohn auswirken würde.

Und jetzt vergleiche das mit mir. Ich bin morgens aufgestanden, habe vielleicht trainiert, bin zur Arbeit gefahren, habe die Arbeit erledigt, bin nach Hause gefahren und habe dann vielleicht gekocht oder die Küche aufgeräumt. Vielleicht habe ich auch den Rasen gemäht, wenn er zu vernachlässigt aussah. An ein oder zwei Tagen in der Woche habe ich mich zum Pokerabend verzogen. Wenn ich zu Hause war, habe ich vielleicht Onlinepoker gespielt, mir einen Film oder eine Fernsehsendung angesehen oder ein Fantasy-Footballteam »gemanagt«.

Nach einem Tag, an dem ich gearbeitet, das Abendessen gekocht und die Küche aufgeräumt hatte, habe ich mich dann hingesetzt, Fernsehen geschaut, gelesen oder gespielt, mich um meine eigenen Angelegenheiten gekümmert. Vollkommen harmlos. Deshalb fand ich es auch immer bescheuert, wenn sie wegen irgendwas sauer war auf mich.

Weil ich *nichts getan* hatte.

Und ich hatte recht. Ich hatte nichts getan. Ich war ÜBERRASCHT, dass meine Frau sich durch etwas, das ich getan oder unterlassen hatte, verärgert oder vernachlässigt oder nicht respektiert fühlte.

Stell dir vor, ich hätte der Liste der Dinge, die meine Frau sowohl positiv als auch negativ beeinflussten, auch nur halb so viel Aufmerksamkeit geschenkt wie dem Versuch, ein Meister im Pokern zu werden oder meine Fantasy-Footballligen zu gewinnen.

Wenn ich ein differenziertes Verständnis für die Dinge gehabt hätte, die meiner Frau Schmerzen bereiten, wäre mir vielleicht klar geworden, wie verletzend es für sie gewesen sein muss, dass ich so viel Zeit, Mühe und Energie in die Beherrschung eines Kartenspiels steckte, an dem sie kein Interesse hatte und das mich mehrere Stunden pro Woche von ihr und unserem Zuhause fernhielt, während ich ihr gegenüber nie auch nur einen Bruchteil dieser Konzentration, Mühe und Energie aufbrachte. Und unserer Ehe gegenüber auch nicht. Geschweige denn davon, ihr in unserem häuslichen Leben und Alltag das Gefühl zu geben, gesehen, gehört, respektiert, geschätzt, begehrt und unterstützt zu werden.

Was wäre, wenn ich meine Frau GEKANNT hätte? Was wäre, wenn ich wirklich verstanden hätte, wer sie ist? Ihre Hoffnungen und Träume. Die ganz konkreten Gründe, warum Dinge, die ich für belanglos hielt, ihr wehtaten. Was wäre, wenn ich mich – nach Jahren des Trainings – in die oberste Liga der Ehekompetenz hochgearbeitet und besser verstanden hätte, wer sie war, was ihr am wichtigsten war?

Wenn sich jemand im Umgang mit seinem Ehepartner so große Fertigkeiten aneignet wie in seinem Beruf oder bei seinem Lieblingshobby, dann kann er vorausschauend handeln, die emotionalen, geistigen und körperlichen Bedürfnisse des anderen erkennen. Dann gibt es keine unangenehmen Überraschungen.

Die »unsichtbaren« oder »unvorhersehbaren« Konflikte bleiben aus, weil wir sie eben doch vorhersehen können. Stell dir vor, wie es wäre, nie mehr von »kleinlichen« Beschwerden »überrascht« zu werden. Stell dir vor, dass sich deine Ehepartnerin nicht mehr beklagt oder dich kritisiert, weil ihre sämtlichen Bedürfnisse befriedigt werden. Weil sie beachtet wird. Bestätigt wird. Respektiert wird. Geliebt wird.

Ich weiß nicht, was du im Leben am besten kannst. Aber ich bin mir ziemlich sicher, dass du, als du gerade erst damit anfingst, nicht besonders gut darin warst. Genauso kann es sein, dass du, ohne es zu wollen, in verschiedenen Aspekten der Beziehungsführung Luft nach oben hast. Vielleicht bist du regelmäßig verwirrt, wie emotional dein Partner reagiert, wenn du etwas tust oder etwas nicht tust. Und wenn du dir die Mühe machst, zu verstehen und dir genug Wissen anzueignen, dann kannst du vielleicht sogar einen Großteil der Konflikte und Unannehmlichkeiten in deiner Ehe verhindern.

Wenn wir uns auf unsere Partner einstellen, ein Gespür für die Dinge entwickeln, die sie bewegen – sowohl im Guten als auch im Schlechten –, sind wir womöglich in der Lage, ihre Bedürfnisse zu erkennen und zu erfüllen. Ohne Überraschungen. Denn wir haben dann diese blinden Flecken nicht mehr, die uns den Blick auf potenzielle Konflikte nehmen. Wir sehen die Gefahren. Die kochend heiße Pfanne auf dem Herd. Und wir werden achtsamer und vorsichtiger. Kein »*Das wusste ich doch nicht!*« mehr. Kein »*Das wollte ich aber nicht!*« mehr.

Vielleicht können wir auf diese Weise eine Menge Schmerz verhindern und ihn wirksamer lindern, wenn er auftritt. Vielleicht verwandeln wir so frustrierende, ungesunde und angeschlagene in vorbildliche Beziehungen.

Ich habe meine Frau nicht gekannt. Aber wenn ich mich dafür entschieden hätte, hätte ich es schaffen können. Und das hätte alles verändert.

DER WEG ZUR HÖLLE IST GEPFLASTERT MIT GUTEN VORSÄTZEN

Stell dir vor, du wärst mit jemandem verheiratet, der dir jeden Tag ins Gesicht sagt: »Scheiß auf dich und deine Gefühle. Ich will, dass du leidest, und ich bin froh, dass du Schmerzen hast. Ich werde mich jetzt in meine Höhle verziehen und mir noch etwas ausdenken, wie ich dich verletzen kann.« Ich kann niemandem vorschreiben, was richtig und falsch oder gut und schlecht ist, aber falls man mit so jemandem verheiratet ist, kann ich nur raten, sofort die Flucht zu ergreifen.

Selbst jemand, der behauptet, mit den besten Absichten zu handeln, verletzt manchmal andere Menschen, und obwohl diese Verletzung auf jeden Fall anerkannt werden sollte, glaube ich, dass es von Vorteil ist, herauszufinden, ob man mit jemandem zusammenlebt, der unsere besten Interessen im Sinn hat, oder mit jemandem, der insgeheim darüber nachdenkt, wie er einem den Tag noch mehr versauen kann.

Wenn sich meine Frau beschwerte, habe ich mich jahrelang ihr gegenüber gerechtfertigt und sie gebeten, geduldiger mit mir zu sein und Verständnis zu zeigen, schließlich liebte ich sie doch und hatte nur ihr Bestes im Sinn. Anstatt ihren Schmerz anzuerkennen und zu versuchen, die Ursachen besser zu verstehen, lenkte ich das Gespräch darauf, wie unfair sie mich behandelte. Das liegt daran, dass ich einfach kein guter Ehemann war.

Aber stell dir vor, sie WÜSSTE, dass ich sie nicht absichtlich verletzte? So wie sie wusste, dass ihr kleiner Sohn nicht die Absicht hat, sie um ihre verdiente Nachtruhe zu bringen, wenn er aufwacht und weint. Ob das vielleicht geholfen hätte?

Ich will es nur zu gerne glauben.

Millionen von Ehegatten und Beziehungspartnern, die sich ständig übergangen und nicht anerkannt fühlen, mögen mir widersprechen, aber ich kann nicht genug betonen, wie schnell und unbeabsichtigt man in die Reaktionsmuster der Dreifachbedrohung durch Herabsetzung verfällt. Dann neigen wir dazu, die Äußerungen und/oder Gefühle unserer Partner zu entkräften, herunterzuspielen oder unsere eigenen Handlungen zu rechtfertigen, falls sie dazu geführt haben, dass die andere Person verletzt oder verärgert wurde.

Noch mal zur Erinnerung: Die Dreifachbedrohung durch Herabsetzung zeigt sich immer wieder in den gleichen drei Mustern:

1. Wir zweifeln die Erlebnisse an, die uns unser Partner schildert.
2. Wir zweifeln die Gefühle an, die uns unser Partner schildert.
3. Wir verteidigen uns und rechtfertigen unsere Handlungen damit, dass wir es zu dem Zeitpunkt nicht besser wussten. Gleichzeitig implizieren wir damit, dass wir in Zukunft dasselbe Verhalten wiederholen werden, obwohl

unser Partner uns GERADE zu vermitteln versucht hat, verletzt worden zu sein.

Ich glaube nicht, dass Ehemänner denken: »*Wie die letzte Schwachmatin hat sie mir erzählt, was sie erlebt hat. Na ja, sie ist eben nur eine Frau mit einem kleinen Gehirn, das nur etwa ein Drittel der Größe meines überlegenen Männerhirns hat. Das ist wissenschaftlich bewiesen.*«

Die Probleme, die wir in unseren Beziehungen und Ehen haben, entstehen nicht, weil lauter böse Menschen einen Haufen böser Dinge tun und versuchen, einander absichtlich zu verletzen. Das Problem ist, dass es einen Haufen anständiger und wohlmeinender Menschen gibt, die nicht bemerken, dass etwas, das sie tun oder sagen (oder vielleicht etwas, das sie nicht tun oder nicht sagen), ihren Partner verletzt.

Wir werden uns später noch der Selbstfürsorge und der Einhaltung von persönlichen Grenzen widmen, aber eines möchte ich jetzt schon einmal festhalten: Solltest du mit jemandem verheiratet sein oder eine feste Beziehung führen, von dem du glaubst, dass er dir ABSICHTLICH wehtut, dann möchte ich dich ermutigen, zu überlegen, ob du diese Beziehung weiterführen möchtest. Ich kann mir nicht vorstellen, dass eine Beziehung funktionieren kann, wenn einer der Partner ständig neue Steine ausgräbt, um sie dem anderen in den Weg zu legen.

Solltest du aber mit jemandem verheiratet sein, der dich liebt und für den du dich ganz bewusst entschieden hast, den Rest deines Lebens mit ihm zu verbringen, weil du glaubst, dass er ein guter Mensch ist, dann bedenke bitte, dass Momente des Konflikts und des Vertrauensverlusts das Ergebnis versehentlich zugefügter Wunden sind – NICHT von absichtlichem Fehlverhalten oder Vernachlässigung.

Eine meiner wichtigsten Lehren aus Scheidung und Erwachsensein ist die Erkenntnis, dass **ungewollt zugefügter Schmerz und**

ungewollte Vertrauensverluste deine Beziehung genauso sicher beenden werden wie absichtliche, nur langsamer.

Bei einer Übung, um die ich meine Coaching-Klienten manchmal bitte, geht es darum, die Entstehung eines bestimmten Vorfalls aus der Sicht des Ehe- oder Liebespartners zu erzählen.

Autoren entwickeln oft Romanszenen, an denen mehrere Figuren beteiligt sind, aber die einzige Person, deren Überzeugungen, Gefühle, Absichten und Motivation uns nähergebracht werden, ist die Hauptfigur, der Held. Wir sehen die Welt durch ihre Augen. Wenn wir Erlebnisse schildern, an denen wir selbst beteiligt waren, filtern wir diese Geschichten durch UNSERE Überzeugungen, Gefühle, Absichten und Beweggründe. Du siehst sicher schon, worauf ich hinauswill. Wie wäre es also damit, uns selbst zu einer Nebenfigur in diesen Geschichten zu machen?

Es spricht vieles dafür: Wenn du deinem Partner vermittelst, dass du nachvollziehen kannst, wie er sich in einem bestimmten Moment gefühlt hat, wenn du die Umstände verstehst, warum er sich so gefühlt hat, und wenn du gleichzeitig beschreiben kannst, wie dein eigenes Verhalten in positiver oder negativer Weise dazu beigetragen hat und wie man es in Zukunft besser machen könnte, dann bist du jemand, dem dein Partner vertrauen kann.

Auch wenn hinter den Verletzungen, die du jemandem zufügst, keine Absicht *(Das habe ich nicht gewollt!)* oder Unwissenheit *(Ich hatte doch keine Ahnung!)* steckt, so tut es trotzdem weh. Und ist der Schmerz erst da, neigen Menschen dazu, anderen ihr Vertrauen zu entziehen, egal wie gut die Absichten aller Beteiligten auch sein mögen.

Bei meinem ehemaligen Klienten Donovan stellte sich heraus, dass ein wichtiger Konfliktauslöser für seine Frau ein Paar Luftentfeuchter in der Waschküche im Keller der Familie waren. Diese gutmütige, treue, aber zunehmend traurige Frau machte sich fast jeden Tag auf den Weg in den Keller und kümmerte sich um die Wäsche. Sie stopfte sämtliche Kleidungsstücke – ihre eigenen, die ihres Mannes und die ihrer Kinder – in die Waschmaschine, beförderte sie nach dem Waschgang in den Trockner und faltete oder hängte anschließend jedes Teil auf. Und während sie diese einsame, wenig gewürdigte und undankbare Arbeit mehr als zwei Jahrzehnte lang schweigend verrichtete, warf sie manchmal einen Blick auf die beiden Luftentfeuchter, die Keller und Haus vor Wasserschäden schützen sollten. Dass sie keine Geräusche von sich gaben, verriet ihr, dass sie überhaupt nicht mehr liefen. Die roten Warnleuchten zeigten an, dass die Behälter der Geräte voll mit Wasser waren und geleert werden mussten, bevor die Luftentfeuchter wieder ihren Betrieb aufnehmen konnten.

Diese roten Leuchten signalisierten aber noch etwas anderes: *Dein Ehemann hat sich nicht mal die fünfundvierzig Sekunden Zeit genommen, um in den Keller zu gehen und die Wasserbehälter zu leeren, obwohl du ihn Dutzende Male höflich darum gebeten hast und er versprochen hat, es zu tun.*

Womöglich saß er gerade oben in seinem Polstersessel, trank ein Bier und schaute sich Baseball im Fernsehen an. Und sie legte unten im Keller seine Unterwäsche zusammen. Manchmal weinte sie, weil sie sich wie der einsamste Mensch auf der Welt fühlte – nicht wahrgenommen, unwichtig und ungeliebt. Sie spielte ernsthaft mit dem Gedanken, diese Ehe zu beenden, obwohl sie den größten Teil ihres Lebens verheiratet gewesen war und sich über ihre Rolle als Ehefrau und Mutter definierte. Und die ganze Zeit über saß Donovan oben im Wohnzimmer vor dem Fernseher und bemerkte nichts von der stetig wachsenden Traurigkeit, die sie immer mehr erdrückte.

Manchmal sagte ihm seine Frau, dass die Luftentfeuchter voll seien und geleert werden müssten. Manchmal sprach sie davon, wie enttäuschend und ärgerlich es für sie war, dass die Entfeuchter ständig voll waren. Dass sie nur die Wahl hatte, sie selbst zu leeren, obwohl er versprochen hatte, es zu tun, oder ihn bei dem zu unterbrechen, was auch immer er gerade tat, um dann als »Nervensäge« oder »streitsüchtig« dazustehen, obwohl sie das nie sein wollte. Und vielleicht hat sie Donovan manchmal, wenn Traurigkeit oder Frustration sie übermannten, zu verstehen gegeben, wie sehr sie diese Situation aufregte. Und ich denke, ihm muss es dann so ähnlich wie mir gegangen sein, wenn meine Frau ihrer Enttäuschung und ihrem Schmerz Luft machte, weil ich etwas getan oder nicht getan hatte.

Ach, du meine Güte, sie jammert schon wieder über die Luftentfeuchter. Kaum auszudenken, was sie beim nächsten Stromausfall oder, Gott bewahre, bei einem Todesfall in der Familie tun wird. Sie muss sich wirklich mal zusammenreißen!

Für Donovans Frau stellte es sich anders dar.

Den ganzen Tag lang tue ich alles für meinen Mann und meine Kinder, und er kann nicht einmal eine Minute seines Abends oder Wochenendes dafür opfern, die Luftentfeuchter zu leeren. Er bemerkt noch nicht einmal, wie sehr mich das mitnimmt. Ich bin ihm nicht wichtig genug.

Und dann weinte sie wieder still vor sich hin, allein mit den Wäschebergen.

Donovan ist ein toller Kerl und ein liebevoller, engagierter Vater. Er hatte nur einen blinden Fleck, was diese Luftentfeuchter anging. Weil er den Wäschekeller so selten betrat, dachte er nicht an die Luftentfeuchter und schon gar nicht an die emotionalen Auswirkungen dieser Situation auf seine Frau. Heute leert er pflichtbewusst jeden Tag die beiden Behälter. Nicht, weil er sich dem Genörgel seiner undankbaren Frau gebeugt hätte, sondern weil er sie liebt und respektiert und es zu schätzen weiß, wie viel sie opfert, um ihm und ihren Kindern ein Zuhause zu schaffen.

Es war ihm tatsächlich nie in den Sinn gekommen, wie traurig und alleingelassen sie sich fühlte, wenn sie seine Wäsche zusammenlegte und dabei die beiden roten Leuchtanzeigen sah. Er wusste nicht, was die roten Lichter bei ihr auslösten. Aber jetzt weiß er es, und er lässt es nicht mehr so weit kommen. Er hat beschlossen, die Frau, die er liebt, nicht wegen seiner blinden Flecken leiden zu lassen. Nie wieder sollte sie sich einsam und ungeliebt fühlen, bloß weil er früher zu beschäftigt oder zu bequem war, sich um die Luftentfeuchter zu kümmern. Deshalb tut er es jetzt. Wenn seine Frau heute zu den Luftentfeuchtern hinüberschaut, kann sie sich gesehen und respektiert und beachtet und sicher und geliebt fühlen, weil die Warnleuchten dunkel bleiben und die beiden Geräte laufen.

Als er erst einmal in der Lage war, zu verstehen, dass die Warnleuchten der Luftentfeuchter etwas mit sehr realen emotionalen Erfahrungen seiner Frau zu tun hatten, konnte er auch nachvollziehen, dass andere Vorfälle – und andere Gespräche über diese Vorfälle – auf sehr realen Gefühlserfahrungen seiner Frau basierten. Er lernte, seine Frau achtsam zu lieben, und zwar nicht nur mit leeren Phrasen und ausgelutschten Beteuerungen, sondern mit gelebter Liebe. Das Unsichtbare wurde sichtbar.

Das Entleeren von Luftentfeuchtern ist gleichbedeutend mit dem Aufbau und der Aufrechterhaltung einer Vertrauensbeziehung mit seiner Frau. Donovan ist es nicht annähernd so wichtig wie ihr, dass die Luftentfeuchter laufen. Aber es ist ihm wichtig, dass sie sich nicht gekränkt fühlt, nur weil er zu beschäftigt oder zu bequem war und ihr keine Aufmerksamkeit schenkte. Er hat sich die Mühe gemacht. Und jetzt spürt sie in ihrer Ehe ein neues Maß an Liebe und Wertschätzung.

Ich bin so stolz auf ihn und dankbar dafür, dass er sich die Mühe macht. Dass er geschafft hat, was ich in meiner Ehe nicht hinbekommen habe, weil ich ein zu großes Weichei war.

Wenn wir formulieren können, wie unser Partner sich fühlt, wie – und WARUM – unsere eigenen Worte und Taten dazu beigetragen haben, und wenn er dann zustimmend nickt, weil wir genau beschreiben, was er denkt und fühlt, schaffen wir ein Umfeld der Sicherheit und des Vertrauens in unserer Beziehung. Wenn Partner erkennen, dass wir sie wirklich wahrnehmen und kennen und dass sie sich auf uns verlassen können, weil wir ihre Bedürfnisse im Blick haben, während wir gemeinsam durchs Leben gehen, dann haben wir uns ihr Vertrauen ehrlich erarbeitet. Dann sprechen wir von Beziehungen, die ein Leben lang halten können.

EINFÜHLUNGSVERMÖGEN IST DIE NR.-1-FERTIGKEIT, DIE WIR BRAUCHEN, UM ERFÜLLENDE BEZIEHUNGEN ZU FÜHREN

Das psychologisch und emotional eindrucksvollste Beispiel für Empathie, das mir je untergekommen ist, entdeckte ich unerwarteterweise in einem Videospiel. Und zwar nicht irgendeinem Videospiel, sondern einem postapokalyptischen Spiel voller schrecklicher zombieartiger Kreaturen in verschiedenen Stadien mutierter Untotheit und mit viel Gewalt zwischen den wenigen noch lebenden Menschen auf der Erde. Die Rede ist von *The Last of Us Part II* auf der PlayStation, die 2020 erschienene Fortsetzung von *The Last of Us* aus dem Jahr 2013, vor Part II wahrscheinlich das coolste Spiel, das ich je gespielt habe.

(**Hinweis:** Der folgende Text enthält Spoiler für die Videospiele *The Last of Us* und *The Last of Us Part II* – und möglicherweise für die Verfilmung, die in Arbeit ist, während ich diese Zeilen schreibe. Wenn dir also etwas daran liegt, die Serie so zu sehen oder das Spiel so zu spielen, wie es dessen Erfinder beabsichtigt haben, solltest du zum nächsten Abschnitt übergehen. Ich möchte dir den Spaß an dieser großartigen Geschichte nicht verderben.)

Im Originalspiel *The Last of Us* steuert der Spieler den Protagonisten Joel – einen Mann, der in dem Chaos des ersten Tages der Zombieapokalypse auf tragische Weise seine kleine Tochter verliert. Die Geschichte führt uns schnell ein oder zwei Jahrzehnte in die Zukunft, wo ein gealterter, abgehärteter Joel sich widerwillig dazu überreden lässt, die Teenagerin Ellie – die als Einzige immun gegen den mutierten Pilz ist, der Menschen in Monster verwandelt – durch die von Krieg und zombieartigen Kreaturen heimgesuchten Vereinigten Staaten zu eskortieren, wobei sie mehr als einmal nur knapp dem Tod entgehen.

Auf dieser Reise wächst Ellie Joel immer mehr ans Herz, und sie entwickeln eine Vater-Tochter-Beziehung. Im Spiel können wir sogar kurzzeitig auch Ellie steuern. Als Spieler wachsen uns dadurch sowohl Joel als auch Ellie ans Herz. Wir *sorgen* uns um ihr Überleben. Gegen Ende der Originalgeschichte erfahren wir, wenn wir Joel steuern, dass Ellie sterben muss, damit das Serum hergestellt werden kann, von dem die Ärzte hoffen, dass es die Menschheit retten wird. Joel sträubt sich dagegen. Als Joel schlachten wir Dutzende von Menschen ab, um Ellie vor dem sicheren Tod zu bewahren. Nachdem wir Ellie auf dramatische und heldenhafte Weise gerettet haben, endet das Spiel damit, dass Joel und Ellie einer ungewissen Zukunft entgegenfahren.

Dann geht es weiter mit *The Last of Us Part II.*

Zu Beginn dieses Spiels wird Joel vermisst. Unter dem Vorwand, Hilfe zu brauchen, lockt eine junge Frau, die wir nicht kennen, Joel in einen Unterschlupf, wo sie und ihre Freunde ihr Lager aufgeschlagen haben. Wir erfahren, dass sie Joel seit Jahren auf den Fersen sind. Sie fesseln Joel und verprügeln ihn.

In der Rolle von Ellie machen wir uns sofort auf die Suche nach unserem vermissten Freund und unserer Vaterfigur. Schließlich finden wir das Lager und schleichen uns ein, werden aber von einer Horde Fremder überwältigt. Ellie wird zu Boden geschlagen und festgehalten. Sie erkennt den gefesselten und blutenden Joel am anderen Ende des Raums. Sie schreit nach ihm.

Die Frau, die Joel zurück ins Lager gelockt hat, wo er gnadenlos zusammengeschlagen wurde – ihr Name ist Abby –, wird von den anderen angestachelt, »es hinter sich zu bringen«, damit die Fremden in ihr Haus zurückkehren können.

Abby schnappt sich einen Golfschläger.

Ellie muss zusehen. Entsetzt. Hilflos. Sie schreit. Fleht um Joels Leben. Aber Abby zögert nicht lange. In der brutalsten, erschreckendsten und rücksichtslosesten Aktion, die ich je in einem Videospiel (die ja eigentlich eher darauf angelegt sind, ihren Spielern Spaß zu bereiten) gesehen habe, beendet Abby Joels Leben mit einem einzigen ekelerregenden Hieb mit dem Schläger in ihrer Hand. Einer der anderen Typen kommt hinzu und spuckt auf den toten Joel. Nachdem man Stunden damit verbracht hat, dieser Mann als Protagonist der Story *zu sein,* macht einen diese Szene fertig. Ellie bleibt zurück, liegt blutüberströmt und schluchzend auf dem Boden, während die Mörderbande abzieht.

Ende der Szene.

Wie Ellie nun einmal ist, begibt sie sich auf einen Rachefeldzug. Und wir spielen fröhlich mit. Wir müssen Rache für Joel nehmen.

Bis nach einigen Stunden im Spiel etwas Verrücktes passiert. Plötzlich finden wir uns in der Rolle von Abby wieder – Joels Mörderin. Und das ist seltsam, denn sie scheint gar nicht so bösartig zu sein. Sie spaziert in ihrer postapokalyptischen Kolonie herum, und jeder scheint sie ziemlich toll zu finden. Sie ist nett zu anderen, scherzt mit ihren Freunden herum. Sie spielt liebevoll mit den Hunden in der Siedlung.

In einer späteren Rückblende erfahren wir die unangenehme Wahrheit über das letzte Kapitel im ersten Teil von *The Last of Us.* Es stellt sich heraus, dass Abbys Vater der Chirurg war, der den Auftrag hatte, Ellies Leiche irgendetwas zu entnehmen, um daraus den Impfstoff herzustellen, der die Menschheit retten könnte. Wir sehen Abby als junge Teenagerin, die ein liebevolles Verhältnis zu ihrem Vater hat, wie sie im Krankenhaus und in dessen Nähe spielt. Die Ärzte dort waren keine schlechten Menschen. Ellie hatte sich freiwillig zu ihnen bringen lassen. Aber von jenem Moment an startete Joel am Ende des ersten Spiels seinen gewalttätigen Amoklauf, um Ellies Leben zu retten. Nur können wir jetzt sehen, wie sich das Ganze aus der Perspektive der jungen Abby abspielt. Als Abby sehen wir, welches Gemetzel Joels heldenhaftes Eingreifen verursacht. Tote Sicherheitsleute. Totes medizinisches Personal. Und, was am schlimmsten ist: Der Vater wird getötet.

Als Spieler haben wir nicht gezögert und keine Gewissensbisse gehabt, das Leben dieser Menschen zu beenden, die wir für die Bösen hielten, aber Neil Druckmann und sein Autorenteam bei Naughty Dog haben alles auf den Kopf gestellt und uns gezwungen, unsere Handlungen aus der Perspektive anderer zu betrachten. Wir mussten mitansehen, wie ein zuvor glückliches, unbescholtenes junges Mädchen im Teenageralter ihren ermordeten Vater auffindet und Zeuge des gewaltsamen Todes vieler unschuldiger Menschen wird.

Und schließlich wird einem klar: *Wenn man diese Geschichte aus der Sicht von Abby erlebt, ist Joel das Monster.*

Nicht, dass ich plötzlich damit einverstanden gewesen wäre, dass sie Joel brutal erschlägt, aber im Kontext, wie diese postapokalyptische Vision der Welt funktioniert, habe ich es *verstanden.* Was zu Beginn des Spiels herzlos und grausam erschien, war am Ende das moralische Äquivalent zu dem Rachefeldzug, den wir mit Ellie bereits vorher unternommen hatten, nur dass wir jetzt die Perspektive und die Gefühle beider Seiten kennen.

Bevor das Spiel endet, muss man als Abby gegen die Heldin Ellie kämpfen, und später dann als Ellie gegen Abby. O Mann, das ist echt hart. Die ganze Idee dahinter. *Wirklich einfach nur hart.*

Obwohl das Spiel die meisten der wichtigen Preise abräumte, für die es nominiert war, wurde es von Kritikern kontrovers diskutiert und im Internet angefeindet. Ein Teil dieser Kritik wurzelte in der Wut auf die Autoren des Spiels, die den ursprünglichen Helden der Geschichte hatten sterben lassen. Ich habe die Erfahrung gemacht, dass zu den besten Geschichten auch immer ein schmerzhafter Verlust gehört. Und das ist bei dieser Geschichte nicht anders. Ohne den tragischen Verlust eines der Hauptbeteiligten wären wir vielleicht gar nicht engagiert genug in die Materie eingestiegen, um uns für Abbys Beweggründe, Joel zu töten, zu interessieren.

Die Wirkung eines Perspektivwechsels kann gar nicht hoch genug eingeschätzt werden, und deshalb ist es so wichtig, dass wir auch bei unseren Beziehungen (und wahrscheinlich im Umgang mit jedem Menschen) daran denken.

Einfühlungsvermögen ist eine Fähigkeit, die wir brauchen, um uns in zwischenmenschlichen Beziehungen zurechtzufinden. Aber um Empathie zu üben, müssen wir zunächst eine Entscheidung treffen, eine Entscheidung, die meiner Erfahrung nach viele Menschen (insbesondere Männer) nicht zu treffen bereit sind. Um sich erfolgreich in andere einfühlen zu können, **müssen wir die mutige Entscheidung treffen, uns verletzlich zu zeigen**.

Wie schnell fühlen wir uns im Leben verloren, wenn wir kein greifbares Ziel mehr vor Augen haben. Die menschlichen Beziehungen, die wir aufbauen, wenn wir uns anderen gegenüber öffnen (diese unglaublichen Momente, in denen klar ist: *Ich sehe sie, und sie sehen mich)*, helfen uns, diesen Sinn im Leben zu finden. Du weißt ja: Geschiedene Männer sterben früher als verheiratete. In vielen Fällen haben diese Männer einfach das Gefühl, dass ihnen ohne eine Partnerschaft etwas im Leben fehlt – ironischerweise ist ihre Beziehung aber in vielen Fällen deshalb zugrunde gegangen, weil sie sich geweigert haben, sich ihrem Ehepartner gegenüber verletzlich zu zeigen.

Wenn wir nicht bereit sind, verletzlich zu sein, dann sind wir auch nicht bereit, uns gänzlich zu öffnen. Und wenn wir uns nicht gänzlich öffnen, können wir nie das Vertrauensverhältnis entwickeln, das eine Beziehung braucht, um zu bestehen.

»Verletzlichkeit ist weder gut noch schlecht. Sie ist keineswegs das, was wir als ›dunkle Emotion‹ bezeichnen, auch wird sie nicht immer eine lichte, positive Erfahrung sein. Fühlen heißt, verletzlich zu sein. Verletzlichkeit ist der Kern aller Emotionen und Gefühle. Zu glauben, Verletzlichkeit sei Schwäche, heißt, Gefühle für etwas Defizitäres zu halten. Indem wir uns gegen unsere Emotionalität aus der Angst heraus abschotten, dass wir einen zu hohen Preis für sie zahlen könnten, entfernen wir uns von dem, was dem Leben Sinn verleiht«, schreibt Brené Brown in *Verletzlichkeit macht stark*. Brown ist eine weltweit angesehene Vordenkerin der Scham- und Empathieforschung. »Verletzlichkeit ist die Geburtsstätte von Liebe, Zugehörigkeit, Freude, Mut, Empathie und Kreativität. Sie ist die Quelle der Hoffnung, des Mitgefühls, des Verantwortungsbewusstseins und der Authentizität. Wenn wir uns größere Klarheit über den Sinn und Zweck unseres Daseins verschaffen wollen oder uns ein tieferes und bedeutsameres spirituelles Leben wünschen, führt der Weg unvermeidlich über das Terrain der Verletzlichkeit.«

EINE FEHLDIAGNOSE MEINER SCHEIDUNG

Ich bin ein Idiot, aber nicht ganz auf den Kopf gefallen. Ich habe schon immer ziemlich analytisch gedacht, war neugierig, das WARUM hinter allem, was mich interessiert, herauszufinden. Ich möchte wissen, wie oder warum etwas passiert ist und wie oder warum sich jemand so verhält, wie er sich verhält.

Wenn man etwas auf diese standardisierten Intelligenztests gibt, befinde ich mich mit meinen geistigen Fähigkeiten unter den obersten 10 bis 15 Prozent der Bevölkerung. Und obwohl ich also nicht ganz dumm bin und meine ganze Intelligenz eingesetzt habe, um herauszufinden, WARUM meine Frau sich von mir scheiden lassen wollte, als unsere Ehe aus den Fugen geriet, bin ich zu einer falschen Schlussfolgerung gelangt. (Die Schlussfolgerung war, dass sie meine Absichten falsch eingeschätzt hatte. Und dass sie dazu neigte, sich von ihren dummen Mädchengefühlen durcheinanderbringen zu lassen, hatte mein Frau veranlasst, die Ehe zu beenden. Sie hat ihr Versprechen gebrochen. Sie war ungerecht. Das habe ich wirklich alles geglaubt.)

Eine Fehldiagnose bei einer Krankheit ist schlecht. Was wir nicht erkennen oder verstehen, können wir nicht behandeln oder heilen. Wenn wir nach einem Unglück bei der Ursachenanalyse die falschen Schlüsse ziehen, dann wird das unseren Bemühungen, eine Wiederholung dieses Unglücks zu verhindern, in keiner Weise dienlich sein. Ähnlich verhält es sich, wenn wir nicht verstehen, was am Ende einer Beziehung schiefgelaufen ist, dann sind wir wahrscheinlich dazu verdammt, diese Erfahrung zu wiederholen.

Wenn wir Probleme während der Beziehung falsch diagnostizieren, dann verschwenden wir unsere Zeit und Energie für etwas, das nicht zur Verbesserung der Situation beiträgt. Deshalb haben Menschen manchmal das Gefühl, dass sie engagiert an ihrer Beziehung arbeiten, nur um von ihren scheinbar undankbaren Partnern, die emotional nicht so reagieren, wie der Fehldiagnostiker es sich wünscht, ein ums andre Mal eine Abfuhr zu bekommen.

Und genau das war ich. Ein Fehldiagnostiker.

Der Vater meiner Frau – ein Mann, den ich liebte und respektierte – starb eines Herbsttages aus heiterem Himmel. Tags zuvor hatten wir noch alle zusammen zu Abend gegessen. Alles war in Ordnung. Wir waren glücklich. Hatten Spaß. Am nächsten Abend erfuhr ich die tragische Entwicklung durch einen Telefonanruf und stand plötzlich vor der Aufgabe, meiner Frau die schmerzlichste Nachricht zu überbringen, die sie je hören würde.

Der folgende Monat verging wie in Trance. Ich versuchte, die Rolle des guten Ehemanns und Schwiegersohns für meine Frau und die restlichen Familienangehörigen zu spielen. Aber diese Frau war nicht mehr meine Frau. Sie schien jemand anders zu sein, und es schien, als würde sie mich als jemand anderen sehen. Jemand, den sie nicht zu nahe an sich heranlassen konnte oder wollte. Ich dachte, es würde irgendwann wieder besser werden. Aber das wurde es nie. Ich habe meine Frau verloren, als ihr Vater starb.

Und was habe ich getan?

Ich habe ihre Reaktion auf dieses tragische Lebensereignis so gedeutet, dass meine Frau die Situation emotional falsch anpackte. Ich habe mir eingeredet, dass meine »übermäßig emotionale« Frau ihre eigenen Gefühle über wichtigere Dinge wie unsere Ehe und die Familie stellte.

Und das ist das Schlimmste (und es ist sinnbildlich für die moderne Scheidungsproblematik): Ich glaubte, ich hätte recht mit meiner Einschätzung. Es schien mir alles schlüssig.

Und selbst aufmerksame, intelligente Menschen hätten meiner ersten Analyse zugestimmt, ein vorschnelles Urteil über meine Ex-Frau oder mich gefällt und sich nicht die Mühe gemacht, nach tiefer liegenden Ursachen zu suchen. *»Ja, Matt. Das ist furchtbar. Meinem anderen Kumpel Trey ging es da ganz ähnlich«, hätte einer meiner Freunde sagen können. »Sie ist egoistisch und stellt ihre Trauer über eure Ehe, und jetzt muss deine Familie darunter leiden. Sorry, Mann!«*

Es kommt nicht immer auf die Wahrheit an. Es kommt nicht immer darauf an, was real ist. Menschen handeln nach ihren Überzeugungen – unabhängig davon, ob wir mit diesen Überzeugungen übereinstimmen oder ob wir überhaupt die Überzeugungen dieser Person kennen.

Wenn dir deine Beziehung wichtig ist, wird es hilfreich sein, sich mit dieser Wahrheit auseinanderzusetzen. Wenn wir Menschen lieben, müssen wir IHRE Erfahrungen – IHRE Realität – anerkennen, um uns mit ihnen auf einer emotional gesunden Ebene zu verbinden. Mehr dazu in Kürze.

SELBST KLUGE MENSCHEN REDEN SICH BULLSHIT EIN

1500 Jahre lang orientierten sich Astronomen an Ptolemäus' geozentrischem Modell des Sonnensystems, um astronomische Karten zu erstellen. »Geozentrisch« bedeutet, dass die Erde das Zentrum des Universums ist und alles am Himmel um sie herum kreist.

Heute wissen wir, dass das nicht stimmt. Um das Jahr 1510 wurde der Mathematiker Nikolaus Kopernikus misstrauisch und stellte die Theorie auf, dass wir es sind, die sich um die Sonne bewegen – dieses Modell wurde als heliozentrisches Weltbild bekannt und gilt als Auslöser der wissenschaftlichen Revolution des 16. Jahrhunderts. Später bewies das italienische Genie Galileo Galilei das heliozentrische Modell des Sonnensystems, das die meisten von uns heute kennen. Aber die ganzen 1500 Jahre zuvor glaubte jeder gebildete Mensch auf der Welt, dass sich die Sonne um die Erde dreht. Und das lag nicht daran, dass das alles Schwachköpfe waren. Mit den mathematischen Parametern und den begrenzten Möglichkeiten der damaligen Zeit kann man das Modell des Ptolemäus logisch beweisen, eine Tatsache, die mich als Fünfzehnjährigen im Astronomiekurs auf der Highschool begeisterte.

1500 Jahre lang wussten die klügsten Menschen der Welt – jeder Wissenschaftler, Seefahrer, Pädagoge und Vordenker –, wie sich Sonne, Mond und Sterne am Himmel bewegten. Sie konnten es überzeugend »beweisen«, indem sie genau vorhersagten, was als Nächstes am Himmel passieren würde, obwohl alles an ihrem Vorhersagemodell auf begrenzten und falschen Informationen beruhte.

Menschen glauben Dinge, die nicht bewiesen werden können – im Großen wie im Kleinen. Dabei müssen wir gar nicht auf die zahllosen religiösen und politischen Beispiele aus der Weltgeschichte eingehen, denk einfach nur mal daran, dass es auch in deinem Alltagsleben Menschen gibt, die vielleicht etwas über dich oder deine Beziehung glauben, das nicht stimmt, ob es dir nun bewusst ist oder nicht. Und wenn du ständig außerhalb DEREN Realität agierst, wirst du ihnen zwangsläufig widersprechen, mit ihnen streiten, sie verwirren, sie frustrieren, verärgern und verletzen.

O ja – und auch deswegen geht deine Beziehung in die Brüche.

Die meisten Menschen sind mit der biblischen Legende von David und Goliath vertraut. Sie wird häufig herangezogen, wenn es um die Geschichte vom Underdog geht, in der eine Person oder eine Sportmannschaft einem scheinbar unbesiegbaren Gegner gegenübersteht.

Ich muss mich bei dem alttestamentarischen Propheten Samuel dafür entschuldigen, dass ich hier drei Verse aus der berühmten Geschichte von David und Goliath wiedergebe, denn ich werde ein Wort verändern und an drei Stellen austauschen, weil das deine Beziehung retten könnte, und ich bin mir ziemlich sicher, dass Samuel das so gewollt hätte.

48 *Als der Philister weiter vorrückte und immer näher an David herankam, lief auch David von der Schlachtreihe aus schnell dem Philister entgegen.*

49 *Er griff in seine Hirtentasche, nahm einen Wattebausch heraus, schleuderte ihn und traf den Philister an der Stirn. Der Wattebausch drang in die Stirn ein, und der Philister fiel mit dem Gesicht zu Boden.*

50 *So besiegte David den Philister mit einer Schleuder und einem Wattebausch; er traf den Philister und tötete ihn, ohne ein Schwert in der Hand zu haben.*

Heilige Scheiße! Hast du das gerade gesehen, Mann?

Der kleine Hirte David hat diesem riesigen, wie Hagrid aussehenden Mistkerl mit einem kleinen Stück zusammengeknüllter Baumwollfasern direkt eine vor die Stirn geknallt und ihn sauber erledigt!

Moment! Das ist doch ein Haufen Mist, oder? Blödsinn? Quatsch? Unmöglich?

Hast du jemals einen Film gesehen oder ein Buch gelesen, in dem die Hauptfigur der Geschichte etwas wirklich Wichtiges weiß und versucht, jeden davor zu warnen. Aber niemand glaubt ihr oder ihm, bis später etwas Schreckliches passiert, und dann sagen alle: *»Ach, du Scheiße! Voldemort ist WIRKLICH von den Toten auferstanden, Terroristen haben WIRKLICH die Kontrolle über die Nakatomi Plaza übernommen, Freddy Krueger ermordet WIRKLICH Teenager in ihren Träumen, gentechnisch veränderte Dinosaurier sind WIRKLICH gefährlich und töten die Besucher des Vergnügungsparks auf Isla Nublar, zukünftige Mörderroboter, Terminatoren genannt, reisen WIRKLICH durch die Zeit, um zu versuchen, verschiedene Mitglieder der Familie Connor zu töten! Ich hätte dir glauben sollen! Jetzt komme ich mir vor wie der letzte Idiot!«*

Das ist es, was unsere Ehepartner erleben, wenn sie versuchen, uns mitzuteilen, dass etwas nicht stimmt, und wir sie deswegen behandeln, als wären sie Arschlöcher. Da versuchen Menschen verzweifelt, uns etwas ganz Wichtiges zu kommunizieren, aber wir reagieren eher so: »Berpa-derpa-derp! Entspann dich, Francis. Nimm einen Drink! Ist doch alles in Ordnung!«

Wir sind die Idioten, die den Menschen, die uns brauchen, nicht glauben. Denn es ist NICHT alles in Ordnung.

Manchmal sehen wir, wie ein Wattebausch durch die Luft fliegt und sanft an jemand anderem abprallt – vielleicht an unserem Ehepartner –, der dann ausflippt, als ob dieser harmlose Wattebausch ihn tatsächlich verletzt hätte.

Was für ein Haufen psychopathischer Drama-Queens.

Wir konzentrieren uns so sehr auf ihren weinerlichen Blödsinn über den Wattebausch, der sie getroffen hat, dass wir kaum mitbekommen, was sie uns eigentlich sagen wollen. Und was sie tatsächlich sagen, ist, dass es für sie KEIN Wattebausch war, der sie getroffen hat. Es war ein Stein. Und es hat verdammt wehgetan. Und jetzt behandeln wir sie, als wären sie schwach oder hätten Wahnvorstellungen, weil sie einen sehr realen Schmerz spüren und das auch wissen.

Wir zweifeln ihre Fähigkeit an, Informationen in den richtigen Kontext der Realität zu setzen, oder nicht? Wie beängstigend ist es, mit einer Person zu leben, die buchstäblich nicht unterscheiden kann, was real ist und was nicht? Und wenn jemand das Gefühl hat, dass er mit Steinen beworfen wird, wie lange wird er dann noch bei uns bleiben, wenn wir ihn mit aller Kraft davon überzeugen wollen, dass das, was er sieht und fühlt, gar nicht existiert?

WIR MÜSSEN UNS STÄNDIG INS BEWUSSTSEIN RUFEN, WO WIR STEHEN UND WAS WIR TUN

Ich muss mir das jeden Tag wieder vor Augen führen. Das ist schwierig. Nicht, weil es eine gigantische geistige oder emotionale Anstrengung erforderte, sondern weil es so verdammt einfach ist, sich in der Geschäftigkeit und dem weißen Rauschen des Alltags zu verlieren und zu »vergessen«, dass andere Menschen das Leben um sie herum oft ganz anders sehen, hören und fühlen als wir selbst.

Und wenn wir in unserem Alltagsmodus sind, ist es am wahrscheinlichsten, dass wir mit anderen in Konflikt geraten. Nicht ,weil wir alle auf einen Streit aus wären, sondern weil wir alle ständig viel zu sehr davon eingenommen sind, bei jeder Kleinigkeit nur unserem eigenen Urteil und unseren Wahrnehmungen zu vertrauen. Wir sprechen und reagieren oft aus einer Position der Gewissheit heraus, was regelmäßig dazu führt, dass wir uns wie Arschlöcher verhalten, die andere nicht gerne um sich haben – insbesondere unsere Partner, da sie verständlicherweise höhere Ansprüche an unser Verhalten stellen.

Oft nutzen Menschen Logik und Vernunft vornehmlich, um ihre bereits bestehenden Überzeugungen zu untermauern, anstatt neue Wege zu erforschen und in Betracht zu ziehen, die sie vor Herausforderungen stellen oder ihnen Unbehagen bereiten könnten. Unterm Strich ist es so: Oft glauben Menschen, etwas zu WISSEN, auch wenn es in Wirklichkeit gar nicht so ist.

Es ist nämlich so, dass wir viele Entscheidungen, selbst so banale wie die, ob wir mit Freunden ausgehen oder zu Hause bleiben und fernsehen, auf der Grundlage unserer ERINNERUNGEN an ein Gefühl treffen, das wir vielleicht vor Jahren empfunden haben. Dabei hat sich herausgestellt, dass unser Erinnerungsvermögen ziemlich trügerisch sein kann. Die Psychologin Dr. Elizabeth Loftus, eine renommierte Gedächtnisforscherin, die uns allen beigebracht hat, dass Augenzeugenaussagen bei Strafprozessen noch lange nicht zuverlässig sein müssen, kann das beweisen. »Etwas, das ich und andere Leute, die ähnliche Arbeit leisten, gezeigt haben, ist, dass eine Erfahrung, die man einmal gemacht hat und die man im Gedächtnis festhält, nicht einfach dort in unberührter Form gespeichert bleibt und darauf wartet, wie von einem Aufnahmegerät wieder abgespielt zu werden«, sagte Loftus in einem Podcast-Interview, das auf dem Kongress der American Psychological Association 2018 aufgenommen wurde. »Vielmehr können neue Informationen, neue Ideen, neue Gedanken, suggestive Informationen, Fehlinformationen in das Bewusstsein der Menschen eindringen und eine Kontamination, eine Verzerrung, eine Veränderung der Erinnerung verursachen.«

Wir erinnern uns regelmäßig falsch an vergangene Ereignisse, weil unser Gehirn unbewusst heutige Gefühle auf Ereignisse projiziert, die Jahre zurückliegen. Im Grunde genommen denken wir uns den Scheiß einfach laufend neu aus.

»Aber, Matt! Stellt das nicht jede verdammte Geschichte infrage, die du oder ich uns jemals erzählt haben?!«

DAS TUT ES. Beängstigend, oder?

Was dagegen helfen kann, ist, sich ständig vor Augen zu führen, dass man ein fehlbarer Mensch mit einem fehlerhaften Gehirn ist, das jeden Tag mehr und mehr Gehirnzellen abwirft. Und sich vorzunehmen, jeden Tag ein Stück weniger von sich eingenommen zu sein.

Die Zen-Meister der östlichen Philosophie nennen dies »Anfängergeist«, und es ist eine Idee, die Tom Vanderbilt in seinem Buch *Beginners* beschreibt, in dem er vor der kognitiven Verzerrung warnt, die als Dunning-Kruger-Effekt bekannt ist und »eindrucksvoll gezeigt hat, dass bei verschiedenen kognitiven Tests die Menschen, die am schlechtesten abschnitten, auch diejenigen waren, die ihre tatsächliche Leistung am häufigsten ›grob überschätzten‹. Sie wiesen geringe Fähigkeiten auf, waren sich aber ›dessen nicht bewusst‹.« Dieser Zustand manifestiert sich am häufigsten, wenn wir uns vom blutigen Anfänger zu jemandem entwickeln, der, wie man sagt, »gerade genug weiß, um gefährlich zu werden«.

Vanderbilt stellt fest, dass Ärzten, »die eine neue Technik der Wirbelsäulenchirurgie erlernten, die meisten Fehler nicht beim ersten oder zweiten Versuch unterliefen, sondern erst beim fünfzehnten« und dass bei Piloten das größte Fehleraufkommen nicht in der frühesten Phase beim Sammeln von Flugerfahrung auftritt, sondern später, wenn sie schon gut achthundert Flugstunden zu verbuchen haben.

Diese Erfahrung macht man auch, wenn man zum ersten Mal an einen fremden Ort kommt. Wir neigen dazu, jeden fremden Anblick, jedes Geräusch, jeden Geschmack, jede Gewohnheit und jedes Wahrzeichen zu registrieren, wenn wir es zum ersten Mal erleben, aber nach ein paar Tagen am selben Ort werden wir natürlich vertrauter und fühlen uns wohler in unserer Umgebung, und infolgedessen nehmen wir tatsächlich weniger wahr als zuvor. Aus diesem Grund hat Vanderbilt die Angewohnheit, sich am ersten Tag an einem neuen Ort die meisten Notizen zu machen, weil er weiß, dass er dann am ehesten die vielen Details wahrnimmt.

Dieses Phänomen hat auch mit den blinden Flecken und dem weißen Rauschen in unserem Alltag zu tun. Dass wir tagtäglich die gleichen unordentlichen Ecken in unserer Wohnung übersehen oder dass wir irgendwann aufhören, uns über einen kleinen Lackschaden an unserem Auto aufzuregen, oder dass wir jahrelang jeden Tag neben einem besonders attraktiven, begehrenswerten, liebevollen, wunderbaren, wertvollen Menschen aufwachen und zu bemerken »vergessen«, wie gesegnet wir doch sind.

WIE FÜHLST DU DICH BEI 18 GRAD CELSIUS?

Meine Freundin Lesli Doares, eine Paartherapeutin und Podcast-Moderatorin, hat mich einmal im Gespräch auf etwas hingewiesen. Wir sind in der Lage, objektiv zu bestimmen, dass die Lufttemperatur 18 Grad beträgt, und alle werden sich einig darüber sein, weil wir zehn verschiedene Thermometer überprüfen können, die das bestätigen. Die Schwierigkeiten gehen erst los, wenn die Leute darüber diskutieren, ob 18 Grad warm oder kalt, angenehm oder unangenehm sind.

Ich verwende dieses 18-Grad-Gedankenspiel oft als Rahmen dafür, wie wir die Erfahrungen unseres Partners beim Treffen von Entscheidungen besser berücksichtigen können. Nehmen wir zum Beispiel an, dass wir uns bei 18 Grad generell wohlfühlen, aber wissen, dass unserem Partner bei der gleichen Temperatur kalt ist. Es geht also darum, die Erfahrung unseres Partners bei 18 Grad anzuerkennen, anstatt sie mit einem Vortrag herabsetzen zu wollen, der ihm eintrichtern soll, dass er sich zu Unrecht unwohl fühlt, da es sich ja um eine offensichtlich angenehme Temperatur handelt.

Regeln wir die Temperatur hoch, wenn wir im Zimmer sind? Oder wenn nicht, können wir dann unserem Partner zuliebe einen Ort wählen, an dem es wärmer als 18 Grad ist?

Wenn wir uns schon irgendwo aufhalten müssen, wo die Temperatur 18 Grad beträgt, was können wir dann tun, um auf die Erfahrungen unseres Partners Rücksicht zu nehmen? Können wir unserem Partner vorher mitteilen, dass es dort 18 Grad sein werden, sodass er dies bei der Wahl seiner Kleidung berücksichtigen kann? Können wir zugeben, dass wir uns bewusst sind, dass diese Temperatur für ihn unangenehm ist? Können wir ihm Unterstützung oder Hilfe anbieten, damit er sich bei 18 Grad wohler fühlt? Vielleicht können wir so achtsam sein und ein Sweatshirt oder eine Jacke für ihn besorgen? Eine zusätzliche Decke? Oder denken wir daran, uns in die Nähe einer Wärmequelle oder an einen windgeschützten Ort zu setzen?

Dies alles sind Handlungen, die ohne Worte sagen: »Du wirst geliebt«, aber ich fürchte, dass unseren Partnern dies nicht allzu oft widerfährt, sodass sie sich fragen, ob wir sie wirklich kennen oder ob uns das überhaupt wichtig ist.

Es fällt uns so leicht, in unserem eigenen Kopf und Körper gefangen zu bleiben. Es fällt uns so leicht, alle unsere Überzeugungen und Meinungen als »normal« oder »gut« und »richtig« zu betrachten. Aber wir sind oft blind dafür, dass sich etwas, worüber wir uns nie Gedanken gemacht haben, auf andere auswirkt, obwohl es uns nicht berührt oder uns keine Schmerzen oder Unbehagen verursacht.

Dies geschieht ständig, jeden Tag, mit unseren Überzeugungen und bei Gesprächen, und es geht weit über unsere Liebesbeziehungen hinaus. Aber das ist ein Thema für ein anderes Mal.

Triffst du manchmal schnelle, unbedachte Entscheidungen, die deinem Ehe- oder Beziehungspartner Unannehmlichkeiten bereiten, sie oder ihn verletzen?

Bist du, wie ich, schnell dabei, die Beschwerden darüber herunterzuspielen, weil du »weißt«, wie unwichtig diese kleinen Unannehmlichkeiten in Wirklichkeit sind?

Und wenn ja, wäre es möglich, dass diese »kleinen Dinge« nicht das eigentliche Problem in deiner Beziehung sind?

Könnte es sein, dass das, wonach sich unsere Lieben wirklich sehnen, darin besteht, bei unseren Entscheidungen berücksichtigt zu werden? In unseren Köpfen und Herzen immer wichtig genug zu sein, um in unsere Entscheidungen einbezogen zu werden – egal für wie geringfügig oder unbedeutend wir diese Entscheidungen auch erachten mögen?

Schmerz ist scheiße.

Manche Menschen genießen den Muskelkater nach einem harten Training, weil er ihnen signalisiert, dass sie Fortschritte gemacht haben. Andere mögen es, wenn sie ihre Knochen nach ausgiebigem Matratzensport spüren oder den Kopfschmerz am Morgen nach einer heftigen Party, als Erinnerung an die schöne Zeit. Aber wir sind uns weitgehend einig, dass Schmerz in den meisten Formen und zu den meisten Zeiten eine überwiegend negative Erfahrung ist. Wenn man jemanden lange genug oder schwer genug verletzt, ist er danach nicht mehr derselbe Mensch. Das ist ein großes Problem.

Wenn meine Frau in unserer Ehe wütend auf mich war, habe ich mich immer damit verteidigt, dass ich es nicht mit Absicht getan habe. Ich empfand es als ungerecht, dass sie über etwas wütend war beziehungsweise SO wütend, wie sie es manchmal war. Absichtlich Schaden anzurichten ist allgemein verpönt. Wenn man anderen Menschen oder deren Eigentum Schaden zufügt, sind die Strafen in allen mir bekannten Strafrechtssystemen am strengsten, wenn dies absichtlich geschehen ist. Unfälle werden manchmal auch bestraft, aber in der Regel mit milderen Strafen. Sie werden oft als »Fahrlässigkeit« bezeichnet.

Immer, wenn meine Frau wütend war und ich mir vorkam, als würde sie mich eines Mordes bezichtigen, obwohl mein Vergehen eigentlich darin bestand, in einem Baustellenbereich zu schnell gefahren zu sein, wurde ich defensiv und lenkte das Gespräch auf diese gefühlte Ungerechtigkeit anstatt auf den Schmerz, den sie damit zum Ausdruck bringen wollte. Meine Ehestreitigkeiten bestanden meist darin, dass ich die Beschwerden meiner Frau unter der Prämisse entkräftete, dass ich sie für unbedeutend oder unberechtigt hielt. Für mich waren ihre Argumente unlogisch. Und weil ihren Argumenten in meinen Augen Logik und Vernunft fehlten, stufte ich sie als falsch ein.

Ich hatte recht. Sie war im Unrecht. Und da ich das glaubte, war sie der wahre Unruhestifter in der Ehe, und nichts war je meine Schuld.

Ich war entweder zufällig ein Meister der Manipulation oder ein unerträglich unaufmerksamer Idiot. Da sowohl meine Ex-Frau als auch ich sozial kompetent sind, hatten wir nicht viele Meinungsverschiedenheiten in Gegenwart anderer. Ich kann mich nicht daran erinnern, dass ich jemals zur Seite genommen worden wäre und mich jemand auf meine Idiotie hingewiesen hätte. Das liegt wahrscheinlich daran, dass die Beziehungsstreitereien der anderen ganz genauso aussahen und sich so anhörten.

Ich war schon Monate geschieden, als mich die Wahrheit wie ein Schlag traf:

1. So sieht es in den meisten Ehen und Beziehungen aus. Die meisten Paare haben die gleichen vorhersehbaren Streitereien mit dem gleichen Ausgang.
2. *Heilige Scheiße!* Ich habe sie TATSÄCHLICH sehr spürbar verletzt. (Wir alle sind empört, wenn Menschen andere körperlich verletzen, aber emotionale Vernachlässigung ist weniger wahrnehmbar, außer für die Person, die sie erfährt, und es ist schwer, sich über etwas zu empören, von dem du gar nicht mitbekommst, dass es passiert.)
3. Ich habe nie gewusst, dass meine Handlungen sie verletzten, weil ich ihr nicht glaubte, als sie es mir sagte. *Dachte ich, sie würde lügen? Nein. Ich schätze, ich dachte einfach, sie habe unrecht.*
4. Der intensive Schmerz der Scheidung war meine erste wirkliche Erfahrung von emotionalem Schmerz. Ich spreche nicht davon, wie wir uns fühlen, wenn das Mädchen in der Schule uns nicht mag oder wenn unsere Eltern sich scheiden lassen, wenn wir noch klein sind. Ich spreche davon, innerlich zu ZERBRECHEN.
5. Diese Erfahrung half mir, die Fähigkeit zu entwickeln – zum ersten Mal in meinem Leben –, bewusst Empathie für andere Menschen zu empfinden.

Wenn zwei nüchterne, gesunde und offenbar funktionsfähige Erwachsene einander lieben und versprechen, dies für immer zu tun, sollte man davon ausgehen, dass das doch in mehr als der Hälfte der Fälle gut geht. Aber das tut es nicht. In der Hälfte der Fälle heißt es eher: Hindenburg dot com (erst der Absturz, und zurück bleibt ein ausgebranntes Wrack). Und warum?

Weil wir unwissend waren. Wir wussten es einfach nicht besser.

Wenn wir gerade mal wieder dabei sind und uns mit unseren Ehepartnern streiten und uns betrogen fühlen, weil sie uns nicht so zu lieben scheinen, wie sie es an unserem Hochzeitstag versprochen haben, glauben wir manchmal, dass sie uns mit Absicht Schaden zufügen. Und das schmerzt mehr als das, was sie tun. Das Gefühl, dass sie uns verletzen WOLLEN. Das ist das, was am meisten wehtut.

WIE DU HERAUSFINDEST, OB DEIN EHEPARTNER DICH ABSICHTLICH VERLETZT

Du fragst einfach.

Verdreh jetzt nicht die Augen. Das ist sehr wichtig. Frag deinen Partner. Und zwar gründlich. Wir stellen uns oder anderen selten die richtigen Fragen.

Was sind die richtigen Fragen?

Die richtigen Fragen fordern unsere Überzeugungen heraus und zwingen uns, eine Alternative in Betracht zu ziehen. Eine bessere Lösung.

Der Autor Matthew E. May erzählte diese Geschichte über die Erfindung der Polaroidkamera. Weit vor der Digitalfotografie war das die erste Kamera, bei der es möglich war, schon kurz nach der Aufnahme das Foto anzusehen.

> *»In den 1940er-Jahren war Edwin Land mit seiner dreijährigen Tochter im Urlaub. Er machte ein Foto von ihr mit einer normalen Kamera. Aber sie wollte das Ergebnis sofort sehen und verstand nicht, dass der Film zur Entwicklung eingeschickt werden musste.*
>
> *Sie fragte: ›Warum müssen wir auf das Bild warten?‹ Nachdem er die Frage seiner Tochter gehört hatte, überlegte*

sich Land, was wäre, wenn man den Film in der Kamera entwickeln könnte? Er verbrachte dann viel Zeit damit, herauszufinden, wie man, im übertragenen Sinne, die Dunkelkammer in die Kamera bringen könnte.

Diese eine Frage nach dem Warum inspirierte Land zur Entwicklung der Polaroid-Sofortbildkamera. Es ist eine klassische Warum/Was-wäre-wenn/Wie-Geschichte. Aber alles begann mit der naiven Frage eines Kindes – ein großartiges Beispiel, welche Wirkung die ganz grundlegenden Fragen haben können.«

Was sollten wir also fragen?

»Weißt du, warum ich wütend auf dich bin?«

Oder:

»Wenn du an [hier eigene persönliche Erfahrung einfügen] zurückdenkst und wie dich das verletzt hat – verstehst du, dass ich mich jetzt ähnlich fühle?«

Oder hier eine Partnerübung:

»Um dich besser verstehen zu lernen und einen Streit zu vermeiden, möchte ich versuchen, aus deiner Position heraus zu argumentieren. Ich möchte versuchen wiederzugeben, was ich für deine Gedanken und Gefühle halte und warum du so denkst und fühlst, damit du weißt, dass ich dich verstehe. Ich hatte gehofft, du könntest danach das Gleiche für mich tun? Würdest du das?«

Und wenn es deinem Partner dabei nicht gelingt, deine Gemütslage genau zu erklären, kannst du mit Sicherheit davon ausgehen, dass er nicht weiß, WIE DU DICH WIRKLICH FÜHLST.

Wie wichtig das ist, kann man gar nicht oft genug betonen.

Ich glaube nicht, dass jemand von uns, der sensibel genug ist, sich die andere Seite einer Scheidung vorstellen zu können, nachts schlafen könnte, wenn er ein realistisches Bild davon hätte, wie viele zerrüttete Familien, in Mitleidenschaft gezogene Kinder und gebrochene Seelen daraus resultierten, dass zwei Menschen nicht wussten, wie sich der andere fühlte.

Was wäre, wenn all der Schmerz und die Dysfunktion nur auf einem großen Missverständnis beruhen?

WENN SCHMERZEN ODER SCHÄDEN AUFTRETEN, SPIELT DIE ABSICHT DANN EINE ROLLE?

Die meisten meiner Coaching-Klienten werden sich daran erinnern, dass ich gern mit einem Beispiel arbeite: Selbst wenn wir alle denkbaren Verkehrsregeln befolgen und rücksichtsvoll Auto fahren, kann es trotzdem passieren, dass wir das geliebte Haustier einer Familie überfahren, weil wir es nicht gesehen haben, bevor es auf die Straße rannte. Wir können Reue zeigen und die Verantwortung für den Tod des Haustieres übernehmen, ohne ihn absichtlich verursacht zu haben und ohne die Schuld daran zu akzeptieren.

Den Hund einer Familie absichtlich zu töten halte ich für eine abscheulichere Tat, als wenn dies bei einem Unfall geschieht. Ich glaube, die meisten würden dem zustimmen. Aber wenn man einmal die kalten Fakten anschaut: Die Leute haben so etwas wie ein Familienmitglied verloren. Sie werden traurig sein und leiden.

Wir haben die Wahl, wie wir uns in diesem Moment präsentieren wollen. Wir können selbstbezogen bleiben, betonen, dass uns keine Schuld trifft, oder wir können uns um sie kümmern – Mitgefühl und Empathie zeigen und uns bei ihnen entschuldigen, obwohl wir nichts falsch gemacht haben.

Sind Absichten wichtig?

Das musst du für dich entscheiden. Ich bin kein Befürworter der Scheidung, aber ich werde auch nicht zögern, andere zu ermutigen, Beziehungen mit Menschen zu beenden, die ihnen vorsätzlich schaden wollen. Es gibt keinen Weg zu einer gesunden, liebevollen, dauerhaften Beziehung mit diesen Menschen.

Es dürfte nicht viele Leute geben, denen es schwerfällt zu verstehen, warum kleine Kinder oder deren Eltern weinen und leiden, wenn sie erfahren, dass ihr Haustier bei einem Unfall getötet wurde. Für die meisten von uns ist es so nachvollziehbar wie die Tatsache, dass ein Riese durch einen Stein, der ihn mit ausreichender Wucht an der Stirn trifft, zu Fall gebracht werden kann. Aber es gibt jede Menge Leute, die nicht verstehen können, wie sich jemand wegen eines neben der Spüle abgestellten Tellers verletzt fühlen kann. Für sie ist das genauso unlogisch und absurd, wie wenn ein Riese umkippt, weil ihn ein Wattebausch trifft.

Jeder hat andere Dinge, von denen er sich verletzt fühlt. Schmerzen sind nichts Universelles, genauso wie unser Wohlbefinden bei 18 Grad Lufttemperatur von Person zu Person unterschiedlich sein wird. Wenn wir unsere Partner nicht kennen – wenn wir keine Experten dafür sind, wer sie sind, was ihnen schadet und was ihnen Freude bereitet –, dann besteht ständig die Gefahr, dass wir sie verletzen, unabhängig davon, wie viel Liebe wir für sie empfinden, und unabhängig von unseren Absichten.

Die Alternative ist, dass wir uns vornehmen, Menschen NICHT zu verletzen. Das ist eine Entscheidung, die wir jeden Tag treffen können.

Wenn wir bei der Partnersuche, in der Ehe, als Eltern oder in einer Freundschaft erfolgreich sein wollen, müssen wir uns von unserer Voreingenommenheit verabschieden und sie durch etwas anderes ersetzen. Durch Neugierde. Durch Empathie. Durch Bestärkung.

5
WORTE BEDEUTEN NICHT IMMER DAS, WAS WIR GLAUBEN

»Schwimmen zwei junge Fische des Weges und treffen zufällig einen älteren Fisch, der in die Gegenrichtung unterwegs ist. Er nickt ihnen zu und sagt: ›Morgen, Jungs! Wie ist das Wasser?‹ Die zwei jungen Fische schwimmen eine Weile weiter, und schließlich wirft der eine dem anderen einen Blick zu und sagt: ›Was zum Teufel ist Wasser?‹«

Mit dieser Parabel eröffnete der Schriftsteller David Foster Wallace seine Rede vor dem Abschlussjahrgang des Kenyon College im Jahr 2005, nur wenige Jahre bevor er sich das Leben nahm. Der Titel der Rede lautet *Das hier ist Wasser,* und ich versuche, sie mir alle paar Monate oder so anzuhören, weil sie mich daran erinnert, wer ich sein will und wie ich mich der Welt zeigen will.

»Selbstmord ist ein so mächtiges Ende, dass es zurückwirkt bis zum Anfang und alles auf den Kopf stellt. Da gibt es eine Ereignisschwere: Letztendlich wird jede Erinnerung und jedes Bild in seine Richtung gezogen«, schreibt David Lipsky in seinem Buch *Although Of Course You End Up Becoming Yourself,* in dem er sein fünftägiges Roadtrip-Interview mit Wallace am Ende von dessen Lesereise 1996 zum Roman *Unendlicher Spaß* dokumentiert.

In seiner »Das hier ist Wasser«-Rede beschäftigt sich Wallace gut eine Minute lang mit dem Thema Selbstmord, und jedes Mal, wenn ich ihn darüber sprechen höre, schnürt es mir alles zusammen, weil ich jetzt weiß, was seine Zuhörer damals nicht wussten.

Ereignisschwere.

Wallace war der wachste – der *lebendigste* – Mensch, dem ich je begegnet bin. Wallace hat mich durch seine Arbeit gelehrt, den Schalter umzulegen und aufmerksam zu sein. *Wirklich aufmerksam zu sein.* Denn es ist das Gegenteil – die Abwesenheit von Wachsamkeit, dieses weiße Rauschen, dieses bequem betäubte, von Routine durchzogene Leben, in dem sich viele von uns befinden, immer auf dem Sprung zwischen dem geschäftigen Erledigen von Alltagskram und vergnüglicher Ablenkung –, das uns daran hindert, zu sehen, wie unsere Handlungen oder Untätigkeit anderen Schmerz zufügen.

Natürlich bist du nicht verpflichtet, dich um den Schmerz zu scheren, der anderen Menschen in deinen blinden Flecken widerfährt. Ich bin nicht hier, um über dich zu urteilen. Ich bin nur hier, um zu sagen, dass meine Achtlosigkeit gegenüber der Art und Weise, wie etwas, das ich gesagt und getan habe, andere verletzte – vor allem meine Frau –, schuld am Niedergang meines Familienlebens war. Und für mich als Beziehungscoach ist dieser Mangel an Bewusstheit einer der Hauptschmerzauslöser, die ich in sämtlichen Phasen von Beziehungen beobachte.

Blindheit. Ein glücklicher (bis es nicht mehr so war) ignoranter, gedankenloser, selbstsüchtiger, beständiger Mangel an Bewusstheit.

Und wenn dir die Qualität deiner Ehe oder anderer enger Beziehungen wichtig ist, dann möchte ich dich motivieren, mehr Zeit damit zu verbringen, darüber nachzudenken, wie die Dinge, die passieren, während du wegsiehst, deine wertvollsten Beziehungen langsam schädigen und schließlich zerstören.

Unaufmerksamkeit ist eine Angewohnheit. Eine gefährlich bequeme Angewohnheit.

In Wallace' Rede sagt er das Wichtigste, was ich je über das Menschsein gehört habe: »Die wirklich wichtige Freiheit erfordert Aufmerksamkeit und Offenheit und Disziplin und Mühe und die Empathie, andere Menschen wirklich ernst zu nehmen und Opfer für sie zu bringen, wieder und wieder, auf unendlich verschiedene Weisen, völlig unsexy, Tag für Tag. Das ist wahre Freiheit. Das heißt es, Denken zu lernen. Die Alternative ist die Gedankenlosigkeit, die Standardeinstellung, die Tretmühle – das ständige Nagen, etwas Unendliches gehabt und verloren zu haben.«

Ich denke selten an Wallace, ohne dass mir dazu sein Selbstmord in den Sinn kommt. Das Wissen darüber beeinflusst meinen Umgang mit seiner Literatur und mit Büchern über ihn.

Denn Selbstmord hat eine Ereignisschwere.

Eine Scheidung hat ihre eigene Art von Ereignisschwere. Mit der Scheidung geht ein Leben zu Ende. Schlimmstenfalls ist eine Geschichte zu Ende, bestenfalls schlägt man eine neue Seite auf.

Das Interessante an einer Scheidung ist für mich, wie *normal* eine unglückliche Ehe nach außen wirkt. Wie so viele andere haben meine Frau und ich uns während unserer gemeinsamen Rückfahrten von Partys oder gesellschaftlichen Anlässen, bei denen sich Paare von ihrer allzu menschlichen Seite zeigten, angemaßt, über die Ehen anderer Leute zu sprechen. Es liegt in unserer Natur, das Leben anderer mit dem eigenen zu vergleichen, aber es ist oft ein Zeichen für fehlendes Bewusstsein.

»Die werden in zehn Jahren nicht mehr verheiratet sein, aber wir schon, Babe«, habe ich vielleicht gesagt. Doch sie wusste es wahrscheinlich besser.

Für die Gäste auf der Party oder am Esstisch mag sich das Paar, dessen Ehe zum Scheitern verurteilt ist, nicht von jenem unterscheiden, dessen Ehe mehr als fünfzig Jahre hält. Oft gibt es kein Spektakel, kein lautes, offensichtliches Drama, das jedem in Hörweite mitteilt, dass diese beiden keine Chance haben, es zu schaffen. Denn für die meisten von uns klingen die Gespräche zwischen den beiden Menschen, die nicht verheiratet bleiben werden, ziemlich genau wie die Gespräche, die jedes andere Paar führt. Es sind einfach zwei Menschen, die sich unterhalten. *Was soll daran so schlimm sein?*

Eine Scheidung hat Ereignisschwere.

Zu viele von uns sehen eine Scheidung (oder das Ende einer wichtigen Beziehung) nicht kommen, bis wir an dessen Unvermeidlichkeit ersticken. Bis wir um unseren nächsten Atemzug ringen und uns fragen, ob sich das Leben jemals wieder nach Leben anfühlen wird.

Zwei häufige Vorkommnisse sind für die Zerstörung des Vertrauens in unseren Beziehungen verantwortlich:

1. Ein Ereignis oder eine Situation, in der sich ein oder beide Partner vom anderen verletzt fühlen, und
2. das Gespräch, das sie über dieses verletzende Ereignis oder diese Situation führen.

Das Ereignis ist eine Sache, aber das Gespräch ist normalerweise der Punkt, an dem die Kacke am Dampfen ist. Und wenn das oft genug vorkommt, wollen sich Menschen scheiden lassen, weil sie dabei so sehr verletzt wurden.

Und wenn sich das für dich jetzt wahnsinnig ungerecht anhört, sind wir uns völlig einig. Ich wiederhole mich, weil ich immer wieder über neue Ideen nachdenken und neue Verhaltensweisen wie meine Reaktionsmuster viele Male üben muss, bevor sich neue Gewohnheiten herausbilden. Wenn ich nicht meine Haltung hinterfrage, neige ich dazu, aus einer Position der Gewissheit heraus zu denken und zu sprechen. Und da wir Menschen sind und uns öfter irren, als uns lieb ist, kann uns blinde Gewissheit in Schwierigkeiten bringen.

Wie bereits erwähnt, habe ich immer gedacht, ich sei ein guter Mensch. Ich war klug genug, um Recht von Unrecht zu unterscheiden, und ich war auch nett genug, um den Unterschied zu erkennen, ob ich jemanden schlecht behandle oder nicht. Wenn meine Frau also etwas, das ich gesagt oder getan hatte, als »gemein« oder »schlecht« bezeichnete, nahm mein Gehirn manchmal diese Worte und Gedanken auf, ließ sie ein oder zwei Sekunden kreisen und kam zu dem Schluss, dass meine Frau sich in mir täuschte.

All dies geschah innerhalb von Nanosekunden. Mein Gehirn sagte: *Was zum …! Schon wieder diese Rumzickerei! Wahrscheinlich ist es wieder diese Zeit des Monats!* Und mein Körper: *Grrrrrrrr! Ich bin wirklich sauer. Kämpfen oder flüchten?*

Das wird dir wahrscheinlich bekannt vorkommen. Ich für meinen Teil habe mich manchmal für die Flucht entschieden. Ich habe versucht, mich zu lösen, und bin weggegangen, verwirrt, mit einem Gefühl der Niederlage und weil ich nicht hören wollte, dass die Person, die ich am meisten liebte, mir etwas vorwarf, was ich als ungerecht oder falsch empfand.

Manchmal entschied ich mich auch für den Kampf. Im schlimmsten Fall reagierte ich emotional und bestand darauf, dass sie diejenige im Unrecht war, weil ich gar nicht getan hätte, was sie mir vorwarf. Im besten Fall versuchte ich ihr ganz ruhig meine gegensätzliche Sicht der Dinge darzulegen, in der Überzeugung, dass sie sich irrte und dass sie, sobald ich mich ihr erklärt hatte, ihre Fehleinschätzung ebenso klar erkennen würde wie ich.

Tag für Tag höre ich bei der Beratung von Menschen, deren Beziehungen auf der Kippe stehen, dieselben Dinge. Ständig und meistens unbewusst setzen wir die Lebenserfahrungen der Menschen herab, die wir lieben. Mit großer Überzeugung sagen wir ihnen ins Gesicht, dass ihre Gedanken und Haltungen falsch sind. Wir sagen ihnen, dass ihre Gefühle unpassend sind. Und wir sagen ihnen, dass sie uns falsch behandeln – dass sie ungerecht dabei sind. Nicht weil wir bösartig wären oder Schaden anrichten wollten (obwohl diese Grenze in der Hitze vieler Auseinandersetzungen überschritten wird). Sondern weil es das ist, was wir wirklich denken und fühlen.

Und das führt dazu, dass, trotz der besten Absichten, der eine dem anderen schon wieder ein bisschen weniger vertraut als noch am Tag zuvor. Es ist eine tickende Zeitbombe, die zu leise ist, um sie zu hören. Ein Countdown, der zu unbedeutend erscheint, um sich damit zu befassen.

DEINE REAKTIONSMUSTER SIND GEWOHNHEITEN, DIE DU ÄNDERN KANNST

Menschen geraten nicht in die Mühlen der Dreifachbedrohung durch Herabsetzung, weil sie »schlechte Menschen« sind oder weil sie »dumm sind und keine Ahnung haben«. Sie geraten in diesen beziehungszerstörenden Kreislauf des immer gleichen Streits, weil sie gute Menschen sind. Weil sie klug sind.

Wenn meine Frau mir sagte, dass ich mich falsch verhalte oder meine Gefühle unangemessen seien, WUSSTE ich, dass sie sich irrte. Ich war nicht der Meinung, dass sie sich irrte. Ich wusste es.

Wenn man sein ganzes Leben beständig darauf achtet, zu vermeiden, andere zu verletzen, klingt es wie Wahnsinn, wenn der Ehepartner behauptet, dass man es auf ihn abgesehen habe. Du wirst dich erinnern, dass sich die Dreifachbedrohung durch Herabsetzung immer wieder in diesen drei Ausprägungen zeigt:

1. Wir ziehen die intellektuelle Erfahrung in Zweifel, die unsere Partner uns anvertrauen.
2. Wir ziehen die emotionale Erfahrung in Zweifel, die unsere Partner uns anvertrauen.
3. Wir verteidigen uns und rechtfertigen unsere Handlungen damit, dass wir es zu diesem Zeitpunkt nicht besser wussten, und implizieren damit gleichzeitig, dass wir in Zukunft dasselbe Verhalten wiederholen werden, von

dem unsere Partner GERADE ERST versucht haben zu erklären, dass es sie in irgendeiner Weise belastet.

Das ist – meiner Meinung nach – eine völlig normale und zu erwartende Reaktion, wenn jemand etwas zu dir sagt, das du entweder für falsch oder grundlegend ungerecht hältst. Es ist nachvollziehbar, dass du versuchst, die Sache richtigzustellen oder dich gegen den gefühlt völlig unangebrachten Angriff auf deine Persönlichkeit wehrst.

Das ist ein Impuls. Das ist nichts, was wir bewusst tun. Wenn jemand etwas sagt, das unser Gehirn als falsch oder unfair einschätzt, ist es das Einfachste und Naheliegendste der Welt, entsprechend zu reagieren. Gewohnheit. Autopilot. Unsere Standardeinstellungen.

Auf diese Art geht deine Beziehung zugrunde. Genau so. In den täglichen Gesprächen.

Wenn ich mich weiterhin darauf konzentriere, wie oft meine Frau die Situation falsch einschätzt *(Aber ich habe doch völlig recht!)*, oder darauf, wie unfair sie sich verhält *(Wie kann sie so etwas über mich sagen, so etwas fühlen? Ich würde nie etwas tun, das sie verletzen könnte!)*, dann werde ich den Rest meiner Ehe damit verbringen, impulsiv auf meine Frau zu reagieren, und zwar in einer Weise, die ihre Erfahrungen in Zweifel zieht und herabsetzt.

Man kann es nicht oft genug betonen, nicht oft genug darüber nachdenken: Herabsetzung untergräbt das Vertrauen. Immer.

Und wenn das Vertrauen so weit geschwunden ist, dass es in einer Beziehung nicht mehr vorhanden ist, dann fühlt sich die Beziehung auch nicht mehr sicher an. Und wenn Sicherheit und Vertrauen nicht mehr vorhanden sind, gibt es nur drei Möglichkeiten, wie das ausgehen kann.

1. Die Beziehung ist beschissen, bis sie endet.
2. Die Beziehung ist beschissen, hält aber ein Leben lang.
3. Sicherheit und Vertrauen werden wiederhergestellt und führen zu einer Ehe, an der beide Beteiligten teilhaben wollen.

Wenn wir uns nicht an diesen Grundsatz halten – dass Vertrauen vorhanden sein MUSS, um eine gesunde Beziehung aufrechtzuerhalten, indem wir es in den Vordergrund unseres Denkens stellen und uns dessen bewusst bleiben, es beleuchten, anstatt es aus Bequemlichkeit wieder in den Schatten unserer blinden Flecken zurücktreten zu lassen –, dann gehen wir ständig das Risiko ein, geliebte Menschen zu verletzen, ohne es zu bemerken.

Wir werden unsere Beziehungen langsam, aber sicher sabotieren, indem wir aus Gewohnheit auf unsere Standardeinstellungen zurückfallen, das sagen und fühlen, was uns in den Sinn kommt – *ohne darüber nachzudenken, wie sich unsere Worte und Taten auf andere auswirken.*

Darin liegt der Zauber von David Foster Wallace' *Das hier ist Wasser.* Sein Vortrag regt uns dazu an, mehr darauf zu achten, worüber wir nachdenken.

»Sollte Ihre umfassende Entscheidungsfreiheit in Bezug auf Denkinhalte Ihnen so klar sein, dass jedes weitere Wort darüber reine Zeitverschwendung ist, möchte ich Sie bitten, an Fische und Wasser zu denken und Ihre Zweifel am Wert des absolut Offensichtlichen ein paar Minuten zurückzustellen«, sagt Wallace.

Wir haben Probleme damit, allgegenwärtige Dinge zu bemerken, Dinge, die die ganze Zeit über da sind. Surrende Ventilatoren, zwitschernde Vögel oder die Geräusche des Stadtverkehrs. Die Kontrollleuchte an meinem Herd soll mich warnen, dass eine Platte noch eingeschaltet ist. Sie ist irgendwie kaputtgegangen und schaltet sich nicht mehr aus. Ich bemerke es nicht mehr. Gäste hingegen schon.

Wenn wir Fische wären, die ihr ganzes Leben im Wasser verbracht haben, wüssten wir dann überhaupt, was Wasser ist?

Die Nr.-1-Fertigkeit, die wir brauchen, um in unseren wichtigsten menschlichen Beziehungen zu bestehen, ist Empathie. Aber es kann schwierig sein, sie zu praktizieren, wenn wir uns nicht instinktiv in die Situation anderer hineinversetzen können. In Menschen, die mit etwas konfrontiert werden, das wir selbst durchgemacht haben, können wir uns automatisch einfühlen. Es ist leichter, Mitgefühl für Menschen zu entwickeln, mit denen wir ähnliche Erfahrungen teilen.

Was meine Ehe angeht, habe ich es meiner Meinung nach ziemlich gut hingekriegt, mich als liebevoll und unterstützend zu zeigen, wenn ich mit meiner Frau einer Meinung war. Wenn sie versuchte, mir eine Idee, ein Gefühl oder eine Erfahrung zu schildern, die ich nachvollziehen konnte, habe ich verlässlich und höflich mein Verständnis ausgedrückt und, wenn nötig, auch mein Mitgefühl.

Probleme entstehen für uns alle dann, wenn wir der Meinung nicht zustimmen oder es uns nicht leichtfällt, eine einfühlsame Haltung einzunehmen. Wenn jemand, den wir lieben, seinen Schmerz, seine Traurigkeit, seine Wut oder seine Angst zum Ausdruck bringt, wir aber seine Reaktion nicht nachvollziehen können oder diese bei uns nicht die gleiche emotionale Betroffenheit hervorruft, setzen wir allzu oft die erlebte Erfahrung herab.

Wenn die Gedanken meiner Frau meinen persönlichen »Hat sie recht?«-Test nicht bestanden haben, habe ich ehrlich reagiert – was ihre Gedanken und Überzeugungen gründlich herabsetzte. Wenn die Gefühle meiner Frau meinen persönlichen »Sind ihre Gefühle für diese Situation angemessen?«-Test nicht bestanden haben, habe ich ehrlich reagiert – was ihre emotionalen Erfahrungen vollständig herabsetzte. Auf Autopilot sagte ich meiner Frau, dass ihre

Gedanken und Gefühle unpassend oder irre seien, und zwar JEDES MAL, wenn sie sich nicht mit meinen eigenen Gedanken und Gefühlen deckten.

Empathie – die Welt durch die Augen eines anderen zu sehen – ist eine Fertigkeit, die nicht jeder von uns in seinen Entwicklungsjahren lernt. Entweder finden wir heraus, wie wichtig Einfühlungsvermögen ist, oder wir verletzen weiterhin die Menschen, die wir lieben. Lass es uns herausfinden.

DIE BILDUNG BESSERER ANGEWOHNHEITEN BEGINNT MIT EINER VERBESSERTEN SELBSTWAHRNEHMUNG

Gewohnheiten sind der Zinseszins der Selbstverbesserung, sagt der Autor von *Die 1%-Methode*, James Clear. Wenn du bessere Ergebnisse erzielen möchtest, solltest du dir keine Ziele setzen. Konzentriere dich stattdessen auf deine Herangehensweise. Das gilt für deine mentalen Gewohnheiten, dein Verhalten in der Beziehung ebenso wie für deine Ess- und Bewegungsgewohnheiten.

Der effektivste Weg, deine Gewohnheiten zu ändern, besteht laut Clear darin, sich nicht darauf zu konzentrieren, was man erreichen möchte, sondern darauf, wer man werden will. »Ihre Identität ergibt sich aus Ihren Gewohnheiten«, schreibt Clear in *Die 1%-Methode.* »Jede Ihrer Handlungen ist eine Stimmabgabe für die Art von Mensch, die Sie werden wollen. Keine einzelne Handlung wird Ihre Überzeugungen verändern, aber wenn sich die Stimmen mehren, werden auch die Anzeichen Ihrer neuen Identität immer deutlicher. Dies ist einer der Gründe, warum ein bedeutender Wandel keine radikalen Veränderungen erfordert. Kleine Gewohnheiten können einen bedeutenden Unterschied machen, indem sie den Beweis für eine neue Identität liefern. Und wenn eine Veränderung bedeutend ist, dann ist sie auch groß. Das ist das Paradoxon der kleinen Verbesserungen.«

Die Qualität unserer Beziehungen wird weniger von großen Ereignissen bestimmt als vielmehr von der Anhäufung Tausender kleiner Dinge, von denen jedes einzelne für sich genommen völlig unerheblich erscheinen mag.

Wie es bereits der Autor und Unternehmensberater Simon Sinek formulierte: Es kann passieren, dass man ins Fitnessstudio geht, trainiert, nach Hause kommt, in den Spiegel schaut und feststellt, dass sich nichts verändert hat. Und sogar wenn man am Tag danach wieder ins Fitnessstudio geht, um ein weiteres anstrengendes Work-out zu absolvieren, kommt man nach Hause, schaut in den Spiegel und spürt erneut die Enttäuschung, dass sich nichts verändert hat. Daraufhin könnte man zu dem Schluss kommen, dass der Besuch des Fitnessstudios und das Training weder unser Aussehen noch unsere Gesundheit verbessern, wenn wir das so messen wollen. Aber Sinek ermutigt Unternehmensleiter, darüber nachzudenken, wie man die Ergebnisse anders messen kann. Und ich möchte dich ermutigen, diese Ideen auch auf deine Beziehungen anzuwenden.

»Wenn du grundsätzlich davon überzeugt bist, dass Work-outs der richtige Weg sind, und ihn weiterverfolgst, wirst du schließlich in Form kommen«, so Sinek. »Es geht nicht um Intensität, sondern um Beständigkeit«, sagte Sinek in einem Gespräch mit dem Unternehmer Tom Bilyeu. »[Wenn Sie] einfach nur zweimal im Jahr zum Zahnarzt gehen, fallen Ihnen die Zähne aus. Sie müssen sich die Zähne jeden Tag zwei Minuten lang putzen. Was bringt es, sich zweimal am Tag für zwei Minuten die Zähne zu putzen? Gar nichts. Es sei denn, man tut es jeden Tag zweimal zwei Minuten lang.«

Wenn wir uns bewusst machen, wie sich unsere Gewohnheiten auf das Vertrauen, die Vertrautheit und die Gesamtqualität unserer Beziehungen auswirken, dann werden konsequentes Verhalten und konsequente Entscheidungsfindung in den tausend kleinen Dingen des Alltags dazu führen, dass unsere Beziehungen gedeihen oder, wenn wir uns anders entscheiden, langsam verfallen.

Wenn du weiterhin nur in deiner Erfahrungswelt lebst und darauf bestehst, dass deine Gedanken und Gefühle besser oder richtiger sind als die deines Partners, wenn du so reagierst, wie du es immer getan hast, dann wirst du ihn unbeabsichtigt weiter herabsetzen und das Vertrauen zwischen euch beiden untergraben. Jedes Mal wird das Band, das euch miteinander verbindet, weiter gedehnt. Und früher oder später wird es reißen – zu einem Zeitpunkt, den du nicht unbedingt kommen sehen kannst.

Ich wusste nicht, wie ich meine eigenen Gedanken wahrnehmen sollte. Entweder das, oder ich hatte mir angewöhnt, es gar nicht erst zu versuchen.

Wir beenden die toxische, beziehungszerstörende Gewohnheit, die Erfahrungen unserer Lieben herabzusetzen, erst, wenn wir bemerkt haben, dass wir genau das tun. Man kann solche Gewohnheiten erst loswerden, wenn man sie wahrgenommen hat und dann beschließt, dass man sie ändern will.

Es ist erschreckend – fast unverzeihlich –, was wir in gut 98 Prozent unseres Lebens alles vergessen. Zum Beispiel vergessen wir, dass wir atmen. Wir atmen im Durchschnitt mehr als 23 000-mal am Tag. Es gibt tatsächlich nichts, was wir im Leben öfter getan haben, als zu atmen. Und doch nehmen wir unseren Atem kaum wahr.

Wir vergessen, dass uns kein Morgen versprochen ist. Der heutige Tag könnte unser letzter sein. Dieses Gespräch könnte das letzte sein, das wir mit einem anderen Menschen führen. Praktisch alle von uns würden Dinge anders sagen und tun, wenn wir wüssten, dass diese Interaktion unsere letzte sein wird.

Wir vergessen oft, für wie viele Dinge wir dankbar sein sollten.

Für Gesundheit, Geld, ein Dach über dem Kopf, Kleidung, Mobilität, Familie, Freunde, Arbeit, Bildung, Talente. Es gibt immer etwas, für das wir zutiefst dankbar sein sollten – und doch nehmen wir es als selbstverständlich hin. Unsere Gesundheit und die uns nahestehenden Menschen scheinen die offensichtlichsten Opfer dieser unbeabsichtigten Vernachlässigung zu sein.

Meine Blindheit gegenüber dem »immer wieder« ist der Grund für das Ende meiner Ehe. Ich denke, dass die meisten Ehen deshalb scheitern. Es gibt viele Möglichkeiten, die Diskussion darüber, wie die Liebe stirbt, unter die Lupe zu nehmen. Aber in meinem Fall steckt hinter all den Einzelheiten eine einfache und schwierige Wahrheit: *Ich habe mich nicht daran erinnert, meinen Ehepartner aktiv zu lieben.*

Man könnte sagen, ich habe es vergessen. Ich fühle mich beschissen deswegen, und ich würde mich noch schlechter fühlen, wenn ich nicht wüsste, dass so ziemlich jeder in irgendeiner Form darunter leidet.

Wir verlieren das Gefühl für etwas, das wir IMMER WIEDER fühlen.

Wir verlieren das Gehör für etwas, das wir IMMER WIEDER hören.

Wir werden blind für etwas, das wir IMMER WIEDER sehen.

Ich hoffe, es ist klar, dass ich Liebe für meine Frau empfunden habe. Genauso wie ich dankbar für die Luft zum Atmen bin. Ich habe nur irgendwie vergessen, es aktiv zu zeigen, und zwar so, dass es allen Beteiligten im Laufe der Jahre viel Schmerz und Leid erspart hätte. Manchmal, wenn man eine Nahtoderfahrung mit einem Bonbon in der Luftröhre hat, erinnert man sich daran, wie schön es ist, atmen zu können, ohne dass ein leckeres Stück Karamell im Hals feststeckt.

»Hier die Spätnachrichten: Ein in der Stadt wohnhafter Mann wurde heute Nachmittag tot in seinem geparkten Fahrzeug aufgefunden.

Polizeikräfte vor Ort lehnten eine Stellungnahme ab. Es wurde uns jedoch inoffiziell mitgeteilt, dass es keine Hinweise auf ein Verbrechen gibt und dass auf dem Beifahrersitz eine Tüte mit Karamellbonbons gefunden wurde, was darauf hindeutet, dass der Mann wahrscheinlich an einem Erstickungsanfall gestorben ist, wie man ihn bei einem kleinen Kind erwarten würde. Keiner der Arbeitskollegen des Mannes gab zu, mit ihm befreundet gewesen zu sein. Das war eine Live-Schalte nach Cleveland, Ohio, mein Name ist Johnny McJohnson. Und nun zurück ins Studio.«

Ich hatte ein ernsthaftes Problem damit, dass ich manchmal vergaß, meinen Sohn aktiv zu lieben. Er ist fantastisch. Und er ist mein Ein und Alles, seit seine Mutter und ich nicht mehr zusammenleben.

Und obwohl das stimmt und obwohl ich noch nie so viel Liebe empfunden habe wie für ihn, habe ich mich früher wirklich über ihn aufgeregt (fast immer, wenn es darum ging, sich für die Schule fertig zu machen, wo seine Prioritäten manchmal ganz woanders lagen, als unser Ziel zu erreichen, pünktlich und mit so wenig Stress wie möglich zur Schule zu kommen). Und ich konnte richtig sauer werden, wenn ich nicht in bester Stimmung war. Weil ich weiß, wozu er fähig ist, und weil ich gleichzeitig weiß, wie klug er ist, kam es mir manchmal fast so vor, als würde er meine Bemühungen, uns ans Ziel zu bringen, absichtlich sabotieren. *(Ich weiß. Die Ironie ist mir nicht entgangen. Versprochen.)*

Manchmal fielen ein paar heftige Worte und Widerworte, und vielleicht geschah das alles an einem Schulmorgen, an dem ich ihn später nicht abholen würde, weil das seine Mutter gemäß unserer Absprache über das geteilte Sorgerecht übernahm. Vielleicht dauerte es dann zwei oder drei Tage, bis ich ihn wiedersah. Der traurige und wütende Vater setzte also seinen traurigen und wütenden Sohn ab, und dann fühlten wir uns beide eine Zeit lang mies. Wenn wir es gekonnt hätten, hätten wir beide die Zeit zurückgedreht und es anders gemacht.

Aber da er noch in der Grundschule war und ich eigentlich der Erwachsene sein sollte, musste ich etwas unternehmen. Denn immer wieder das Gleiche zu tun sorgt mehr oder weniger dafür, dass immer wieder die gleichen Ergebnisse dabei rauskommen.

Ich könnte mir eine Notiz machen, dachte ich. *Ich könnte mir ein Tattoo stechen lassen. Ich könnte Erinnerungsmeldungen auf meinem Telefon einstellen. Ich könnte es in meinen Kalender schreiben.*

Ich hätte mir einiges einfallen lassen können. Aber letztendlich entschied ich mich für ein einfaches schwarzes Armband. Eines dieser gummiartigen Armbänder, wie die von #LiveStrong, die der ehemalige Radrennfahrer Lance Armstrong zu verhökern pflegte, bevor er das Doping zugab und viele Leute ihn daraufhin nicht mehr für so cool hielten. Ich habe eine Schachtel davon gekauft. Sie sind alle mit klischeehaften Motivationssprüchen versehen, die mich nerven, aber in diesem Fall ist das Wort »Fokus« sehr passend. Ich trage jetzt ein ziemlich unscheinbares kleines, schwarzes Gummiarmband an meinem linken Handgelenk. Es ist überhaupt nichts Auffälliges daran. Wenn ich keine kurzen Ärmel trage, bemerkt es kein Mensch.

Mein Fokus-Armband hat eine Aufgabe. Nur eine Aufgabe. Er soll mich daran erinnern, meinem Lieblingsmenschen auf der Welt aktiv und bewusst Liebe und Geduld entgegenzubringen. Er ist das größte Geschenk in meinem Leben. Und es ist erbärmlich, dass ich wütend auf ihn werde und mit ihm auf eine Art und Weise spreche, die sein junger Verstand so interpretieren könnte, als wollte ich ihm sagen, er sei nicht gut genug, oder die ihn daran zweifeln lassen könnte, dass ich unheimlich stolz auf ihn bin.

Aber was wäre, wenn ich an einem dieser Morgen nie an meinem Ziel ankäme? Was wäre, wenn das Letzte, woran er sich erinnert, meine Wut auf ihn auf dem Schulweg wäre? Wenn ich nie wieder die Chance hätte, mit ihm zu sprechen oder ihn daran zu erinnern, dass es NICHTS gibt, das er jemals tun oder sagen könnte, dass kein noch so großer Frust dazu führen könnte, dass meine Liebe zu ihm irgendwie nachlässt?

Das durfte nicht passieren. Also bestellte ich eine Packung dieser dämlichen Armbänder. Und weißt du was? Es hat funktioniert.

Mein Fokus-Armband erinnert mich daran, zu lächeln und über ihn zu lachen, wenn er rumkaspert, wo er sich doch eigentlich die Zähne putzen sollte. Mein Fokus-Armband erinnert mich daran, dass ein paar verlorene Minuten hier und da nicht einmal im selben Universum der Wichtigkeit für mich sind wie die Tatsache, dass er weiß, dass sein Vater ihn liebt und sehr stolz auf ihn ist.

Mein Fokus-Armband bringt mich tatsächlich dazu, geduldiger zu werden, was zu einer 90-prozentigen Verringerung jeglicher emotionalen Ausbrüche und zu einem viel achtsameren Vater führt, der nicht leichtfertig »vergisst«, wie sehr er seinen Sohn liebt.

Ich weiß, es mag albern aussehen, dieses kleine Ding. Dieses Armband mit nur einer Aufgabe. Und ich war skeptisch, ob es mir helfen würde. Aber zu dieser Skepsis bestand kein Grund.

Wenn wir unsere geistige und emotionale Energie ACHTSAM und ZIELGERICHTET in diejenigen investieren, die wir lieben, zeigt das Wirkung. Denn wir wissen, was auf dem Spiel steht.

Es gibt Leute da draußen, die wissen nicht, wie wichtig sie uns sind. Sie haben keine Ahnung, wie sehr sie geliebt werden und wie sehr man sie schätzt. Welche winzige, subtile Veränderung können wir vornehmen, damit wir nicht aus dem Auge verlieren, was uns wichtig ist? Die uns hilft, diszipliniert zu bleiben, unsere Liebe für andere besser vermitteln zu können und das alles in unserem Alltag aufrechtzuerhalten? Welche Kleinigkeit können wir heute tun, um in die wertvollsten Beziehungen in unserem Leben zu investieren und sie zu schützen?

Ich habe etwa 15 Dollar für eine Packung Armbänder bezahlt, von denen ich nur eines brauchte. Aber kannst du dir vorstellen, wie viel es mir wert ist? Der Platz hier reicht nicht, um die Zahl aufzuschreiben.

Achtsamkeit ist fast ständig Thema im Gespräch mit meinen Klienten beim Beziehungscoaching. Achtzugeben auf jemanden, auf sich zu achten. Denn sonst besteht die Gefahr, in dieselben Gewohnheiten zu verfallen, die das Vertrauensverhältnis in vergangenen und aktuellen Beziehungen aufgeweicht haben, und die Menschen, die wir am meisten lieben, im Zweifel zu lassen, ob sie wirklich geliebt werden.

Im Hinblick auf Gewohnheiten habe ich das so verstanden, dass ich zunächst einmal lernen musste, auf meine Gedanken achtzugeben. Ich musste beobachten lernen, wie ich reagiere, wenn jemand etwas sagt, mit dem ich nicht einverstanden bin, oder vielleicht eine Kritik oder einen Vorwurf äußert, der mir irgendwie Unbehagen bereitet. Und eines Tages wurde mir klar, dass ich meine Frau BEURTEILTE, wenn sie mir von ihren Schmerzen erzählte, was bei mir oft die drei Stufen der Herabsetzung auslöste. Ich bewertete immer, was sie sagte, tat oder fühlte, und verglich es mit dem, was ich für »richtig« oder »angemessen« oder »fair« oder »den besten Weg« hielt. Wenn ich die Gedanken meiner Frau – ihre Meinung oder Schilderung eines Vorfalls – als »richtig« einschätzte, war ich liebevoll und bot ihr Rückhalt. War das nicht so, widersprach ich ihr. *Klassische Herabsetzung.* Ich meinte es nicht so, aber meine Frau muss verstanden haben: *»Nein, du dumme, dumme Person! Da stimmt doch was mit deinem Hirn nicht! Ich erkläre dir jetzt mal, wie ein kluger Mensch darüber denken sollte.«*

Wenn ich die Gefühle meiner Frau in einer bestimmten Situation für angemessen hielt (das heißt, wenn sie reagierte, wie ich es in einem ähnlichen Szenario getan hätte), dann zeigte ich mich einfühlsam und unterstützend. Aber wenn ich der Meinung war, sie habe falsch reagiert – übermäßig empfindlich oder viel zu heftig –, versuchte ich, sie davon zu überzeugen, dass man besser, überlegter, angemessener mit dieser Situation hätte umgehen können. So wie ich es eben getan hätte. »*Nichts gegen dein kleines Herz im Gefühlsüberschwang, mein Schatz! Du bist aber im Moment nur ein schwaches, kleines, furchtbar aufgeregtes Mädchen. Aber es gibt Hoffnung, denn es gibt ja mich, der dir erklärt, wie du dich fühlen SOLLST! Mit etwas Übung wird aus dir eines Tages ein klügerer, gerechterer Mensch, und dann werden dich diese Dinge, die dich jetzt noch verärgern, nicht mehr tangieren!*«

Als wir noch verheiratet waren, ist mir diese Neigung, die Gedanken und Gefühle meiner Frau zu bewerten, nicht aufgefallen. Erst nachdem ich aufgehört hatte, sie dafür zu verurteilen, dass sie unsere Ehe aufgegeben hatte, fiel mir das auf.

Ich wusste, dass ich mit dieser Angewohnheit brechen musste, wenn ich zukünftig noch einmal eine funktionierende Beziehung führen wollte – mit diesem routinemäßigen, gedankenlosen, ständig auftretenden Paartanz der Herabsetzung, der fast jeden Tag getanzt wird, bis sich so viele kleine Papierschnittwunden häufen, dass der Blutverlust die Beziehung beenden wird.

Noch einmal: Ich behaupte nicht, dass ich weiß, was richtig und was falsch ist, und dass man die Dinge immer auf eine bestimmte Weise tun sollte. Ich glaube nicht, dass es moralisch verwerflich ist, Meinungsverschiedenheiten mit jemandem zu haben, was dieser als Herabsetzung empfinden könnte. Ich glaube nicht, dass so etwas »bösartig« oder »schlecht« ist.

Ich glaube jedoch, dass es das Vertrauensverhältnis untergräbt. Jedes Mal. Und wenn zu viel Vertrauen verloren gegangen ist, geht die Ehe in die Brüche. Jede bedeutsame Beziehung wird daran zerbrechen.

Und wenn du, so wie ich, es dir zum Prinzip gemacht hast, dich NICHT so zu verhalten, dass es anderen Menschen und unseren wertvollsten Beziehungen schadet, dann denke ich, liegt es auf der Hand, die Menschen, die wir lieben, oder unsere Beziehungen nicht in Mitleidenschaft ziehen zu lassen, solange wir das selbst beeinflussen können.

Coaching-Klienten fragen mich manchmal, was sie tun sollen, wenn sie anderer Meinung als ihr Ehepartner sind. »Was soll ich denn machen? Soll ich ihr vielleicht für den Rest meines Lebens zustimmen und keine eigene Meinung mehr haben?«

Nein.

Allerdings habe ich früher genauso gedacht. Ich fand es absolut unfair, dass ich jedes Mal, wenn ich meiner Frau widersprach, zum Buhmann abgestempelt wurde. *Heilige Scheiße, darf ich denn dazu keine andere Meinung haben als du?*

Ich habe Bestätigung und Zustimmung verwechselt. Doch da gibt es einen Unterschied. Man kann durchaus anderer Meinung sein, jemandem widersprechen und gleichzeitig dessen sehr reale Erfahrungen mit dem, worüber man diskutiert, bestätigen.

Ich bin durchaus in der Lage, über ein oder zwei Zahnpastaflecken im Waschbecken hinwegzusehen, aber trotzdem kann ich verstehen, dass meine Frau das ganz anders sieht, und dann über die Sauberkeit des Waschbeckens zu ihren Bedingungen diskutieren – nicht zu meinen.

»Empathie ist eine seltsame und mächtige Sache. Es gibt kein Drehbuch. Es gibt keinen richtigen oder falschen Weg«, schrieb Brené Brown in ihrem Bestseller *Verletzlichkeit macht stark.* »Es geht einfach darum, zuzuhören, Raum zu gewähren, sich mit Urteilen zurückzuhalten, eine emotionale Verbindung herzustellen und die unglaublich heilsame Botschaft ›Du bist nicht allein‹ zu übermitteln.«

Ich musste mir erst angewöhnen, daran zu denken, dass derjenige, mit dem ich spreche, in irgendeiner Weise leidet, und lernen, wie ich ihm die Art von Antworten bieten kann, die er als verständnisvoll und unterstützend erlebt. Und ich musste mir angewöhnen, dass das Priorität hat, anstatt die Situation meinen persönlichen Lackmustests zu unterziehen. *DARF diese Person so fühlen? DARF sie das glauben? Ist das nicht schwach oder albern oder ungesund oder falsch?* Das ist meine schlimmste Angewohnheit als Mensch, wenn ich mit meiner Standardeinstellung arbeite. Dieses Sofortturteil, das ich über die Überzeugungen oder Gefühle eines anderen Menschen fälle und sie dann herunterspiele oder abtue, wenn sie nicht in MEINE Überzeugungs- oder Gefühlswelt passen, ohne zu bemerken, wie unerträglich arrogant mich das macht.

Wenn wir bei der Partnersuche, in der Ehe, als Eltern oder in einer Freundschaft erfolgreich sein wollen, müssen wir uns von unserer Voreingenommenheit verabschieden und sie durch etwas anderes ersetzen. Durch Neugierde. Durch Empathie. Durch Bestärkung. **Bloß nicht verurteilen.** Bloß nicht die subjektiven Erfahrungen anderer gegen unsere eigenen aufrechnen.

»Der wahre Grund, warum Gewohnheiten so wichtig sind, ist nicht, weil sie zu besseren Ergebnissen führten (obwohl sie das tun können), sondern weil sie Ihre Einschätzung Ihrer selbst verändern können«, schreibt James Clear.

DIE THEORIE VOM MONSTER UNTER DEM BETT

Stell dir vor, du bekommst einen Telefonanruf. Du gehst dran. Ein Fremder am anderen Ende der Leitung gibt sich als Polizeibeamter zu erkennen.

Dir wird vor Angst ganz flau im Magen.

Der Beamte nennt den Namen eines Menschen, den du sehr

liebst, vielleicht den eines Familienmitglieds. *»Es tut mir sehr leid, es hat einen Unfall gegeben. Wären Sie bereit, zu uns zu kommen, um die Leiche zu identifizieren?«*

Schock. Fassungslosigkeit. Verwirrung. Ein unbeschreiblich großer Schmerz, von dem du gar nicht wusstest, dass Geist und Körper ihn aushalten können, ohne daran zugrunde zu gehen.

Du beendest den Anruf.

Vielleicht läuft alles in Zeitlupe ab. Surreal. Oder du stürzt sofort los, weil du zu den Menschen gehörst, die in Extremsituationen gut funktionieren, selbst wenn es dir innerlich alles zerreißt.

Minuten vergehen. Vielleicht sogar Stunden.

Vielleicht schreibst du ein paar SMS oder rufst andere an, um ihnen die tragische Nachricht mitzuteilen.

Ich kann nicht glauben, dass er tot ist.

Du kommst im Leichenschauhaus an. Du wirst in ein Hinterzimmer geleitet, wo du den Toten für den Leichenbeschauer oder den Gerichtsmediziner identifizieren sollst. Du bist ein seelisches und emotionales Wrack.

Das Laken wird zurückgezogen. Du starrst auf das Gesicht und den regungslosen Körper eines Menschen, ohne den du dir das Leben nicht vorstellen kannst – deine schlimmsten Befürchtungen sind wahr geworden.

Und dann springt diese Person vom Tisch auf: *»ÜBERRASCHUNG! So leicht wirst du mich nicht los!«*, und alle Gerichtsmediziner und Polizisten lachen und lachen und lachen und zeigen mit dem Finger auf dich, während du zu verarbeiten versuchst, was gerade passiert ist.

Es ist egal, dass derjenige gar nicht gestorben ist, sondern dir stattdessen den kränksten und gemeinsten Streich gespielt hat, den man sich vorstellen kann. Mental und körperlich hast du die Situation so erlebt, als hättest du tatsächlich jemanden verloren, der dir sehr wichtig war. Du hast mental und emotional so reagiert, als wäre die Tragödie tatsächlich passiert.

Schmerzhafte Gefühle wie Angst, Traurigkeit oder Wut müssen also nicht immer etwas damit zu tun haben, ob etwas real ist. Manchmal geht es viel weniger darum, was wir als real oder gültig empfinden, sondern vielmehr darum, zu verstehen, wie schlecht es jemandem geht, und dann Mitgefühl für den Schmerz zu zeigen, den er empfindet, auch wenn wir ihn selbst nicht empfinden.

»PAPA, ICH HABE ANGST. DA IST EIN MONSTER UNTER MEINEM BETT.«

Es gibt eine Denkübung, auf die ich immer wieder zurückkomme, weil sie mir am besten dabei hilft, auf andere Menschen in einer Weise einzugehen, die ich als gesund und vertrauensbildend empfinde: Ich stelle mir ein Kind vor, das weint, weil es Angst vor einem Monster hat, das sich unter seinem Bett versteckt.

Ein Monster, von dem du und ich wissen, dass es nicht existiert.

Mir gefällt dabei das Extrem, dass wir nicht nur eine Meinungsverschiedenheit in dieser Angelegenheit haben. Es handelt sich um eine subjektive Erfahrung, bei der die Tatsachen eindeutig für unsere Seite sprechen – als Erwachsene können wir schon mehrere Jahrzehnte lang ausschließen, dass Fantasiekreaturen unter den Betten lauern oder sich in den Schlafzimmerschränken verstecken. Wir *wissen* es.

Mein Sohn sieht Dinge, die es nicht gibt. Er hat Angst vor etwas, das nicht real ist. Und es ist wirklich verlockend, unser »Besserwissen« im Umgang mit der Situation sprechen zu lassen.

Wir sind also an dem Punkt angelangt, an dem wir uns entscheiden müssen, wie wir mit jemandem, den wir lieben und der schreckliche Gefühle (Furcht und Angst) empfindet, sprechen wollen. Wie wir handeln wollen.

Ich habe eine Entscheidung zu treffen. Und es ist so verlockend für mich, diesem kleinen Jungen genervt und ungeduldig zu erklären, wie dumm und töricht er sich verhält – er weint und hat Angst wegen etwas, das meinem Wissen nach ein Hirngespinst ist.

»Hör zu, Kumpel. Da ist kein Monster unter deinem Bett. Monster gibt es nicht. Da ist überhaupt nichts, wovor du Angst haben müsstest, also benimm dich bitte nicht wie ein Baby. Du bist zu alt, um wegen so einem Quatsch zu weinen. Ich habe jetzt keine Zeit, mich darum zu kümmern, ich schaue mir gerade das Spiel an. Höchste Zeit, dass du dich zusammenreißt, du bist doch mein großer Junge. Bitte schlaf jetzt. Es ist alles in Ordnung.«

So etwas in der Art könnte ich zu ihm sagen. Und es wäre nicht »falsch«, nicht »böse« von mir. Ich würde das Kind nicht mit Absicht verletzen.

Das ist der Punkt, an dem wir uns die Arbeit machen müssen. Die Arbeit, uns bewusst der Situation zu stellen und »wach« zu sein. Wer möchte ich in diesem Moment sein? Möchte ich »recht haben«? Ist das jetzt das Wichtigste? Als ich noch verheiratet war, habe ich das gedacht. Ich glaubte, dass »recht haben« wichtig sei und es sich lohnte, deswegen zu streiten. Dass andere unrecht hatten, wenn sie Emotionen zeigten wegen Dingen, die ich für der Aufregung nicht wert hielt. Aber was passiert, wenn ich mit all meiner überlegenen erwachsenen Weisheit sein Zimmer verlasse?

Mein Sohn hat immer noch Angst. Meine Versicherung, dass es keinen Grund gibt, Angst zu haben, nimmt ihm nicht seine Furcht. Er hat immer noch Angst.

Aber jetzt weint er vielleicht. Allein und im Dunkeln. Und er hat gerade etwas über seinen Vater gelernt. »*Wenn Papa das gruselige Ding nicht für gruselig hält, dann ist es ihm egal, wie ich mich fühle. Wenn ich mich wegen etwas schlecht fühle, das Papa nicht für wichtig hält, wird er mir nicht helfen. Wenn ich Papa von den Dingen erzähle, vor denen ich mich fürchte, macht das nichts besser. Ich fühle mich danach nur noch schlechter.*«

Und dann liegt da mein Sohn in diesem völlig erfundenen –

aber plausiblen – Szenario. Traurig. Verängstigt. Verlassen. Verletzt.

Er hat gerade gelernt, dass er sich nicht an seinen Vater wenden kann, wenn er Angst hat. Und jetzt wird er vielleicht so aufwachsen, dass er all seine Ängste für sich behält. Vielleicht wird er jetzt seine ganzen Teenagerjahre lang seine inneren Konflikte vor seinen Eltern verbergen, weil der Versuch, sie miteinzubeziehen, in der Vergangenheit nichts gebracht hat. Im Gegenteil, damit hat er nur Unverständnis geerntet.

Welchen Wert hat es, bei dieser Monster-unter-dem-Bett-Sache »recht zu haben«? Inwiefern haben mein Wissen, dass an dem Quatsch nichts dran ist, und der Versuch, dieses Wissen und diese »Weisheit« mit meinem Sohn zu teilen, IRGENDWAS dazu beigetragen, unser beider Leben positiver zu gestalten?

Ich habe gelernt, etwas anderes als die Vorstellung, »recht zu haben«, höher zu bewerten. Und das ist die Qualität meiner Beziehung zu den Menschen, die ich liebe.

Scheiß auf »recht haben«. Es ist Schwachsinn. Ich meine, wenn diese kleinen Ich-weiß-es-besser-Machtkämpfe deinem Leben Sinn und Erfüllung verleihen, dann bitte, nur zu. Aber als ich dieses toxische Verhaltensmuster erkannte, in dem ich für immer gefangen schien, habe ich mir vorgenommen, gegen diese Rechthaberei anzukämpfen.

Man hat nämlich die Wahl.

Weißt du, was mir wichtiger ist, als damit recht zu haben, dass sich kein Monster unter dem Bett versteckt? Meine Beziehung zu meinem Sohn. Die ist mir verdammt viel wichtiger. Ich möchte, dass mein Sohn mir vertraut, wenn er Angst hat. Wenn er traurig ist. Wenn er wütend ist. Wenn er sich schlecht fühlt. Ich möchte, dass er weiß, dass seine Eltern Menschen sind, die immer für ihn da sind und ihn unterstützen, egal wie schrecklich ihm die Welt auch vorkommen mag.

Mein kleiner Junge weint in seinem Zimmer. Er hat Angst vor

einem Monster, von dem ich weiß, dass es nicht existiert. Und jetzt habe ich die Wahl. Ich habe mich dafür entschieden, ein Mensch zu sein, dem es wichtiger ist, dass sich die Menschen, die er liebt, sicher fühlen und ihm vertrauen, als zu versuchen, sie davon zu überzeugen, dass er besser weiß, wie sie sich zu verhalten hätten. Ich behaupte, dass es effektiver und angebrachter ist, sich neben das Kind, das Angst hat – das eine sehr reale Angst erlebt, unabhängig davon, wie wenig wir sie nachvollziehen können, und unabhängig davon, für wie irrational wir sie halten –, zu setzen und es in die Arme zu nehmen.

»Hey, es tut mir so leid, dass du jetzt Angst hast. Weißt du, ich hatte auch schon mal Angst. Ganz oft. Es ist ein ziemlich schlimmes Gefühl, Angst zu haben. Ich bin für dich da. Ich wünschte, ich könnte dir die Angst nehmen, aber ich weiß nicht, wie. Ich weiß nur, ich verspreche dir, dass du nicht allein bist. Ich liebe dich so sehr, und egal, was passiert, ich will nicht, dass du dich allein fühlst. Wenn du etwas Schlimmes erlebst, erlebe ich das auch. Okay?

Ich bin mir ziemlich sicher, dass sich keine Monster unter deinem Bett verstecken. Wenn du einverstanden bist, werde ich das Licht anmachen und nachsehen, und wenn du möchtest, können wir beide nachsehen. Wenn du dann sicher bist, dass die Luft rein ist und dass hier keine Monster herumschleichen, fühlst du dich vielleicht besser und sicher genug, um einzuschlafen.«

Ich habe mich entschieden, dass ich ein Mensch sein möchte, dem Sicherheit und Vertrauen in Beziehungen wichtiger sind als »recht zu haben«. Ich denke, dass ich als Mensch, der seine Worte und Handlungen achtsam einsetzt, Sicherheit und Vertrauen schaffe und damit unser Leben unendlich mehr bereichere als mit ein paar unbedeutenden Streits, die ich »gewinne«.

Es spielt keine Rolle, dass das anscheinend sadistische Familienmitglied oder der Freund, der dir den Streich im Leichenschauhaus gespielt hat, in Wirklichkeit gar nicht gestorben ist. Du hast geglaubt, er sei tot, und für dich ist deine ganze Welt zusammengebrochen.

Es spielt keine Rolle, wie verrückt es einem Erwachsenen vorkommt, dass ein Kind glaubt, es habe ein Monster unter seinem Bett. Dieses Kind fühlt sich trotzdem genau so, als gäbe es da unten TATSÄCHLICH ein furchterregendes Monster.

Es spielt keine Rolle, ob du verstehst, warum dein Ehe- oder Liebespartner so fühlt, und es spielt auch keine Rolle, für wie irrational du seine Beweggründe hältst. Die Person, der du versprochen hast, sie zu lieben und zu ehren, empfindet echten Schmerz. Echte Traurigkeit. Echte Wut. Echte Angst.

Es gibt nicht nur den superbesonnenen Elternweg, das Kind, das sich vor dem Monster unter seinem Bett fürchtet, wie zuvor beschrieben zu beruhigen, wenn du dein Kind liebst. Es geht nicht um richtig oder falsch. Es geht nicht um gut oder schlecht. Ich würde allerdings behaupten, dass die erste Möglichkeit eine wirksame Strategie ist, um ein Umfeld der Sicherheit und des Vertrauens in einer Beziehung zu schaffen, die gesund ist und ein Leben lang hält, und dass die weniger mitfühlende, reichlich grobe *»Es gibt keinen Grund zum Heulen! Hör auf, dich wie ein Baby zu benehmen!«*-Methode in der Zukunft eher zu angespannten, ungesunden Beziehungen führen wird.

Wir können wählen. Und ich möchte jemand sein, der sich dafür entscheidet, die Menschen, die er liebt, zu trösten und zu unterstützen, wenn sie verletzt, traurig oder ängstlich sind, anstatt sie davon überzeugen zu wollen, dass sie diese Gefühle nicht haben SOLLTEN.

Ich glaube, dass diese Entscheidung tiefgreifende Auswirkungen auf die Qualität von Beziehungen hat. Und es ist an mir, das Bewusstsein und die Disziplin aufzubringen, damit ich mich auf diese Weise zeige, selbst wenn ich glaube, dass jemand anders unrecht haben könnte oder dass er etwas fühlt, wofür ich kein Verständnis habe.

Du MUSST nicht den superbesonnenen und liebevollen Weg wählen, wenn dein Partner sich dir öffnet und über Schmerz oder Ängste spricht. Ich denke, das kann man nicht in richtig oder falsch, gut oder schlecht einteilen. Ich würde allerdings behaupten, dass es eine wirksame Strategie ist, um eine gesunde, liebevolle Beziehung für beide Seiten aufzubauen, die das Potenzial hat, ein Leben lang zu halten.

Und im anderen Fall? – Angespannte, ungesunde, konfliktbeladene Beziehungen, die nicht von Dauer sein werden.

Liebe ist eine Entscheidung.

Wir können uns dafür entscheiden, Menschen zu sein, die die Kinderzimmertüren schließen, und unseren Kindern sagen, sie sollen die Klappe halten und aufhören, so feige und ängstlich herumzuheulen. Oder wir können Menschen sein, die sich neben sie setzen und zuhören. Die versuchen, sie zu verstehen. Denen Dinge wichtig sind, einfach weil sie den Menschen, die sie lieben, wichtig sind.

Wir können nicht alle Verletzungen verhindern. Wir können nicht verhindern, dass andere traurig sind oder Angst haben. Aber wir können dafür sorgen, dass sie, wenn sie verletzt, traurig oder ängstlich sind, wissen, dass sie nicht allein sind.

ES IST KEINE CHARAKTERSCHWÄCHE, DIE BEHOBEN WERDEN MUSS – ES IST EINE GEWOHNHEIT, DIE GEÄNDERT WERDEN MUSS

Ich weiß nicht, wie ich einen beschissenen toxischen menschlichen Makel in mir beheben kann, der mich dazu bringt, Menschen so zu behandeln, dass meine Beziehung zu ihnen zerstört wird. Das könnte dazu führen, dass meine Frau mich verlassen will. Das könnte dazu führen, dass mein Sohn sich von mir zurückzieht und mich emotional auf Distanz hält, weil er mir nicht zutraut, an seinen persönlichen Konflikten beim Erwachsenwerden teilzuhaben.

Wenn ich so etwas als Charakterschwäche betrachte, bin ich verloren. Das hieße, ich wäre der Gnade jener höheren Macht ausgeliefert, an die ich glaube, oder in meinem Leben wäre ich ein Spielball zwischen Glück und Pech und den dummen Überzeugungen und unsinnigen Gefühlen anderer.

Aber wenn ich mein Verhalten – und das Verhalten anderer – nicht als genetisch bedingte Schwäche, die ich nicht mehr ablegen kann, betrachte, sondern als Angewohnheit, kann ich versuchen, etwas Positives und Gesundes herauszuarbeiten, dann finde ich Orientierung auf meinem Lebensweg. Meinen Nordstern.

Immer und immer wieder entscheide ich mich dafür, so zu sprechen und zu handeln, dass ich den Menschen, die ich liebe, Vertrauen entgegenbringe und ihnen ein Gefühl von Sicherheit und Geborgenheit vermittle. Meine Beziehungen zu diesen Menschen sind das, was ich in diesem irdischen Leben am meisten schätze.

In meiner Standardeinstellung bleibe ich eine Bedrohung, weil ich über Menschen urteile, ihnen nicht zustimme und meine Ablehnung in einer Weise äußere, die ihre Erfahrungen herabsetzt. Vielleicht halte ich ihre Überzeugungen für falsch. Vielleicht halte ich ihre Reaktion angesichts der Situation für unangemessen. Und vielleicht lasse ich sie das manchmal auf eine Art und Weise wissen, die unbeabsichtigt das zwischen uns bestehende Maß an Vertrauen mindert. Aber bei denen, die ich am meisten liebe und schätze, bei meinem Sohn, bei meiner Lebensgefährtin, in der Familie und im Freundeskreis, möchte ich jemand sein, der nicht aus Faulheit dem toxischen Irrtum verfällt, immer recht haben zu müssen.

Dass ich mir das zum Ziel gesetzt habe, hat keinen Einfluss darauf, ob es mir im Leben gut geht. Es hat sich sogar immer wieder gezeigt, dass der Versuch, sich daran zu halten, das Leben schwieriger macht.

Es ist nicht die Aufgabe anderer Leute, sich meinen Wertvorstellungen und meinen Gefühlszuständen anzupassen. Es liegt in MEINER Verantwortung, jeden, dessen Vertrauen ich begehre und an dessen Leben ich teilhaben möchte, wertzuschätzen und ihm Mitgefühl entgegenzubringen. Und um diese Gewohnheit zu praktizieren, die Qualität meiner Beziehungen über meine Neigung zu stellen, Auffassungen und Reaktionen zu kritisieren, mit denen ich nicht einverstanden bin, muss ich nur den Schalter in meinem Kopf umlegen in die Position »wach«. Ich muss mich nur daran erinnern, mich daran zu erinnern.

Und hier dient David Foster Wallace' *Das hier ist Wasser* als meine grundlegende Anleitung, die Art von Mensch zu sein, die ich sein möchte: ein Mensch, der die Menschen, die er liebt, nicht versehentlich verletzt und seine Beziehungen nicht versehentlich sabotiert.

Und nun soll uns Wallace nach Hause bringen:

»Ich weiß, dass das alles nicht so witzig, flott und inspirierend klingt, wie zentrale Thesen von Abschlussreden klingen sollten. Soweit ich sehe, ist es aber die Wahrheit, bei der jede Menge rhetorischer Schnickschnack weggeschnippelt worden ist. Davon können Sie natürlich halten, was Sie wollen. Aber tun Sie es bitte nicht als Moralpredigt

mit erhobenem Zeigefinger ab. Es geht hier nicht um Moral, Religion, Dogmen oder wichtigtuerische Überlegungen zum Leben nach dem Tod.
Die Wahrheit im Vollsinn des Wortes dreht sich um das Leben VOR dem Tod.
Sie dreht sich um den wahren Wert wahrer Bildung, die nichts mit Noten oder Abschlüssen, dafür aber alles mit schlichter Offenheit zu tun hat; Offenheit für das Wahre und Wesentliche, das sich vor unser aller Augen verbirgt, sodass wir uns immer wieder daran erinnern müssen:
Das hier ist Wasser.
Das hier ist Wasser.
Es ist unvorstellbar schwer, tagaus, tagein bewusst und erwachsen zu leben. Und das bedeutet, dass noch ein Klischee wahr ist: Wir lernen WIRKLICH fürs Leben. Und die Ausbildung geht jetzt erst los.«

6 ENGER ZUSAMMENRÜCKEN: WICHTIGE BEZIEHUNGS-FERTIGKEITEN ZUM ÜBEN UND MEISTERN

Ich stand in der Küche und zitterte. Ich war verwirrt. Machtlos. Kämpfte darum, verstanden zu werden, und scheiterte. Geschlagen.

Ich war voller Wut. Und nirgendwo konnte ich sie loswerden.

Warum fühle ich mich bei dem schönsten Wesen, das ich je gesehen habe, so hässlich? Wie kann die Person, der ich am meisten gebe, gleichzeitig die Person sein, bei der ich mich am wertlosesten fühle?

Noch nie zuvor in meinem Leben, und selbst später nicht mehr, habe ich mich so schwach und so wütend gefühlt, weder davor noch danach. Ich bin nie mit dem Gedanken fertiggeworden, dass die Person, die ich am meisten liebte, für die ich das Gefühl hatte, am meisten geopfert zu haben, der ich mich am meisten mitteilte, die Person sein könnte, die mich am ungerechtesten behandelt.

Und das ist eine der wichtigsten Erkenntnisse, die ich je hatte: Solange ich alles, was meine Frau tut und sagt, durch den Filter MEINES Denkens und MEINER Gefühle verarbeite, werde ich mich immer verteidigen müssen. Wenn ich alles, was geschieht, durch MEINE Brille betrachte – als wäre ich die Hauptfigur der Geschichte –, dann werde ich mir jedes Mal, wenn ich mich unwohl fühle oder das Gefühl habe, schlecht behandelt oder missverstanden zu werden, herausnehmen, die Dinge richtigzustellen. Um für MEINE Wünsche und Bedürfnisse zu kämpfen. Und die andere Person davon zu überzeugen, dass ihre Gedanken und Gefühle unangebracht sind.

Und – *zack* – schon erhebt die Dreifachbedrohung durch Herabsetzung erneut ihr hässliches Haupt. Ich hatte nie eine echte Chance, das Vertrauensverhältnis mit meiner Frau wiederherzustellen oder aufrechtzuerhalten, weil ich NIE meine eigenen Gedanken und Gefühle hintanstellte, um etwas aus ihrer Sicht zu betrachten. Ich habe sie nie als Hauptfigur der Geschichte betrachtet. Ich habe mich nie gefragt: *Was, wenn ich hier der Bösewicht bin? Was, wenn ich es bin, der ihr tatsächlich im Weg steht? Was, wenn ich derjenige bin, der ungerecht ist und ihr Schmerz zufügt?*

In Wirklichkeit habe ich diese Gedanken nicht einmal in Betracht gezogen. Und in dem Moment – zitternd in der Küche – war ich so wütend, dass ich mir nicht sicher bin, ob mich ihre Gefühle jemals geschert hätten. Ich war viel zu sehr damit beschäftigt, mich wie das Opfer einer überemotionalen, überkritischen Tyrannin zu fühlen. Ich war zu sehr damit beschäftigt, mich zu schützen und mich gegen weitere ungerechte Angriffe und Kritik zu verteidigen.

Als ich vorhin über Sicherheit und Vertrauen sprach, erwähnte ich, dass ich immer die Person sein wollte, die am nächsten an der Schlafzimmertür schläft, wie ich sie in schummrigen Parkhäusern beschützen wollte und so weiter. Ich dachte, für mich hätte ihre Sicherheit oberste Priorität. Und doch gab es immer wieder diese Streits in der Küche, die sie verletzten – zum millionsten Mal –, und sie wollte nichts weiter, als dass ich Verständnis für ihre Verletzung entwickelte und sie wahrnahm. Aber stattdessen, in fast 100 Prozent der Fälle, stellte ich MEINE Gedanken und MEINE Gefühle über ihre. Ich hatte überhaupt nicht ihre Sicherheit im Sinn – nur meine.

Ich wette, sie fühlte die Wut genauso wie ich. Sie konnte sie nirgendwo loswerden, genau wie ich. Bis der Tag kam, an dem sie beschloss, dass sie das nicht mehr aushalten wollte. Sie traf eine Entscheidung, wo sie leben wollte und wem sie erlaubte, den Rest des Erwachsenenlebens an ihrer Seite zu verbringen.

Und jetzt ist es so weit. Wir sind Fremde.

Ich habe keine Verantwortung übernommen für meine Gedanken, Gefühle und mein Verhalten in meiner Beziehung. Wenn sie etwas tat, das dazu führte, dass ich mich schlecht fühlte, warf ich ihr vor, sich falsch zu verhalten. Und das tat ich ohne irgendwelche Ironie, während ich ansonsten fast nie zuließ, dass sich jemand wegen meiner Taten oder Worte schlecht fühlte.

Meine Ehe bestand aus Dingen, die mir einfach so passiert sind. Ich habe nie die Verantwortung übernommen, mir emotionale Intelligenz anzueignen, nie die Initiative ergriffen, mich über die Bedeutung von Achtsamkeit und Empathie zu informieren oder über Fertigkeiten, die ich brauchte, um ein besserer Ehemann und Elternteil zu sein. Es kam mir nie in den Sinn, dass »ein guter Mensch« zu sein nicht die einzige Voraussetzung für eine erfolgreiche Ehe ist. Erfolgreiche Beziehungen bestehen aus zwei Menschen, die über Beziehungskompetenz verfügen und diese auch zeigen, woran es mir in meiner Ehe sehr mangelte. Diese Fertigkeiten entwickelte ich, indem ich über meine Scheidung und Beziehungen im Allgemeinen nachdachte, darüber sprach und schrieb, bis diese Arbeit dazu führte, dass ich jemand wurde, mit dem andere über die Entwicklung ihrer eigenen Beziehungsfertigkeiten sprechen wollten.

Hätte ich diese Fertigkeiten und Gedankenspiele in meiner Ehe verstanden und praktiziert, hätte das nicht nur geholfen, die Scheidung zu verhindern, sondern auch zu Hause ein Umfeld zu schaffen, in dem meine Ehe und Familie hätten gedeihen können.

BEZIEHUNGSFERTIGKEIT NUMMER 1: SICHERHEIT UND VERTRAUEN ÜBER RECHTHABEREI STELLEN

Wir haben bereits darüber gesprochen, aber es ist eindeutig leichter gesagt als getan. Diese Fertigkeit erfordert Übung. Wie jede Gewohnheit, die du jemals entwickelt oder überwunden hast. Ich weiß und du weißt, dass du deinen Ehepartner nicht verletzen möchtest. Aber bedenke bitte, dass dein Ehepartner durch Dinge verletzt wird, die du tust oder nicht tust, sagst oder nicht sagst, unabhängig von deinen Absichten. Jedes Mal, wenn du deine Ansichten und Gefühle über die deines Ehepartners stellst, wird er sich noch ein bisschen mehr verletzt fühlen und noch ein bisschen mehr Vertrauen in dich und eure Beziehung verlieren.

In neun von zehn Fällen ist dies der wichtigste Punkt, der sich aus den Sitzungen mit meinen Coaching-Klienten ergibt. Wenn wir mit unserer Standardeinstellung arbeiten und unsere Partner Dinge sagen oder tun, die wir in Echtzeit als falsch oder unfair einschätzen, dann werden wir entsprechend reagieren, was zu einer Herabsetzung führt und zu weiterem Misstrauen und uns weiter auseinanderbringt.

Wenn du die Angewohnheit hast, deinen Partner herabzusetzen, sobald er versucht, mitzuteilen, dass etwas wehtut oder stört, wird diese Angewohnheit letztendlich zum Ende deiner Beziehung führen.

Wie wir bereits besprochen haben, ist nichts dagegen zu sagen, wenn wir versuchen, Dinge richtigzustellen oder uns gegen unfaire Angriffe zu verteidigen. Überhaupt nichts. ABER: Wenn du damit auch die geistigen und emotionalen Erfahrungen deines Partners herabsetzt, machst du zwar »nichts falsch«, aber du lässt die geistigen und emotionalen Bedürfnisse deines Partners zugunsten deiner eigenen Bedürfnisse im Stich. (Genauso wie es nicht »falsch« ist, einem verängstigten und weinenden Kind zu sagen, dass es kein

Monster unter seinem Bett gibt und es sich beruhigen und wieder schlafen gehen soll. Es ist nicht »böse«. Es ist einfach nur schädlich für deine Beziehung zu ihm, weil es das Vertrauen und damit langfristig die Sicherheit beeinträchtigt.)

Selbst wenn wir »nichts Falsches tun«, ist es möglich, dass wir dabei Dinge sagen und tun, die das Vertrauen in unserer Beziehung untergraben, und ohne Vertrauen kann unsere Beziehung nicht bestehen.

Nicht nur schmerzhafte Ereignisse schaden dem Vertrauensverhältnis in einer Beziehung. Das Vertrauen wird vielleicht am stärksten in den Gesprächen geschädigt, die wir ÜBER die schmerzhaften Ereignisse führen. Es geht hier nicht um eine Charakterschwäche, die uns veranlasst, unserem Partner wiederholt zu schaden. Es geht darum, dass wir die Angewohnheit haben, uns verteidigen zu wollen, wenn wir nicht damit einverstanden sind, was unser Partner (oder jemand anders, mit dem wir eine gesunde Beziehung führen wollen) sagt oder tut.

Wir können uns dafür entscheiden, das nicht zu tun. Wir können einen besseren Weg wählen. Wir können uns dafür entscheiden, das, was unser Partner sagt oder tut, intellektuell zu verarbeiten – auch wenn wir damit nicht einverstanden sind oder uns davon verwirrt fühlen –, und anstatt es als »falsch« zu verurteilen, können wir uns dafür entscheiden, die Neugier aufzubringen, es besser verstehen zu wollen. Wir können uns achtsam dafür entscheiden, ein Umfeld der Sicherheit und des Vertrauens zu fördern, indem wir bestätigen, unterstützen und trösten, anstatt zu diskreditieren oder zu argumentieren, **weil wir die Qualität unserer Beziehung für wichtiger erachten, als einen Wettstreit der Ideen oder Gefühle zu gewinnen.**

Deine Reaktionsmuster sind Gewohnheiten. Wenn dein Partner etwas sagt, mit dem du intellektuell nicht einverstanden bist, oder wenn er von einem Gefühl berichtet, das du irgendwie als unangemessen empfindest, dann bist du dabei, zu URTEILEN oder den Wahrheitsgehalt seiner Gedanken und Gefühle zu bewerten. Du entscheidest dann, ob die mentalen und emotionalen Erfahrungen einer anderen Person gültig sind, und ich hoffe, dass dir die damit verbundene Respektlosigkeit und Selbstverliebtheit auffällt, wenn du deine Gedanken und Gefühle für besser und wichtiger hältst als die anderer Menschen.

Wenn ich lediglich mit meiner Standardeinstellung arbeite, werde ich immer meine Ablehnung oder Missbilligung der Gedanken und Gefühle anderer zum Ausdruck bringen, wenn ich sie als irgendwie unpassend einschätze. Deshalb muss ich eine – achtsame, bewusste – Entscheidung treffen: anstatt die Erfahrung eines anderen als falsch zu beurteilen und zu versuchen, ihn von meiner geistigen und emotionalen Überlegenheit zu überzeugen, alles zu unternehmen, um zu verstehen, warum er sich so fühlt.

Ich stelle mir gerne zwei Freunde im 18. Jahrhundert vor – bevor die Optometrie die Farbenblindheit entdeckte. Und ich stelle mir gerne vor, wie diese beiden Männer zusammenstehen, einen Scheffel Gemüse oder ein Blumenfeld betrachten und über die Farben sprechen, die sie sehen. Einer von beiden ist farbenblind, der andere nicht. Dieses Gespräch könnte komplett aus dem Ruder laufen, weil keinem der beiden klar ist, dass zwei Menschen dasselbe betrachten können, aber völlig unterschiedliche Farben sehen. Wie oft muss dein Arschloch-Freund das grüne Ding als orange bezeichnen, bevor du ausrastest und ihm vorwirfst, dich absichtlich ärgern zu wollen, oder zumindest, dass er nicht ganz richtig im Kopf ist?

Es könnte so weit kommen, dass sich die beiden Typen gegenseitig an die Gurgel gehen.

»Sag, dass es grün ist, du Vollidiot! SOFORT!«

Und natürlich sagt der andere: *»Das Gemüse ist orange, du Schwachkopf!«*

Für mich ist es vollkommen nachvollziehbar, dass zwei Menschen, denen es wie mir an Reife und Selbstbeherrschung mangelt, sich so darüber aufregen können, dass sich ihr idiotisches Gegenüber entweder absichtlich dumm stellt oder ein Psycho ist.

Und dann stelle ich mir gerne vor, dass aus dem Nichts die Optometrie-Fee erscheint wie Glinda, die gute Hexe des Nordens aus dem *Zauberer von Oz*, und sagt: »*Hey, macht euch mal locker, ihr Vollpfosten! Keiner von euch liegt falsch. Keiner von euch verhält sich absichtlich arschig zum anderen. Und keiner von euch ist verrückt. Hier, probiert die an.*«

Die Optometrie-Fee holt eine superneue futuristische Brille hervor, die Farbenblindheit simuliert, und gibt sie den beiden. Plötzlich kann der Typ mit der farblich korrekten Sehfunktion erkennen, was sein farbenblinder Freund gesehen hat.

Das gibt's ja nicht, denken die beiden. *Er hat sich nicht geirrt. Er ist nicht verrückt. Er hat sich nicht absichtlich wie ein Arschloch benommen. Er hat – im wahrsten Sinne des Wortes – etwas ganz anders gesehen als ich. Ich hab nicht mal gewusst, dass es so was gibt.*

Ich stelle mir gerne vor, welche tiefgreifenden psychologischen und emotionalen Auswirkungen dieser Moment auf die beiden Freunde hätte. Vielleicht hätten diese beiden, so wie ich es mir für meine Beziehungen und auch für dich wünsche, für den Rest ihres Lebens gelernt, nicht mehr impulsiv die andere Person automatisch als »im Unrecht« oder »schlecht« einzustufen oder ihr wehzutun, nur weil sie etwas anders sieht oder fühlt als sie selbst.

Wenn mich Gedanken und Gefühle eines anderen Menschen verwirren und frustrieren, kann ich darüber urteilen und sie für falsch halten und das ausdrücken, auch wenn dadurch unser Vertrauen ineinander langsam schwindet, bis wir eine beschissene, toxische Beziehung haben. Das ist die eine Möglichkeit.

Oder ich kann es als Lernmöglichkeit für mich selbst nutzen. Ich kann mich darum kümmern, wenn jemand, der mir wichtig ist, etwas erlebt, das er als schlecht oder schmerzhaft oder erschreckend empfindet, und ich kann mich dafür entscheiden, etwas Empathie und Reue darüber auszudrücken, dass er sich irgendwie schlecht fühlt, und dann kann ich mir die Mühe machen, zu lernen, WARUM ein bestimmtes Ereignis oder eine bestimmte Aussage das negative Gefühl ausgelöst hat.

Es kann sein, dass ich in einer bestimmten Situation nicht die Gefühle meiner Partnerin teile – so wie ich vielleicht nie mitten in der Nacht aufwache und Angst vor einem Monster habe –, aber ich kann mich dafür entscheiden, sie zu lieben, sie zu trösten, sie zu bestätigen, sie zu unterstützen und zu versuchen, sie zu verstehen. Ich kann mich dafür entscheiden, die Qualität der Beziehung immer über meine eigenen Befindlichkeiten zu stellen. Und das schafft Beziehungen, in denen es Vertrauen und emotionale Nähe gibt.

BEZIEHUNGSFERTIGKEIT NUMMER 2: DEN PARTNER FAST SO GUT KENNEN WIE SICH SELBST

Es gibt viele Herangehensweisen an das Thema, wie gut man seinen Partner – WIRKLICH – kennt. Ich denke, naheliegend ist, dass wir unseren Partner so gut kennen sollten wie die Dinge, über die wir am meisten wissen.

Manche Menschen studieren Jura oder Medizin. Andere sind Auto- oder Flugzeugmechaniker. Und wieder andere sind Köche in Restaurants oder arbeiten in Nagelstudios. Leiter von Lebensmittelgeschäften oder Finanzbuchhalter bringen derart nuancierte Detailkenntnisse über ihre Arbeit und Unternehmen mit, dass ich sie noch nicht einmal ansatzweise überblicken kann, da müsste ich schon sehr viel Zeit mit ihnen verbringen und mich sehr für ihr Wissen interessieren.

Nicht nur in Karriere und Beruf bringen es Menschen zur Meisterschaft, auch in anderen Bereichen des Lebens. Da gibt es Aficionados, Kenner, Fachleute. Für Zigarren, luxuriöse Handtaschen, Reisen, Comichefte, Sportwetten. Es gibt zahllose Bereiche, für die sich der Mensch interessiert, und in jedem davon finden sich Experten, die ein unglaubliches Fachwissen an den Tag legen. Wäre es da nicht angebracht, für jemanden, dem man versprochen hat, ihn das ganze Leben lang zu lieben, zu versorgen und zu ehren, die gleiche Energie aufzuwenden, die man in andere Lebensbereiche investiert?

Mir geht es hier nicht darum, dir etwas vorzuschreiben. Aber ich bin überzeugt, dass du wenig Eheglück mit Menschen finden wirst, die das Gefühl vermittelt bekommen, du interessiertest dich mehr für Poker und Fantasy Football als für sie. Denn sie werden sich von dir zutiefst allein gelassen und vernachlässigt fühlen. Frag mich doch mal, woher ich das weiß.

Wenn der Vermeidung gewohnheitsmäßiger, entwertender Reaktionsmuster in unseren Beziehungen die höchste Priorität zukommt, um den Trend der Vertrauenserosion umzukehren, damit wir lernen können, »erfolgreiche« Gespräche mit unseren Partnern zu führen (bei denen sich beide hinterher besser fühlen, nicht schlechter), dann lässt sich die zweite Gewohnheit, an der ich Klienten ermutige zu arbeiten, unter dem Oberbegriff »Rücksichtnahme« zusammenfassen.

Eine weitere Möglichkeit, zu beurteilen, wie gut wir unsere Partner kennen, hat mit unserer Fähigkeit zu tun, ihre Bedürfnisse zu erkennen, wenn sie auftreten. Nicht andauernd überrascht zu reagieren, wenn sie traurig oder wütend wegen etwas sind, das wir gar nicht kommen sahen oder als nicht so bedrohlich eingeschätzt hatten.

Wenn meine Frau nächsten Freitag eine schwierige Geschäftspräsentation vor sich hat, gegen eine Erkältung ankämpft und den

Verlust ihrer Großmutter betrauert, die ihr sehr nahestand, dann bringe ich meine Liebe und Unterstützung vielleicht am effektivsten dadurch zum Ausdruck, indem ich dafür sorge, dass die Kinder, die Haustiere und – VOR ALLEM – ich ihr nicht noch die letzte geistige und emotionale Energie rauben. Vielleicht kann ich mich abends um die Kinder kümmern, sie zu Bett bringen, zu ihren außerschulischen Aktivitäten fahren und dafür sorgen, dass sich keine Wäscheberge auftürmen, damit meine Frau Zeit hat, ihre Präsentation vorzubereiten. Vielleicht zeige ich meine Liebe und Unterstützung dadurch, dass ich mich um das Abendessen und das Aufräumen der Küche kümmere und alles Mögliche tue, um ihre mentale und emotionale Belastung zu verringern.

Ich kann mit ihr reden. Ich kann sie wissen lassen, dass ich sehe, wie viel sie zu tragen hat – dass ich mir der Sache bewusst und auf einer Wellenlänge mit ihr bin –, und dass ich ihr den Rücken frei halte. Ich kann kommunizieren, dass ich ihre Termine im Blick habe, und versuchen, meinen eigenen Zeitplan anzupassen, um ihre Last in schwierigen und stressigen Lebensphasen erträglicher zu machen.

Und diese Achtsamkeit kann zu einer neuen Gewohnheit werden, einer neuen Grundeinstellung, die unsere Beziehungen fördert, statt ihnen zu schaden.

Im echten Leben habe ich mich aber einfach nur für meine eigenen Angelegenheiten interessiert und darauf gewartet, dass meine geistig und emotional überforderte Frau unser aller Leben wie gewohnt in die Hand nimmt. Dass sie plant, was es zum Abendessen gibt. Die Wäsche macht. Ich habe darauf gewartet, dass sie mich bittet, in den Supermarkt zu gehen oder mir etwas für das Abendessen auszudenken. Ich habe darauf gewartet, dass sie mich bittet, beim Hausputz auch mal Hand anzulegen.

So sieht es aus, wenn man seinen Partner in einer Ehe allein lässt. So sieht es aus, wenn man blind ist für die Arbeit, die andere leisten, und für die Lasten, die andere tragen, die es uns damit ermöglichen, auf ihre Kosten ein angenehmeres Leben zu führen.

BEZIEHUNGSFERTIGKEIT NUMMER 3: ZWISCHEN CHARAKTERSCHWÄCHEN UND GEWOHNHEITEN UNTERSCHEIDEN LERNEN

Die große Fehleinschätzung in dysfunktionalen Beziehungen besteht darin, dass der Schmerz auftrete, weil jemand den andern verletzt, und dass dieser Mensch sich weder um den Schaden, den er verursacht, noch um die Menschen, die darunter leiden, kümmere.

Die verletzte Partei glaubt, dass sie schlecht behandelt wird und dass ein guter Mensch sie nie so verletzen würde, also muss der Schuldige »böse« sein. Aber die beschuldigte Partei hält sich für einen guten Menschen, der nichts Schlimmes getan hat; deshalb spricht sie der verletzten Partei das Recht ab, sich verletzt zu fühlen. Dieses toxische Hin und Her kann ewig andauern, wenn beide Beteiligten es zulassen.

Erstens, und das haben wir bereits besprochen, kann sich ein guter Mensch in aller Unschuld verhalten und TROTZDEM Schaden anrichten. Die Verantwortung dafür zu übernehmen, dass man etwas getan oder gesagt hat, das einem anderen Schmerz zugefügt hat, ist nicht dasselbe wie ein Schuldeingeständnis oder einzuräumen, dass man etwas »falsch« oder »schlecht« gemacht hat. Es geht einfach darum, die sehr reale Wahrheit anzuerkennen, dass jemand infolge von etwas, was wir tun oder sagen, verletzt werden kann und dass diese Person nicht unsere Zustimmung braucht, um diesen Schmerz zu empfinden. Können wir uns dafür entscheiden, mit unserem Denken, unserer Sprache und unserem Handeln zu kommunizieren, dass wir Verantwortung übernehmen für den

Schmerz und den Schaden, der durch etwas, das wir getan oder gesagt haben, entstanden ist?

Ich glaube, dass wir das müssen.

Zweitens ist es möglich, dass wir uns durch etwas verletzt fühlen, das unser Partner gesagt oder getan hat, aber sein Handeln muss nichts mit seinem Charakter und kann alles mit seinen Gewohnheiten und blinden Flecken zu tun haben. Eine wohlmeinende Person anzugreifen – oder NICHT darauf zu achten, Aussagen so zu formulieren, dass sie dem anderen vermitteln, dass wir ihn nicht für einen schlechten Menschen halten, der uns absichtlich verletzt – wird mit Sicherheit nur eine Abwehrreaktion hervorrufen. Und diese defensive Reaktion setzt den anderen herab. Und Herabsetzung untergräbt immer das Vertrauen. Und Vertrauensschwund führt immer zu beschissenen Beziehungen. Und beschissene Beziehungen führen zu Scheidungen, traurigen Kindern und zukünftigen beschissenen Beziehungen.

Es ist ein Teufelskreis, an dem wirklich nichts Tolles dran ist.

Wenn jemand erkennen kann, dass er einer Person, die er liebt und um die er sich sorgt, gewohnheitsmäßig und unbeabsichtigt Schaden zufügt, ohne es bemerkt zu haben, wird ihn das weiterbringen. Es hilft ihm, zu erkennen, wie entscheidend die Gespräche, die wir über diesen Schaden führen, für den Erfolg der Beziehung sind. Es ist nicht nötig, in Scham zu versinken, weil wir nicht gut genug sind. Es ist nicht nötig, zu fragen: *Was zum Teufel stimmt nicht mit mir?* Wir müssen uns keine Sorgen machen, hoffnungslose Arschlöcher zu sein, die niemals in der Lage sein werden, gesunde, liebevolle, angenehme Beziehungen zu führen. Wir müssen einfach anerkennen, dass wir Gewohnheiten haben, die anderen ungewollt schaden, und dann neue Gewohnheiten einüben, bis sie sich durchsetzen und die ungewollt schädlichen Gewohnheiten verdrängen. Das ist eine Entscheidung, die wir treffen, weil die Menschen, die wir lieben, das verdient haben.

Auf der anderen Seite ist es hilfreich, unsere Partner nicht als

Arschlöcher zu betrachten, die sich nun mal wie Arschlöcher verhalten, sondern als Menschen mit anderen Überzeugungen und anderen emotionalen Erfahrungen. Es ist hilfreich zu verstehen, dass der Schmerz, den wir empfinden, nicht auf das absichtliche Verhalten egoistischer, narzisstischer Soziopathen zurückzuführen ist (obwohl ich verstehe, dass es auch einen kleinen Prozentsatz solcher Menschen gibt, und das ist nicht in Ordnung), sondern auf das unbeabsichtigte, gewohnheitsmäßige Verhalten von jemandem, der seine Beziehungsfertigkeiten noch nicht gelernt hat.

Es bringt uns weiter, wenn wir unseren Partnern helfen, zu verstehen, dass Dinge, die sie weder sehen noch fühlen können, uns verletzen. Wenn wir hingegen Worte und einen Tonfall benutzen, die so aufgefasst werden könnten, dass wir sie für ein wertloses Stück Scheiße halten, ist das weniger dienlich.

Wir sollten natürlich keine Menschen mit schlechten Charaktereigenschaften heiraten. Aber gleichzeitig sollten wir ultrabesonnen darauf sein, dass wir durch unsere Unaufmerksamkeit nicht unsere Lieben verletzen. Letztendlich hängt alles wieder von unseren geistigen und körperlichen Gewohnheiten ab. Dieses Buch kann dir nicht helfen, ein besserer Mensch zu werden. Wobei ich niemals angedeutet haben wollte, dass du nicht schon ein guter Mensch bist. Aber ich hoffe, dass dieses Buch dir dabei hilft, an die Millionen von Kleinigkeiten zu denken, denen du selten Aufmerksamkeit schenkst, und dir den Anstoß gibt, zu überlegen, ob die Beachtung einiger dieser Kleinigkeiten nicht deinem Beziehungspartner – und dir – sehr realen Schmerz ersparen könnte.

BEZIEHUNGSFERTIGKEIT NUMMER 4: EFFEKTIV STREITEN UND KRITISIEREN

Wir sind Menschen. Die Vorstellung, dass sich Konflikte immer und ewig vermeiden ließen, ist deshalb illusorisch. Selbst beim rücksichtsvollsten und liebenswertesten Ehepartner, den man sich vorstellen kann, kann es vorkommen, dass wir zu einem Thema gegensätzliche Ansichten haben oder feststellen müssen, dass wir von seinen Worten oder Taten enttäuscht sind. Das ist unvermeidlich.

Der Unterschied zwischen einem effektiven und einem ineffektiven »Streit« liegt meiner Ansicht nach darin, ob wir trotz unserer Meinungsverschiedenheiten das Vertrauen aufrechterhalten oder sogar stärken und gegenseitigen Respekt vermitteln können.

Wie können wir das tun?

Glücklicherweise hat das jemand, der unendlich viel klüger ist als ich, bereits herausgefunden. *»Bei Streitigkeiten über moralische oder wissenschaftliche Fragen«*, rät Arthur Martine in seinem Leitfaden für die Kunst der Konversation aus dem Jahr 1866, *»soll Ihr Ziel sein, zur Wahrheit zu gelangen, nicht, Ihr Gegenüber zu besiegen. So werden Sie sich nie als Unterlegener fühlen, selbst wenn Ihr Gegenüber die besseren Argumente hat, denn Sie gewinnen neue Einsichten.«* **Mit anderen Worten: Wenn du effektiv argumentieren oder kritisieren möchtest, darf dein Ziel nicht darin bestehen, die Oberhand zu behalten. Das Ziel muss sein, die Wahrheit auszusprechen.**

Wenn man jemanden kritisiert, sollte das Ziel nicht sein, um jeden Preis recht zu haben, sondern Verständnis zu zeigen und zusammenzufinden, so Martine. Ich stelle mir das so vor: Irgendwo da draußen gibt es die perfekte Kombination von Worten und Ideen, die, wenn sie zum optimalen Zeitpunkt und auf die optimale Art und Weise vorgetragen werden, die Information von mir an eine andere Person weitergeben. Ein Großteil meiner Arbeit als

Autor und Coach besteht mehr oder weniger darin, dass ich genau dieselbe Geschichte auf Dutzende von verschiedenen Arten erzähle und hoffe, dass eine davon bei jemandem ankommt. Manchmal klappt das sogar.

Unseren Partnern können wir Transparenz vermitteln – die in Erkenntnis und Verständnis mündet –, wenn wir diese magische Kombination aus Worten und Taten finden können. Genauso wie es für Menschen wichtig ist, sich für mehr Empathie zu entscheiden und zu versuchen, den Partner besser kennenzulernen und zu verstehen, müssen wir auch anstreben, unsere Kommunikation auf das Zielpublikum zuzuschneiden. Ein Klassenzimmer voller Schulkinder sollten wir anders ansprechen als eine Gruppe von Gefängnisinsassen. Können wir unsere Botschaft für die Person, die wir erreichen wollen, optimieren?

Hier ein paar weise Worte aus dem Buch *Intuition Pumps and Other Tools for Thinking* des Philosophen und Sozialpsychologen Daniel Dennett, die ich ebenfalls auf Maria Popovas Blog *Brain Pickings* (der heute *The Marginalian* heißt) gefunden habe:

WIE MAN KRITIK ERFOLGREICH FORMULIERT

1. Sie sollten versuchen, die Position Ihres Gegenübers so klar, anschaulich und fair wiederzugeben, dass dieses sagt: »Danke, ich wünschte, ich hätte es so ausdrücken können.«
2. Sie sollten alle Punkte aufführen, in denen Sie übereinstimmen (insbesondere, wenn es sich nicht um Selbstverständlichkeiten handelt).
3. Sie sollten alles erwähnen, was Sie von Ihrem Gegenüber gelernt haben.
4. Erst dann ist es Ihnen gestattet, auch nur ein Wort der Widerrede oder Kritik auszusprechen.

Im Laufe der Jahre habe ich unzählige Anfragen – in der Regel von Ehefrauen – erhalten, die mich um Rat baten: »Wie kann ich meinen Mann dazu bringen, mir zuzuhören, wenn ich ihm meine Gefühle mitteile oder ihn um Hilfe bitte?« Bei Dennetts Vorgaben für kritische Kommunikation lässt sich die Antwort finden.

BEZIEHUNGSFERTIGKEIT NUMMER 5: VERBINDENDE RITUALE PFLEGEN

Wenn man lachen muss, ist es schwer, wütend zu bleiben. Es ist schwer, auf Distanz zu gehen, wenn dein Partner – verbal oder auf andere Weise – einen Insiderwitz auspackt, den nur ihr beide versteht.

Ich glaube, eine Beziehungsfertigkeit, die es wert ist, herausgearbeitet zu werden, ist die Pflege verbindender Rituale. Sehr bewusste Handlungen, die nichts anderes bezwecken, als die emotionale Verbindung und die Nähe zwischen zwei Menschen zu verstärken.

Eines meiner liebsten Beziehungsrituale lässt sich nicht wirklich planen. Es ist ein spontanes Ereignis, das von einer Person in einer Beziehung initiiert wird, wenn ihr danach ist. Ich habe es durch meine Stiefschwester kennengelernt, die mir davon erzählt hat. Ich nenne es *Das Friedensabkommen.* Wenn meine Stiefschwester oder mein Schwager das Gefühl haben, dass eine Diskussion aus dem Ruder laufen könnte, greifen sie auf ihre gemeinsame Liebe zur Musik und ihren liebenswert kindischen Humor zurück, um dem anderen mitten im Gespräch ein Friedensabkommen anzubieten. Wenn sie spüren, dass sich die Stimmung aufheizt und es zu einem Streit kommen könnte, sagt einer von ihnen so etwas wie »Stop! Collaborate and listen«. Wenn das Friedensabkommen wie beabsichtigt funktioniert, antwortet dann der andere: »Ice is back with a brand-new edition«, der nächsten Zeile des schrottigen Vanilla-Ice-Hits »Ice Ice Baby« von 1990.

Und ich gehe davon aus, dass dazu auch noch ein paar Tanzbewegungen aufgeführt werden.

Bei diesem lange verheirateten Paar führt diese Art des Austauschs meistens dazu, dass beide lachen müssen und sich bewusst dafür entscheiden, ihre Ehe und einander wichtiger zu nehmen, als bei einer Meinungsverschiedenheit billige Rechthaberei-Punkte zu sammeln, die in aller Wahrscheinlichkeit schon einen Tag danach nicht mehr zählen.

Das ist ein verbindendes Ritual. Ein starkes Ritual. Ein privater Insiderwitz oder ein Codewort oder ein Signal, das zwei Lebenspartnern eigen ist und mit dem man dem anderen sagt: *»Hey, was passiert denn hier gerade? Ich will nicht mit dir streiten, denn ich liebe dich und unsere Partnerschaft mehr als alles andere. Was auch immer es ist, wir kriegen das schon hin. Aber lass es uns gemeinsam tun. Ich bin auf deiner Seite. Ich habe mich für uns entschieden.«*

Gretchen Rubin, Yale-Absolventin in Jura, ehemalige Mitarbeiterin des Obersten Gerichtshofs der USA und Autorin des Buches *Das Happiness-Projekt,* hat sich mit Glücksgefühlen beschäftigt und nachgeforscht, was Menschen dabei hilft, glücklich zu werden.

Manche Leute haben Probleme mit dem Wort »glücklich«. Ich kann das nachvollziehen. Es klingt ein bisschen bourgeois. Wir können auch ein erwachseneres Wort wie »zufrieden« verwenden, wenn dir das lieber ist. Unabhängig davon wird das Streben nach Glücksgefühlen – ob sie nun aus einer hehren selbstlosen Mission entstehen, bei der es darum geht, etwas Größerem als uns selbst zu dienen, oder vielleicht aus etwas eher Genussorientiertem, einem erreichten Orgasmus etwa, einem guten Whiskey oder einem Schokoeiscreme-Riegel – weiterhin das menschliche Handeln antreiben, ganz egal, was manche davon halten mögen.

Kein Mensch möchte sich schlecht fühlen. Wenn uns etwas stört, treten wir die Flucht an, versuchen uns in Sicherheit zu bringen. Wenn sich etwas gut anfühlt, kosten wir es so lange aus, wie wir können, bis es unweigerlich – und das ist so sicher wie der Montagmorgen – sein Ende findet.

Wenn man es mal simpel und recht unwissenschaftlich ausdrücken will, werden unsere Glücksgefühle von chemischen Stoffen erzeugt, die unser Gehirn produziert. Die drei Stoffe, die speziell mit Glücksgefühlen in Verbindung gebracht werden, sind: Oxytocin, Serotonin und Dopamin. Es gibt einige Möglichkeiten, wie man auf natürliche (und auf künstliche) Weise unser Gehirn dazu bringen kann, diese »Glückshormone« auszuschütten. Eine der einfachsten besteht darin, Umarmungen einfach ein paar Sekunden zu verlängern. Wenn du sechs Sekunden lang umarmt wirst (nicht vier, nicht fünf – SECHS!), werden diese Chemikalien in deinem Körper – und in dem der Person, die du umarmst – freigesetzt.

Sagen wir mal, es handelt sich um deinen Ehepartner. Oder deine Kinder. Oder andere supernette Menschen, die du sehr lieb hast. Sechs-Sekunden-Umarmungen. Und das jeden Tag, wenn es geht. Wenn nicht, dann wenigstens so oft wie möglich.

Sechs-Sekunden-Umarmungen. Doch, da ist was dran. Und es ist ein weiteres Verbindungsritual, das wir pflegen können, wenn wir es nur wollen.

Einmal mehr fiel mir auf, wie ungeheuerlich ich in meiner Ehe versagt habe, als ich die Beziehungsgewohnheiten von Jon und Missy Butcher kennenlernte. Das Paar ist seit mehr als fünfundzwanzig Jahren verheiratet, und anstatt sich – wie viele der lang verheirateten Paare, denen ich begegnet bin, es tun – bei jedem, der es hören will, über den anderen zu beschweren, machen die beiden jeden

Tag einen gemeinsamen Spaziergang, um sich ihrer Gemeinsamkeiten zu versichern.

Während die meisten von uns ihre Frustrationen in sich reinfressen, um sie dann zu einem unpassenden Zeitpunkt auf undisziplinierte Weise auszuspucken, nehmen sich die Butchers jeden Tag Zeit, um sich zu treffen, einen Spaziergang zu machen und den ganzen Mist beieinander abzuladen. Sie nutzen ihre tägliche Verabredung, um sich anzuhören, was der andere am Tag zuvor erlebt hat – Gutes wie Schlechtes. Das ist ein Beispiel dafür, wie man sich vornehmen kann, die Nähe des anderen zu suchen – enger zusammenzurücken, eine wichtige Beziehungsfertigkeit und Gedankenübung, auf die wir als Nächstes eingehen werden.

Einige Paare, die ich kenne, haben ein anderes starkes Beziehungsritual – sie verabreden sich einmal pro Woche zur Date-Night. Vielleicht zu Hause, vielleicht auch woanders. Aber jede Woche, egal wo, haben sie einen festen Termin, normalerweise Freitag- oder Samstagabend, und vorher haben sie sich darum gekümmert, dass alles andere in ihrem Leben (Kinder und Haustiere sind versorgt, die Arbeit ist erledigt) in den Hintergrund tritt. Das ist ihr Verbindungsritual. Man könnte sagen, sie wässern ihren Rasen, damit das Gras dort IMMER grüner ist und besser aussieht als auf der anderen Seite des Zauns.

Mit einer guten Ehe oder einer wertvollen, engen Beziehung verhält es sich ähnlich wie mit der guten körperlichen Verfassung. Einige wenige müssen sich nicht besonders anstrengen, um gut auszusehen und sich gut zu fühlen. Aber die meisten von uns müssen das. Und trotz der Versprechungen vieler Verkäufer, die uns magische Diäten und Nahrungsergänzungsmittel andrehen wollen, gibt es keine Abkürzung zur körperlichen Bestform. Es führt kein Weg daran vorbei, dass wir uns anstrengen müssen. Und das ist am Anfang wirklich schwer. Trägheit ist dabei immer das größte Hindernis. Mit etwas Neuem kommt man immer schwerer zurecht als mit etwas, in dem man bereits Routine hat. Die erste Arbeitswoche ist immer anstrengender und einschüchternder als der achtzehnte Monat im Job.

Wir bewegen uns jeden Tag. Wir achten darauf, was wir zu uns nehmen. Je häufiger wir gesunde Entscheidungen treffen, desto mehr profitieren unsere Gesundheit und unser Wohlbefinden von diesen Entscheidungen. Und so ist es auch in unseren Beziehungen. Sie sind das Ergebnis der Entscheidungen, die wir getroffen haben. Wenn zwei Menschen jeden Tag aufwachen und sich füreinander entscheiden – sich entscheiden, ihr Zusammensein über alles andere zu stellen, dann wächst ihre Verbindung. Die Liebe blüht auf, die Beziehung gedeiht.

BEZIEHUNGSFERTIGKEIT NUMMER 6: ENGER ZUSAMMENRÜCKEN

Das erste Bewegungsgesetz von Galileo Galilei und Isaac Newton – auch »Trägheitsgesetz« genannt – besagt, dass ein Körper in Ruhe oder in gleichförmiger geradliniger Bewegung bleibt, solange keine äußere Kraft auf ihn einwirkt. Oder, um es in Alltagssprache auszudrücken: Wenn nichts passiert, ändert sich auch nichts. Zumindest habe ich das immer so aufgefasst. Wenn ich eine Lampe auf den Nachttisch im Schlafzimmer stelle und sie nie anrühre, ist die Erwartung, dass die Lampe für immer – genau dort – stehen bleibt.

Übertragen auf meine Ehe, glaubte ich, dass Stillstand – Untätigkeit oder Ereignislosigkeit, wie zum Beispiel mehrere Tage oder Wochen ohne einen Streit oder einen negativen Vorfall – zwar nicht unbedingt etwas Positives war, aber schlimmstenfalls ein Nicht-Ereignis. Harmlos. Gutartig. Sicher.

Wenn meine Frau im Wohnzimmer etwas auf HGTV anschaute und ich im Kellerzimmer Basketball, passierte nichts. Deshalb passierte meiner Einschätzung nach auch nichts Schlimmes. Ich habe immer geglaubt, dass die Bewegungsgesetze von Galileo und Newton nicht auf Bewegungen innerhalb unserer zwischenmenschlichen Beziehungen anwendbar wären, aber dann wurde mir klar, dass ich mich geirrt hatte. *Was für ein Schock!*

Die Gesetze der Bewegung gelten nämlich sehr wohl für unsere Beziehungen. Mein Irrtum bestand darin, dass ich Menschen in Beziehungen als träge oder unbeweglich ansah. Stünden wir still, dann wäre alles, was passiert, harmlos. Aber wir stehen nicht still. In unseren Beziehungen gibt es keinen Stillstand. Wir treiben STÄNDIG umher und, so wie ich es sehe, entfernen uns langsam voneinander, wenn wir keine feste Bindung haben. Ich habe viel zu lange gebraucht, um zu erkennen, wie treffend das Synonym »sich binden« ist.

Und da sich ein Körper in Bewegung mit konstanter Geschwindigkeit weiterbewegt, solange keine äußere Kraft auf ihn einwirkt, sitzen zwei Menschen, die nichts tun, NICHT still. Sie driften mit einer konstanten Geschwindigkeit auseinander, bis jemand etwas dagegen unternimmt.

Wir bewegen uns immer entweder aufeinander zu oder voneinander weg.

Ich veranschauliche das gern mit dem Modell »Enger zusammenrücken«. Stell dir ein horizontales Liniendiagramm mit zwei Datenpunkten vor. Ein Punkt bist du, und der zweite Punkt ist deine bessere Hälfte. Jeden Tag – mit jeder Interaktion – präsentiert sich die Gelegenheit, dass sich diese beiden Punkte aufeinander zubewegen oder sich weiter voneinander entfernen.

Während wir auf der Arbeit sind, abgelenkt vom persönlichen Stress, unseren Pflichten, Hoffnungen und Träumen; während wir einfach nur versuchen, am Leben zu bleiben, gesunde Kinder großzuziehen, unsere Rechnungen zu bezahlen und so weiter – entfernen wir uns von unserem Liebespartner.

Um es visuell zu verdeutlichen:

Verbunden.

Einen Monat später.

Wir haben uns ein wenig auseinandergelebt.

Drei Monate später, nach einem tollen Urlaub, einem netten Jahrestagsessen mit Geschenken, atemberaubenden Orgasmen und einer beruflichen Beförderung für einen der beiden, die die Finanzsorgen minderte.

Top.

Vier Jahre später, ein Baby ist auf die Welt gekommen, der Ehemann hat den Jahrestag verpennt, weil er wegen einer ERNEUTEN Beförderung megabeschäftigt und viel unterwegs war, fünf aufeinanderfolgende Monate ohne Sex, zu Hause geht man sich stillschweigend aus dem Weg.

Am Rande des Abgrunds.

Wenn die beiden weiterhin die wachsende Distanz zwischen ihnen ignorieren, werden sie sich immer weiter voneinander entfernen. Je weiter sie sich voneinander entfernen, desto schwächer wird ihre Bindung werden – und desto anfälliger wird die Beziehung und kann durch äußere Einflüsse (schwere Krankheiten, einen Todesfall in der Familie, sexuelle Affären und so weiter) aus dem Gleichgewicht geraten.

Jeder Tag – jedes Gespräch, jeder Augenblick – bietet die Gelegenheit, enger zusammenzurücken oder sich voneinander zu entfernen. Die Entscheidung liegt bei euch.

Nichts zu tun ist wie ein Todesurteil. Denn selbst wenn wir nichts tun, ist es NICHT so, dass die Zeit stillsteht. Während wir darauf warten, dass etwas passiert, entfernen wir uns voneinander. Und ich glaube, viele Paare – oft sind es dabei die Männer – sind sich dieses ständigen gefährlichen Auseinanderdriftens nicht bewusst. Deshalb sind konzentrierte, achtsame, aufmerksame Gespräche am Esstisch so wichtig. Deshalb sind Sechs-Sekunden-Umarmungen so wichtig. Deshalb ist die Planung gemeinsamer Aktivitäten – und diese sollten häufig erfolgen – für die Gesundheit unserer Beziehungen so wichtig.

Wir bewegen uns stetig voneinander weg. Jederzeit. Deshalb müssen wir unsere kleinen Boote gegen die Strömung zurückrudern, damit wir nie zu weit voneinander entfernt sind. Macht Knoten, die die Bindung zueinander stärken. Verankert eure Beziehung.

Eine emotionale Debatte mit unserem Partner kann darauf hinauslaufen, dass wir versuchen, als Punktsieger daraus hervorzugehen – was aber nur dazu führt, dass wir mehr Distanz schaffen und den Partner im Grunde weiter wegschieben. Die Entscheidung liegt bei uns. Sollte eine emotionale Debatte mit unserem

Partner aber nicht vielleicht das Ziel haben, die Distanz zu verringern? Vielleicht ist recht haben – und darauf zu beharren – völlig unwichtig im Sinne unserer wichtigsten Beziehungen. Vielleicht sollten wir viel eher die Kluft zwischen uns im Auge behalten und alles dafür tun, dass wir enger zusammenrücken.

Wenn wir morgens aufwachen, können wir uns bewusst dafür entscheiden, Nähe zu suchen. Hier ein liebes Wort, da dem anderen unter die Arme gegriffen. Selbst wenn wir im Büro sind, im Park spazieren gehen, beim Arzt im Wartezimmer sitzen oder im Supermarkt in der Schlange stehen, können wir Nähe herstellen.

Vielleicht kann ich ihr jetzt eine SMS schicken, um sie wissen zu lassen, wie wichtig sie mir ist, wie schön sie ist. Vielleicht kann ich sie heute und jeden anderen Tag daran erinnern, wie dankbar ich dafür bin, dass sie sich für mich entschieden und sich für mich aufgeopfert hat. Vielleicht kann ich einfach mal nachfragen, wie ihr Tag so läuft und ob ich irgendetwas tun kann, um ihn besser zu machen.

Selbst wenn wir nach einem langen Arbeitstag müde sind oder genervt von Kindern, die nicht auf uns hören, oder mitten in der Hausrenovierung stecken – vielleicht können wir trotzdem unsere Fähigkeit zur Achtsamkeit, zur Geduld und zur mentalen Disziplin stärken. Vielleicht können wir uns vornehmen, unseren Alltag im Auge zu behalten. Auf all die »unsichtbaren« Dinge zu achten, über die wir oft hinwegsehen und vergessen, dafür dankbar zu sein. Wir vergessen, jemanden in den Arm zu nehmen. Wir vergessen, jemanden zu bestätigen. Wir vergessen zu lieben – wobei ich nicht das Gefühl meine. Wir denken an die Liebe, und wir fühlen sie, vergessen aber, dass andere Menschen nicht immer erkennen können, was wir denken und fühlen. Wir vergessen zu lieben – in unserem Handeln. Wenn wir unsere Liebe demonstrativ zeigen, wird das selten missverstanden.

Nichtstun – Trägheit – mündet unausweichlich in eine gescheiterte Beziehung und führt dazu, dass Menschen Schaden nehmen.

Wenn wir uns nicht aufeinander zubewegen, entfernen wir uns voneinander.

Liebe ist eine Entscheidung.

Ob ein Gespräch zwei Menschen enger zusammen- oder weiter auseinanderbringt, hat damit zu tun, ob in der Kommunikation ein Rapport, also eine empathische, vertrauensvolle Beziehung, hergestellt wird, sagt die Soziolinguistin Deborah Tannen, Professorin an der Georgetown University und Autorin mehrerer Bestseller, darunter *Du kannst mich einfach nicht verstehen: Warum Männer und Frauen aneinander vorbeireden.* Tannen sagt, dass Frauen in der Mehrzahl in ihren Gesprächen eine Vertrauensbasis suchen. Sie nutzen die Konversation als Mittel, um zu anderen einen guten Kontakt herzustellen. Bei Männern hingegen ist häufig zu beobachten, dass sie in der Kommunikation ihren »Status« verbessern wollen. Tannen hat beobachtet, dass Männer oft versuchen, in Gesprächen zu punkten. Sie versuchen, das Gespräch »für sich zu entscheiden«, indem sie mit ihrer Argumentation recht behalten oder Sachen sagen, die ihr Ansehen in den Augen der anderen erhöhen.

Hier geht es um eine äußerst wichtige Beziehungsfertigkeit. Ich könnte dir jetzt aber nicht sagen, ob diese Tendenzen soziologisch oder biologisch bedingt sind, und es interessiert mich auch nicht besonders. Doch ich weiß, dass der Versuch, das Gespräch an sich zu reißen, fast immer zu Unaufmerksamkeit auf der Zuhörerseite, zu mentaler und emotionaler Herabsetzung und damit häufig zum Vertrauensabbau führt.

Man kann es nicht oft genug sagen: Wenn zu viel Vertrauen verloren gegangen ist, dann ist deine Beziehung am Ende. Ich glaube, uns ist überhaupt nicht hinreichend bewusst, wie sehr unsere täglichen Denk- und Gesprächsmuster die Menschen, die uns wichtig sind, verletzen können.

WER SOLLTE DIE WICHTIGSTE PERSON IN UNSEREN BEZIEHUNGEN SEIN?

Welchen Rang sollte dein Ehe- oder Liebespartner in deinem Leben einnehmen? Nimm dir alle Zeit, die du brauchst, um nachzudenken, bevor du antwortest. Aber wenn du deine Liste erstellst, gib bitte nicht so ein verlogenes Zeug von dir, wie ich es getan hätte, als ich noch verheiratet war.

Hat deine Frau dich schon mal gebeten, die Wäsche zusammenzulegen oder nach dem Essen aufzuräumen, und du hast gesagt, du würdest es tun, hast aber stattdessen die ganze Nacht Videospiele gezockt? Nur wenn so etwas wirklich nicht oft vorgekommen ist, solltest du deinen Ehepartner auf deiner Liste vor den Videospielen platzieren.

Hat dein Mann dich schon einmal gebeten, dich nicht bei deiner Mutter über ihn zu beschweren oder keine intimen Details eures Sexlebens mit deinen Freundinnen zu besprechen? Solltest du dies außerhalb eines Beratungsgesprächs mit Vertrauenspersonen und dem Ziel, deine Ehe zu stärken, getan haben, dann stelle bitte deinen Ehepartner nicht über den Tratsch mit deinen Freunden, deiner Mutter oder wem auch immer.

Ich denke, dass viele – vielleicht sogar die meisten – andere Dinge und Menschen über ihre Ehepartner stellen. Sie werden es so nicht aussprechen. Aber das müssen sie auch nicht. Wir sehen ja, wie sie handeln. Wir sehen ja, wie wir handeln.

Jemanden über den Ehepartner zu stellen führt mit tödlicher Sicherheit, so sehe zumindest ich das, zu Misstrauen und Instabilität in der Ehe und damit häufig zur Scheidung und fast immer zum Unglück aller Beteiligten.

Ich denke, viele verheiratete Männer würden ihre Prioritäten im Leben in der Öffentlichkeit folgendermaßen darstellen (religiösen Glauben lasse ich bewusst aus, da er oft wenig produktive und nicht zielführende Diskussionen auslöst – obwohl ich fairerweise sagen muss, dass ich noch nie von einer Scheidung gehört habe, die direkt darauf zurückzuführen war, dass zwei Menschen ihren Glauben an die erste Stelle in ihrer Ehe gesetzt haben):

1. Die eigene Familie,
2. die Geburtsfamilie,
3. der Beruf,
4. die Freunde,
5. die Lieblingshobbys oder Freizeitaktivitäten.

Tatsächlich glaube ich aber, dass viele verheiratete Männer ihre Prioritäten im Leben eher so sehen:

1. Die Lieblingshobbys oder Freizeitaktivitäten,
2. der Beruf,
3. die Freunde,
4. die Geburtsfamilie,
5. die eigene Familie.

Es war für mich ein hartes Stück Arbeit, bis ich meiner Ex-Frau nicht mehr die Schuld an unserer Scheidung gab, weil sie die Entscheidung getroffen hatte, mich zu verlassen. Ich erhielt immer wieder Blog-Kommentare und private Nachrichten, die mich dazu bringen wollten, ihr einen Teil der Schuld zuzuschieben. Irgendetwas in der Art von *»OMG! Wenn die wegen etwas so Belanglosem wie einem Teller neben der Spüle ausflippt, sollte sie sich mal ernsthaft Gedanken machen, ob mit ihr noch alles in Ordnung ist!«*

Die Leute, die so etwas schreiben oder sagen, sehen den Wald vor lauter Bäumen nicht.

Ich mag das Wort »Schuld« nicht. Ich glaube nicht, dass Beziehungskonflikte daraus resultieren, dass Menschen etwas Schlechtes tun. Ich glaube eher, dass Beziehungskonflikte entstehen, weil Menschen nicht verstehen oder nicht richtig einschätzen können, wie ihr Partner etwas, das sie sagen oder tun (oder eben nicht sagen und nicht tun), aufnimmt. Jede Nachricht, die mich ermutigte, die Schuld auf meine Ex-Frau zu schieben, erschien mir wie der Beweis, dass der Absender nicht verstanden hatte, was es heißt, Verantwortung zu übernehmen. Und das wird wahrscheinlich dazu führen, dass er sich für den Rest seines Lebens jedes Mal als Opfer fühlt, wenn etwas Schlimmes passiert. Das Leben ist hart, wenn uns Schmerz zugefügt wird und wir dagegen machtlos sind. Nur wenn wir die Verantwortung für unsere Entscheidungen übernehmen, können wir uns davor schützen, uns in der ewigen Opferrolle wiederzufinden.

Und solltest du wirklich darauf bestehen, dass ich eine ehrliche Kritik an meiner jungen Frau von damals äußere, würde ich sagen, dass es mir manchmal so vorkam, als würde meine Frau ihrer Geburtsfamilie den Vorrang vor unserer Ehe geben. Ich würde meine Frau meinen Eltern vorziehen, wenn ich die Prioritäten in eine Rangfolge bringen müsste. Aber ich hatte nie das Gefühl, dass sie das Gleiche für mich tat, obwohl man fairerweise sagen muss, dass mein Verhalten ihr von Anfang an vielleicht nicht das Sicherheitsgefühl vermittelt hat, um sich voll und ganz in einem neuen Nest einzurichten, von dem sie nicht hundertprozentig überzeugt war, ob es ein paar Jahre später noch da sein würde.

Später, als wir nur noch zu dritt waren, wirkte es auf mich so, als würde sie das überkompensieren, indem sie sich zu 95 Prozent unserem Sohn widmete. Ich hielt mich für edel und selbstlos, weil ich das nicht ansprach. Im Nachhinein muss ich aber sagen, dass ich als Ehemann zu diesem Zeitpunkt schon dermaßen versagt hatte, dass es keinen intellektuell ehrlichen oder fairen Weg gibt, abzuschätzen, wie sie sich nach der Geburt verhalten hätte, wenn ich ihre Bedürfnisse tatsächlich vorausgesehen und erfüllt hätte.

»Aber, Matt! Was ist mit den Kindern?! Sollten die nicht immer an erster Stelle stehen?!«

Nein, sollten sie nicht. Und als Vater, der seinen Sohn mehr liebt als alles andere auf diesem Planeten, fällt es mir schwer, das zu schreiben. Da wird mir ganz flau im Magen. **Daran erkenne ich normalerweise, dass etwas wahr ist – wenn es sich unangenehm und unbequem anfühlt.**

Jemanden oder etwas über seine Ehefrau oder den Ehemann zu stellen ist der todsichere Weg, seine Familie zu zerstören. Unser Ehepartner steht an erster Stelle – wenn nicht, dann machen wir etwas falsch.

Ich versuche hier nicht, zu werten. Aber ich bin vor allem deshalb geschieden, weil ich allen möglichen Blödsinn über meine Frau und unsere Beziehung gestellt habe. Ich sage das nur als Denkanstoß, weil ich glaube, dass für die meisten verheirateten Menschen ihre Ehe nicht an erster Stelle steht. Vielleicht werden unsere Eltern und Geburtsfamilien vorgezogen, vielleicht auch unsere Kinder. Und ja, dieser Gedanke bereitet mir Unbehagen.

Aber so ist es nun mal.

»WARTE MAL, Matt! Willst du ernsthaft behaupten, wir sollten unsere Ehefrauen und Ehemänner über unsere Kinder stellen? Die Sache mit den Eltern kann ich ja noch HALBWEGS verstehen. Aber die Kinder? Meine Kinder stehen an erster Stelle, egal was passiert!«

Tun sie das wirklich?

Wenn wir unseren Kindern beibringen, dass sie das Wichtigste im Leben sind, dass sie jederzeit unserer Aufmerksamkeit sicher sein können, dass wir, wenn sie etwas wollen oder brauchen, immer alles stehen und liegen lassen, damit es auf magische Weise für sie erledigt wird, und dass die Ehe zwischen Mama und Papa nicht das Allerwichtigste ist – was passiert dann?

Die schlechte Nachricht: Am Ende kommt jemand wie ich dabei raus. (Tut mir leid, Mom.) Man zieht Kinder groß, die in dem Glauben aufwachsen, dass sie etwas Besonderes sind, obwohl sie es nicht sind. Man zieht Kinder groß, denen es an Selbstständigkeit und Selbstreflexion mangelt und die als Erwachsene einerseits von ihren Partnern erwarten, dass sie Dinge für sie tun, die ihre Eltern früher getan haben, aber andererseits wütend auf ihre Partner werden, wenn sie das Gefühl haben, sie würden wie Kinder behandelt.

Wenn wir die Beziehung zwischen Mutter und Vater nicht in den Vordergrund stellen, ziehen wir Kinder groß, die keine Vorstellung davon haben, wie eine liebevolle, gut funktionierende, gesunde und von gegenseitigem Respekt geprägte Ehe aussieht. Eine Ehe zwischen zwei Menschen, die einander aufrichtig schätzen, die ihren romantischen und sexuellen Funken am Leben erhalten, indem sie achtsam sind und ihre Energie dem Menschen zuwenden, dem sie versprochen haben, ihn zu lieben, zu ehren und ihm für den Rest ihres Lebens zu dienen.

Die biblische Geschichte von Adam und Eva beschreibt bekanntlich das erste Ehepaar. Dort ist zu vernehmen, dass der Mann seinem Weibe anhängen soll, damit sie »ein Fleisch« werden. Ich denke, es ist davon auszugehen, dass der Bibeltext in seiner metaphorischen Bedeutung aufzufassen ist und eine Verbindung beschreiben soll, die über den Akt des Einführens eines Penis in eine Vagina hinausgeht, aber sicherlich können wir in diesem Fall sowohl der übertragenen als auch der wortwörtlichen Bedeutung etwas abgewinnen.

Mir steht es nicht zu, den Leuten zu sagen, was sie tun sollen. Ich glaube nicht, dass ich auf alles eine Antwort habe oder dass du meine Hilfe brauchst. Ich versuche nicht den Eindruck zu erwecken, dass ich immer recht habe. Du wirst dich daran erinnern, dass meine persönlichen Erfahrungen mit dem Verheiratetsein nicht lange anhielten und dass man das Ergebnis als krachend gescheitert ansehen muss. Dennoch möchte ich dich ermutigen, in deiner Ehe den Partner an die erste Stelle zu setzen. Genauso möchte ich jenen Menschen von einer Heirat abraten, die noch nicht so weit sind, dass sie ihre Beziehung wichtiger als alles andere nehmen. Damit tust du deiner Freundin oder deinem Freund, ihrer/seiner Familie und ihren/seinen Freunden sowie den Kindern oder Haustieren, die du vielleicht einmal haben wirst, einen großen Gefallen.

Bitte denk daran: Du musst nicht heiraten, und vielleicht solltest du es auch nicht.

Wenn dir deine Eltern oder Geschwister mehr bedeuten als dein Partner und du innerlich das Gefühl hast, dass du sie der Person vorziehen würdest, die du zu heiraten gedenkst, dann heirate NICHT. Wenn dir dein Job oder deine Freunde oder dein Freizeitvergnügen mehr bedeuten als dein Partner, dann heirate NICHT. Und [*großes Schlucken*] wenn dir deine Kinder mehr bedeuten als dein Partner und du es für angebracht hältst, ihre Bedürfnisse auf Kosten der Bedürfnisse deines Partners vorzuziehen, dann halte ich deine Ehe für eine tickende Zeitbombe. (**Anmerkung:** Ich spreche hier speziell verheiratete Mütter und Väter an, die zusammen Kinder bekommen haben. Ich denke, es ist sowohl fair als auch angemessen, wenn geschiedene oder anderweitig alleinerziehende Eltern ihren Kindern den Vorrang vor den Menschen geben, mit denen sie sich treffen, wenn noch Ungewissheit darüber besteht, ob zukünftig eine Ehe eingegangen werden soll.)

Ich möchte eindringlich davor warnen, LIEBE mit PRIORITÄTENSETZUNG zu verwechseln.

Ich kann mir nicht vorstellen, dass ich jemals jemanden mehr lieben werde als meinen Sohn. Aber ich kann (hypothetisch zumindest, in meinem schnuckligen, mit Fluxkondensator ausgestatteten DeLorean) seiner Mutter den Vorrang geben.

Als Eltern setzen wir unseren Kinder nicht Grenzen, weil wir Spaß daran hätten, sie zu ärgern oder ihnen Dinge wegzunehmen, die ihnen Freude bereiten. Wir setzen ihnen Grenzen, um ihnen Lektionen zu erteilen und ihnen zu helfen, sich zu besseren Menschen mit den entsprechenden Wertvorstellungen zu entwickeln. Als verheiratete oder engagierte Partner geben wir unseren Ehepartnern nicht den Vorrang vor den Kindern, weil wir die Kinder vernachlässigen wollen. Wir geben unseren Ehepartnern den Vorrang, weil das unseren Kindern hilft, zu besseren Menschen mit einem gutem Wertesystem heranzuwachsen, und ihnen ein gesundes Vorbild für den Erfolg in ihren künftigen Beziehungen bietet. Denn wenn unsere Kinder nicht in der Lage sind, diese zu meistern, werden sie vor Herausforderungen stehen, bei denen wir ihnen als Eltern nicht weiterhelfen können.

Die Ärztin Danielle Teller schrieb in einem Artikel mit der Überschrift »How American Parenting Is Killing the American Marriage«: »Kinder, die in dem Glauben aufwachsen, sie seien das Zentrum des Universums, haben es schwer, wenn mit dem Erwachsenwerden ihr besonderer Status schwindet. Am beunruhigendsten ist, dass Paare, die ihre Kinder als Lebensmittelpunkt sehen, sich auseinanderleben und nichts mehr zu sagen haben, wenn die Kinder erst mal aus dem Haus sind. (…) Ist es da verwunderlich, dass in solchen Fällen die Scheidungsraten am höchsten sind?«

Man wird als Kind seiner Eltern geboren. Man kennt und liebt nur sie und, falls man welche hat, seine Geschwister. In der Geburtsfamilie ist die Liebe in der Regel eingebaut.

Wenn man älter wird und selbst Kinder hat, ist man wiederum selbst ihr Bezugspunkt. Man ist ihr Ein und Alles. Die intensive Liebe, die wir für unsere Kinder empfinden, ist etwas, das man schwer mit Worten beschreiben kann. Aber es handelt sich um die Geburtsfamilie. Diese Liebe zur Familie fällt uns leicht. Wir müssen nicht erst dazu aufgefordert werden, Liebe für unsere Kinder zu empfinden.

Bei unserem Ehepartner verhält sich das ganz anders. Hier handelt es sich um eine ganz besondere und einzigartige Beziehung, nichts, was uns bei der Geburt oder durch Blutsverwandtschaft in die Wiege gelegt wurde. Die Liebe stellt sich nicht nach ein paar

Dates oder der Heirat automatisch ein, so wie es bei der Geburt der eigenen Kinder der Fall ist.

Unser Ehepartner ist jemand, den wir uns AUSGESUCHT haben. Unter Milliarden von Menschen haben wir diese Person ausgewählt. Es ist eine Liebe, die genauso umfassend und stark ist wie die zu unseren Eltern und Kindern, aber es ist eine Liebe, die gewachsen ist. Wie ein Garten, den wir hegen und pflegen. Auf diese Liebe haben wir uns völlig freiwillig eingelassen.

In der Ehe und ähnlichen Beziehungen müssen wir uns daher Tag für Tag neu für die Liebe entscheiden. Immer mehr Menschen begreifen das, aber häufig erst, wenn ihre Ehe in die Brüche gegangen ist und sie sich zu erklären versuchen, warum. Manchmal, so war es bei mir, werden sie sich dessen erst bewusst, wenn sie mit den Folgen einer schmerzhaften Scheidung leben müssen.

Ich wusste nicht, was in einer Ehe WIRKLICH wichtig ist, als ich meiner Frau einen Heiratsantrag machte und als ich »Ja« sagte. Das zeigte sich hinlänglich in den folgenden neun Jahren. Wenn mehr Menschen mit dem Vorsatz in die Ehe gehen würden, ihren Partner in den Mittelpunkt zu stellen, und verstehen würden, warum dies so wichtig ist, würden viel mehr Ehen viel länger halten, weil viele Abnutzungserscheinungen gar nicht erst entstehen würden.

Du tust deinen Eltern etwas Gutes, wenn du deinen Ehepartner in den Mittelpunkt stellst. Die Eltern sind beruhigt, weil sie wissen, dass du sicher und geborgen bist und dass für die Enkelkinder gut gesorgt ist.

Du tust deinen Kindern etwas Gutes, wenn du deinen Ehepartner in den Mittelpunkt stellst. Du bringst deinen Kindern damit bei, dass sie NICHT der Mittelpunkt des Universums sind und dass es im Leben darum geht, die Bedürfnisse anderer Menschen zu berücksichtigen. Du lebst ihnen vor, wie eine Ehe aussehen sollte. Du bietest ihnen ein sicheres und stabiles Zuhause. Du schaffst für sie ein lebenslanges Fundament, auf dem sie ihre Zukunft aufbauen können.

Du tust dir selbst etwas Gutes, wenn du deinen Ehepartner in den Mittelpunkt stellst. Denn es geht nicht länger nur noch um dich selbst, und es ist weniger wahrscheinlich, dass du allein, traurig, zynisch und mit Herpes am Mund sterben wirst.

Deine Eltern werden eines Tages sterben. Das wird schwer. Trotzdem wird dein Leben weitergehen, denn dein Ehepartner steht immer an erster Stelle, und er oder sie wird während der Trauer und der Verarbeitung an deiner Seite sein. Du wirst ihm oder ihr die gleiche Unterstützung zukommen lassen.

Auch deine Kinder werden eines Tages ausziehen. Das wird schwer. Trotzdem wird dein Leben weitergehen, denn dein Ehepartner steht immer an erster Stelle, und er oder sie wird dir helfen, den Verlust und die große Umstellung im Leben zu bewältigen. Du wirst ihm oder ihr im Gegenzug die gleiche Unterstützung zukommen lassen.

Und so wird es weitergehen. In eine ungewisse, aber nicht weit entfernte Zukunft, wenn wir mutig genug sind, diesen Weg zu wählen. Jeden Tag werden wir aufwachen und nach dem Sinn des Lebens und nach Abenteuern suchen. Wenn wir weise und mutig genug sind, unsere Partner in den Mittelpunkt zu stellen, werden wir nicht lange suchen müssen, um beides zu finden.

Die Durchschlagskraft dieser Männlichkeitsvorstellungen ist der Hauptgrund dafür, dass Frauen ihre Ehemänner nicht dazu bringen können, Beziehungsratgeber zu lesen, einen Therapeuten aufzusuchen oder an einem Ehe-Retreat teilzunehmen.

7
DIE EHE UND DER CLUB DER MÄNNER

Ich habe mich in der Highschool aus dem gleichen Grund über meinen schwulen Freund lustig gemacht, aus dem ich Angst hatte, meinem Vater und Stiefvater zu sagen, dass ich nach meiner Scheidung eine Menge Zeit damit verbrachte, wie ein Möchtegern-Therapeut über Beziehungen zu schreiben.

Es ist auch derselbe Grund, warum ich ein beschissener Ehemann war, und derselbe Grund, warum Millionen von Männern – selbst solche, die ziemlich gute Typen sind – beschissene Ehemänner sind. Irgendwo tief drinnen, an Stellen, über die wir nicht gerne sprechen, haben die meisten Männer Angst, ihre Identität als Mann zu verlieren. Sie haben Angst, von ihren männlichen Mitmenschen abgelehnt zu werden. Sie haben Angst, von den Frauen nicht respektiert oder sexuell begehrt zu werden. Sie haben Angst, ihre Väter, ihre Trainer, ihre männlichen Vorbilder zu enttäuschen.

Wir Männer fürchten so etwas so sehr, dass wir keine Hilfe suchen, wenn wir sie in großen und kleinen Angelegenheiten brauchen, aus Angst, einen Mangel an »Männlichkeit« zu offenbaren. Manchmal geben wir nicht einmal zu, dass es ein Problem gibt. *Ich komme schon damit zurecht! Ich bin ein Mann!*

Wir Männer wollen nicht zugeben, dass wir schlechte Ehemänner und Väter sind, selbst wenn wir alle Beweise der Welt vor uns haben: traurige, wütende, emotional geschädigte und gebrochene Ehefrauen, hyperaktive Kinder mit Vaterproblemen. Schamgefühle werden mit Schweigen und vorgetäuschter Gelassenheit bewältigt. Wir verstecken sie hinter Masken. Suchen Zuflucht im Alkohol, Sex, stürzen uns in Arbeit oder in Videospiele, tun so, als ob es uns gut ginge, obwohl das Gegenteil der Fall ist.

Wenn wir den harten Burschen markieren, vertreiben wir damit unsere Ehefrauen und Freundinnen – die Menschen, von denen wir uns insgeheim erhoffen, dass sie uns retten. Wir tun so, als ob wir von unseren Partnern nur wollten, dass sie unser Ego streicheln und unsere Sexualität befriedigen. Aber wir glauben nur, dass es das ist, was wir wollen. Wir fürchten uns davor, ehrlich über unsere Gefühle zu sprechen, darüber, dass wir uns unsicher fühlen oder Angst haben. Wir laufen weiterhin vor diesen Ängsten davon und überspielen sie – wollen recht haben, beliebt sein und attraktiv. Und im Zuge dessen verhalten wir uns oft so, dass wir in den Augen unserer Partner unsympathisch und unattraktiv rüberkommen. Sie sind nicht in der Lage und nicht gewillt, uns ständig mit dem zu versorgen, was wir wollen – in der Folge wird die Beziehung zu einer Einbahnstraße, zur Sackgasse. Unsere Partner fühlen sich in den meisten Fällen genauso durcheinander und bedürftig wie wir, aber sie sprechen es ehrlich aus. Sie suchen die Nähe und wollen nicht nur einfach alles aussitzen.

Also schämen wir uns noch mehr.

Das hast du mir angetan, denkt der gebrochene, verletzte Mann, der das Gefühl hat, er habe sein altes Leben für sie aufgegeben. *Ich war glücklich. Ich fühlte mich gut. Die Leute mochten mich. Ich hatte Freunde. Mein Leben war fantastisch. Und ich habe praktisch alles aufgegeben und versprochen, für immer dein zu sein, und dir fällt nichts Besseres ein, als mich jeden Tag wie einen Versager zu behandeln. Als ob du ständig von mir enttäuscht würdest. Als ob du so perfekt und fantastisch wärst und ich ein Stück Scheiße. Und jetzt willst du MIR die Schuld an unserer beschissenen Ehe in die Schuhe schieben?! Fahr zur Hölle!*

Aber wir wissen, dass sie keinesfalls unrecht hat. Das beweist die Scham, die wir empfinden. Wenn wir alles gegeben hätten, würden wir uns nicht schämen. Dass wir uns schämen, ist der Beweis dafür, dass wir schuldig sind.

Mitte der 1990er-Jahre ging ich auf eine Highschool in einer Kleinstadt in Ohio. Wir spielten Football und sagten »schwul«, wenn wir »blöd« meinten, und im Umkleidekabinenjargon beschimpften wir uns gegenseitig als »Schwuchteln«.

Als wir bei einem der Jungen in unserer Klasse einen Tonfall und Handbewegungen wahrnahmen, die wir als »weibisch« empfanden, machten wir uns hinter seinem Rücken über ihn lustig. Schließlich war er ja offensichtlich schwul, und das war nicht nur das Schlimmste, was es gibt, sondern es bedeutete auch, dass er kein ECHTER Mann wie wir war.

Bis zum letzten Schuljahr hatte er still und meist allein unter dem Mangel an Akzeptanz gelitten, den er bei vielen von uns spürte. Er war einer der Betreuer bei einer Schulfreizeit, an der viele meiner Klassenkameraden in diesem Jahr teilnahmen. In einer Ansprache vor allen Teilnehmern offenbarte er, dass er mehrmals daran gedacht habe, sich umzubringen.

Dieser Junge, der weder mich noch – soweit ich das beurteilen konnte – irgendjemand anderen JEMALS schlecht behandelt hatte, fühlte sich in der Schule so unwohl, dass er lieber sterben wollte, als die – zumindest sagt man es so – besten Jahre seines Lebens zu genießen. Man könnte sogar so weit gehen, zu behaupten, ich hätte beinahe zum Tod eines Jungen aus meiner Klasse beigetragen, eines großartigen und netten Jungen.

Und das lag nicht daran, dass ich ihn nicht mochte. Ich war nie direkt gemein zu ihm. Es lag daran, dass ich von meinen Freunden als »Mann« anerkannt werden wollte, wenn wir unter uns Witze über ihn rissen – um uns gegenseitig zu zeigen, dass wir alle zum selben männlichen Team gehörten.

Das war für mich wichtiger, als einen guten Menschen mit Respekt und Würde zu behandeln.

Die Durchschlagskraft dieser Männlichkeitsvorstellungen ist der Hauptgrund dafür, dass Frauen ihre Ehemänner nicht dazu bringen können, Beziehungsratgeber zu lesen, einen Therapeuten aufzusuchen oder an Ehe-Retreats teilzunehmen. Auch ich leide unter diesen Männlichkeitsvorstellungen. Selbst heute noch passiert es, dass ich Teil des Problems bin, wenn ich nicht aufmerksam genug darauf achte und in meine alte Denkweise zurückfalle.

MÄNNER NEHMEN KEINE HILFE AN, UM DEN ANSCHEIN VON SCHWÄCHE ZU VERMEIDEN

Mir kommt es so vor, als ob viele Amerikaner an etwas leiden, das ich als »Amerika ist die Nummer 1, ihr Loser aus dem Ausland!!!«-Syndrom bezeichnen würde. Wenn man sich mit offenen Augen umsieht, kann man schließlich nicht ernsthaft behaupten, dass alles in Amerika besser wäre oder Amerikaner alles besser könnten als Menschen in anderen Ländern und Kulturen.

In der Tat ist das Unsinn. Es gibt Statistiken, die jeder mit Internetzugang einsehen kann und die beweisen, dass andere Länder besser sind in [füge hier die Disziplin deiner Wahl ein]. Manche Länder haben höher angesehene Schulen, ein effizienteres Verkehrswesen oder ein größeres Wirtschaftswachstum. Und, so leid es mir tut, vielleicht gibt es sogar Leute, in deren Gesellschaft ich mich unendlich viel wohler fühlen würde als mit der gleichen Anzahl von Leuten in den Vereinigten Staaten.

Mein Lieblingsbeispiel für das »Amerika ist die Nummer 1, ihr Loser aus dem Ausland!!!«-Syndrom ist die Erkenntnis, dass US-Schüler ziemlich mittelmäßig in ihren Mathematikleistungen sind, aber Weltmeister in der Überschätzung ihrer eigenen Fähigkeiten. Der Brown Center Report on American Education, in dem untersucht wird, wie gut amerikanische Schüler in der Schule lernen, hat zum Beispiel herausgefunden, dass ein Achtklässler in Singapur, der seine Fähigkeiten eher als unterdurchschnittlich einschätzt, in Mathematik immer noch besser abschneidet als ein amerikanischer Achtklässler, der seinen Wissensstand mit übersteigertem Selbstbewusstsein falsch interpretiert. Mit anderen Worten: Amerikanische Schüler halten sich für großartig in Mathe, aber in Wirklichkeit sind sie eher beschissen.

Kommt dir das bekannt vor? Ich werfe diesen Schülerinnen und Schülern ihr möglicherweise unbegründetes Selbstvertrauen nicht vor. Selbstvertrauen ist größtenteils eine gute Sache. Wenn man jedoch von vornherein von seiner eigenen Stärke, Unfehlbarkeit oder Klugheit überzeugt ist, dann ist man in Wirklichkeit in all diesen Bereichen fehlbar. Und dann ist die Wahrscheinlichkeit, dass man Mist baut, besonders hoch.

Wenn ich ein guter Mensch bin UND klug UND nett UND dann heirate? Dann werde ich ein guter Ehemann sein, schloss ich.

Männer sind von ihren Fähigkeiten als Ehemänner und Väter überzeugt, oder zumindest geben sie das vor, indem sie heiraten und Kinder in die Welt setzen. Und das liegt daran, dass sie den amerikanischen Mathe-Schülern ähneln. Sie sind nicht wirklich gut, aber sie denken, dass sie es sind, oder zumindest werden sie alles daransetzen, dir zu erzählen, dass sie es sind. Wie das ein Mann eben tut.

Hässlich wird es dann, wenn Ehefrauen, die von ihren Partnern emotionale Ehrlichkeit erwarten, den unvermeidlichen Vertrauensverlust zu spüren bekommen. Sie versuchen dann, ihre Ehemänner dazu zu bringen, mehr für sie und ihre Ehe oder Familie zu geben. Du ahnst sicher schon, wo wir gleich wieder landen.

Oh, ich bin also plötzlich nicht mehr gut genug für dich? Dafür habe ich mein schönes Singleleben aufgegeben? Um ständig an meine Unzulänglichkeiten erinnert und von dir andauernd darauf hingewiesen zu werden, dass ich dich enttäusche? Das ist so ungerecht und ganz und gar nicht so, wie ich es mir vorgestellt habe.

Männer werden von der Welt enttäuscht, aber ganz besonders Jungen. Alle werden enttäuscht, aber gerade bei Männern kann das zu unglücklichen Beziehungen im Erwachsenenalter und zu Identitätskrisen führen.

Die Filmemacherin Jennifer Siebel Newsom macht das in ihrem Dokumentarfilm *The Mask You Live In* besonders deutlich, und der Soziologe Michael Kimmel findet, dass wir »eine Kultur geschaffen haben, die Jungen keine Möglichkeit gibt, sich in ihrer Maskulinität sicher zu fühlen, sodass sie sich gezwungen sehen, diese ständig zu beweisen«.

Dieses Versagen führt dazu, dass unzählige Männer – darunter unglaublich kluge, talentierte, starke, mutige und anständige Männer –, die in Machtpositionen gelangen, dort unweigerlich den Kreislauf des kollektiven Versagens der Männer weiterführen und damit auch die Frauen und Kinder in ihrem Einflussbereich treffen.

Ehemänner, Väter, große Brüder, beste Freunde, Vorsitzende von Wirtschaftsunternehmen, prominente Influencer, Politiker, Trainer, Erzieher, Vorgesetzte, Gruppenleiter, Mitschüler, Mannschaftskameraden. Was Männer in diesen Positionen denken, glauben, tun, fühlen und sagen, beeinflusst unzählige Menschen – mit Nachwirkungen, die sich über Jahrhunderte hinziehen können. Viele dieser Männer sind anständige Menschen. Viele versuchen jeden Tag nach den Werten zu leben, die ihnen beigebracht wurden. Sie folgen einfach dem Beispiel der männlichen Vorbilder aus ihrer Jugend.

Es sind keine bösen Männer, die sich im geheimen Hinterzimmer ihrer privaten Männerclubs mit anderen sadistischen Arschlöchern kaputtlachen und sich abklatschen. Klar, manche davon schon, aber diese Idioten sind leicht auszumachen. Das Gefährliche daran, dass Männer im Stich gelassen werden, ist die Folge, dass es Milliarden von sehr anständigen Menschen gibt, die jeden Tag ehrlich versuchen, ihr Bestes zu geben, aber, ohne es zu wollen, ihr Zuhause und ihre engsten Beziehungen in Brand setzen.

DAS LEBEN WIRD AN UNSERER FAMILIE UND UNSEREN FREUNDEN GEMESSEN – NICHT AN ALL DEM ANDEREN KRAM

Das Leben ist im Wesentlichen ein Wettbewerb, bei dem es darum geht, wer bei seiner Beerdigung die meisten Leute zusammenbringt, die etwas Wahrhaftiges und ehrlich gemeint Gutes über uns zu sagen haben.

Männern wird beigebracht, dass sozialer Status das Wichtigste ist. Das wird von Frauen verstärkt, weil Frauen sich oft zu Männern mit hohem Ansehen hingezogen fühlen. Und es wird von Kindern verstärkt, weil Kinder in ihrem Leben nachvollziehbar von Vätern profitieren, die finanziell und gesellschaftlich bessergestellt sind.

Männer streben nach Reichtum. Männer streben nach Ruhm. Männer streben nach äußerlicher Attraktivität. Männer suchen den Erfolg bei geschäftlichen Unternehmungen, sportlichen Wettkämpfen und bei ihren Hobbys. Männer streben nach sexuellen Eroberungen. Männer streben nach der Anhäufung von materiellen Besitztümern. Männer streben nach all diesem Scheiß, der

NICHTS mehr bedeutet, wenn der Arzt ihnen sagt, dass sie Krebs im Endstadium haben, oder sie entdecken, dass ihre Frau eine Affäre hat, oder mit dem Abschiedsbrief ihres Kinds konfrontiert werden, das Selbstmord begangen hat.

Was die Menschen wirklich wollen, ist, einen SINN IM LEBEN zu spüren.

All die oben aufgeführten »Erfolge« haben einen legitimen Platz in unserem Leben. Ich versuche nicht, den Erfolg in persönlichen Projekten herunterzuspielen. Erfolg ist für jeden von uns wichtig. Ich sage nur, dass viele von uns durch einen Großteil ihres Lebens treiben, ohne sich dieser Wahrheit bewusst zu sein: **Den größten Einfluss darauf, wie gut unser Leben ist, hat die Qualität unserer Beziehungen zu anderen Menschen.**

Kein Geld dieser Welt, keine Besitztümer, kein beruflicher Erfolg, keine Trophäe im Regal, keine Kerbe am Bettpfosten und kein Ruhm können uns den Frieden und die Geborgenheit geben, nach denen wir uns alle tief im Inneren sehnen.

Furcht, Traurigkeit, Schmerz, Ängste, Wut, Stress, Trauer und Scham sind unser aller Todfeinde, vor allem aber jene der Männer. Wenn wir den Menschen, die uns am Herzen liegen, in deren Nähe wir leben und mit denen wir arbeiten, den Vorrang geben – sie selbstlos lieben, ihnen uneigennützig weiterhelfen, wenn wir Prinzipien über Profite stellen –, dann sparen wir die einzige Währung an, die im Leben wirklich zählt. Und wenn wir das häufig genug tun, werden sich mehr Menschen einfinden, die bei unseren Beerdigungen weinen und lustige Geschichten über uns erzählen, anstatt sich einen Dreck darum zu scheren, dass wir abgekratzt sind, weil sie uns sowieso für Arschlöcher hielten.

Vieles von dem, was wir über die Ehe und Beziehungen glauben, wenn wir sie eingehen, stimmt nicht. Wir können nichts dafür. Natürlich sind wir dafür verantwortlich, aber es nicht unsere Schuld. Wir können uns nur an unseren Eltern orientieren, die entweder geschieden sind oder sich durch ihre Ehe gemogelt haben, wobei sie die meisten Probleme vor uns versteckt hielten, weil man sie auch nicht darauf vorbereitet hatte.

Unsere Ehen oder Langzeitbeziehungen (oder deren Fehlen) haben letztendlich den größten Einfluss auf unser tägliches Leben. **Wenn unsere Beziehungen beschissen sind, ist auch unser Leben beschissen.**

Ich habe die Jahre nach meiner Scheidung damit verbracht, meine gescheiterte Beziehung aus allen möglichen Blickwinkeln zu analysieren und mich zu fragen: *Was hätte ich anders machen können, was hätte zu einem glücklicheren Ausgang für meine Frau, meinen Sohn, meine Freunde und meine Familie geführt?*

Wenn ich jemand anderem die Schuld an meiner Scheidung geben würde, bedeutete das, dass ich ein Lotteriespiel eingegangen wäre. Pech gehabt. Es bedeutete, dass ich ein hilfloses Opfer der Launen derjenigen wäre, die ich date oder die ich heirate, und dass ich absolut keine Kontrolle darüber hätte, was mir oder meinem Sohn zustößt. Aber wenn ich dafür verantwortlich bin, dass mein Leben sich so entwickelt hat – *und ich bin dafür verantwortlich* –, dann gibt es Hoffnung. Ich brauche keine Angst davor zu haben, dass es wieder passiert.

Das Ende meiner Ehe war das Schlimmste, was mir je widerfahren ist. Es gibt nichts annähernd Vergleichbares.

Eines Morgens, als ich meinen Sohn, der damals in die dritte Klasse ging, an der Schule absetzte, erzählte er mir, dass er Montage nicht mag, weil er weiß, dass er, egal mit welchem Elternteil er gerade ein schönes Wochenende verbracht hat, seine Mutter oder seinen Vater erst am Mittwochabend wiedersehen wird und dass ihn das traurig mache.

Da ich selbst ein Scheidungskind bin, denke ich oft daran, was dieser Junge wegen mir zu ertragen hatte. Eines Tages, vielleicht liest er sogar diesen Satz hier, wird er erkennen, dass sein Vater seine Mutter, und damit auch ihn, im Stich gelassen hat. Er wird begreifen, dass meine Entscheidungen dazu geführt haben, dass sich sein Leben beschissener und schwieriger gestaltet hat als nötig. Weil ich mich immer wieder für mich selbst entschieden habe anstatt für seine Mutter.

So zu leben kann uns ruinieren. Uns vergiften. Uns brechen.

Kaputte Menschen ziehen kaputte Kinder groß. Kaputte Väter ziehen kaputte Söhne groß. Gebrochene Männer ziehen gebrochene Jungen und Mädchen groß, die sich davon vielleicht nie ganz erholen werden. Mädchen, die vielleicht nie lernen, wie es sich anfühlt, wenn ein Mann seine Frau liebt. Jungen, die vielleicht nie lernen, wie es sich anfühlt, zu lieben und sich in den Dienst der Familie zu stellen, und dass eine sichere Ehe und Familie ihnen viel mehr geben wird als die nur kurz anhaltenden Hochgefühle, die ihnen ihre individualistischen Freizeitvergnügen verschaffen.

Jungen und Mädchen werden zu Männern und Frauen. Und dann versäumen sie es, ihren Söhnen die Dinge beizubringen, die sie wissen sollten. Also wachsen die Jungen auf und wiederholen die Sünden ihrer Väter. Nicht weil sie bösartig sind. Sie wussten es einfach nicht besser. Weil ihre Eltern es nicht wussten. Und ihre Großeltern wussten es nicht. Und auch sonst hat es niemand besser gewusst.

Die Ehe ist schwierig, jeder »weiß« das, genauso wie wir wissen, dass wir uns am Feuer verbrennen können. Und trotzdem lernen wir es oft erst auf die harte Tour, wenn unsere Beziehungen zerbröckeln, so wie wir den heftigen Schmerz einer schweren Verbrennung erst mitten im Feuer spüren. Und noch lange Zeit danach.

DIE WAHRSCHEINLICHKEIT, DASS MÄNNER SELBSTMORD BEGEHEN, IST DREIMAL SO HOCH WIE BEI FRAUEN

Ich habe meine Schreiberei vor meinen Eltern und den meisten Menschen, die ich kenne, geheim gehalten, bis mich die Medienberichte darüber zwangen, dazu zu stehen.

Ich habe meiner Mutter und meiner Großmutter nichts davon erzählt, weil ich Angst hatte, dass sie meine Schimpfwörter oder meine Andeutungen über unmoralische sexuelle Fantasien lesen würden, als ich frisch geschieden war und eine Zölibatsphase durchlebte, der nur Geistliche und jungfräuliche Promis etwas abgewinnen können.

Ich habe es vor Leuten wie meinem Vater und meinem Stiefvater geheim gehalten, weil ich nicht wollte, dass sie lasen, dass ich nach meiner Scheidung viel weinte. Oder dass ich begonnen hatte, so vieles an dem männlichen Verhalten infrage zu stellen, das mir als Kind vorgelebt worden war. Oder dass ich nun einen Großteil meiner Zeit damit verbrachte, über Beziehungen nachzudenken, zu reden und zu schreiben. Du weißt schon: »Mädchenkram«. Damit sie nicht dachten, dass ihr Sohn ein Weichei ist.

Die Angst ist echt. Und es ist dieselbe Angst, die viele Männer, die man kennt, hinter ihrem Schleier stoischen Machotums verbergen. Obwohl Frauen häufiger als Männer über Selbstmordgedanken sprechen, ist die Wahrscheinlichkeit, dass sich Männer umbringen, statistisch gesehen dreimal so hoch.

Dieses Phänomen, dieses geschlechtsspezifische Paradoxon in Bezug auf Selbstmord, ist bei allen Ethnien, Kulturen, Religionen und Ländern der Welt zu beobachten.

Und warum? Weil Männer ihren Mitgliedsausweis im Club der Männer nicht verlieren wollen. Unter Freunden machen wir Witze darüber, aber was ist, wenn wir das Gefühl haben, dass wir durchdrehen, weil unsere Frau uns verlassen hat oder weil uns die Haare ausfallen oder weil wir Erektionsstörungen haben, unseren Job verloren haben oder unser Körper mit zunehmendem Alter nicht mehr aussieht, wie wir das gerne hätten?

Wir scheuen davor zurück, Hilfe zu suchen. Denn das ist gleichbedeutend mit dem Eingeständnis von Schwäche oder dass wir nicht Manns genug sind. Die Einzigen, die das verstehen können, sind ANDERE Männer, die ihrerseits kein Interesse daran haben, ihrer männlichen Umgebung zu zeigen, wie hoffnungslos und einsam sie sich manchmal fühlen.

Also reden die meisten von uns nicht darüber.

Und dann, wenn die Kacke wirklich am Dampfen ist, bei großen finanziellen oder gesundheitlichen Problemen oder dem Verlust unserer Ehe und Familie? Dann erscheint die Schlinge um den Hals oder der Abzug der Waffe nach einer Sauftour wie der mögliche Ausweg für gebrochene Männer.

In seinem Artikel »Why Men Kill Themselves in Such High Numbers«, der im *Pacific Standard* erschien, hebt Will Storr hervor, wie bestimmte gesellschaftliche und kulturelle Normen Männer dazu bringen, energisch für dieses oft schwer fassbare Gefühl der Männlichkeit zu kämpfen:

»Selbst in den Industrieländern, wo die Gleichstellung der Geschlechter weiter vorangeschritten ist als in den Entwicklungsländern, sehen sich die meisten Männer immer noch in der Verantwortung, ihre Familie zu ernähren und sie zu schützen. Natürlich gibt es auch Frauen, die soziale Perfektionisten sind. Aber der soziale Perfektionismus der Männer ist viel schädlicher. ›Ein Mann, der nicht für die Familie sorgen kann, ist irgendwie kein Mann mehr‹, sagt Roy Baumeister, Psychologieprofessor an der Florida State University. Eine Frau bleibt immer eine Frau, egal was passiert, aber Männlichkeit kann abhandenkommen.«

Männer könnten im Bereich der geistigen und emotionalen Gesundheit genauso viel Hilfe brauchen wie jeder andere bei jedem anderen Problem auch. Aber wir lehnen sie ab, weil wir nicht glauben wollen, dass wir sie brauchen, oder weil wir Angst davor haben, was es über uns aussagt, DASS wir sie brauchen. Wir wollen lieber stark erscheinen, selbst wenn wir dabei nur eine Fassade aufbauen.

So zerstören wir, ohne es zu wollen, unsere Ehen. Und wir ruinieren, ohne es zu wollen, die Beziehungen zu Freunden und Familie.

Wenn wir uns schämen oder das Gefühl haben, dass wir etwas nicht schaffen könnten, drehen wir uns um und schlagen die Gegenrichtung ein, aber wir sorgen dafür, dass es nicht nach Angst aussieht, sondern nach einem männlichen Abgang. Wir sagen nie einfach: *»Aus demselben Grund, aus dem ich nicht weiß, wie man Raketentriebwerke und Navigationscomputer für Space Shuttles konstruiert, weiß ich auch nicht alles, was es darüber zu wissen gibt, wie ich am besten mit meinem Leben zurechtkomme und erfolgreiche Beziehungen zu meiner Frau und meinen Kindern und Freunden knüpfe.«*

Aber ich wünschte mir, es gäbe diese Sicherheit, die uns das aussprechen ließe. Oder besser noch: dass wir, selbst wenn wir davor Angst haben, den Mut dazu aufbringen.

DIE TAXONOMIE DER VERHEIRATETEN MÄNNER

Ta·xo·no·mie – Substantiv – die Einordnung in ein bestimmtes System

Hier ist die Aufschlüsselung:

1. **EHEMÄNNER.** Alle Ehemänner fallen in eine von zwei Kategorien, die für diese Auflistung definiert werden müssen.

GUTE MÄNNER. Ein guter Mann ist jemand, den du, ohne zu zögern, in deinem Haus übernachten lassen würdest. Einem guten Mann kannst du deine Kinder und Haustiere anvertrauen. Ein guter Mann ist durchweg freundlich, ehrlich, zuverlässig, respektvoll, höflich und liebevoll und zeigt Loyalität und Engagement für seine Familie, seine Freunde, Mitarbeiter, Mannschaftskollegen und so weiter. Ein guter Mann ist nicht perfekt. Aber was seinen Charakter angeht, überwiegen die Vorteile bei Weitem die Nachteile.

SCHLECHTE MÄNNER. Einem schlechten Mann ist es egal, wie sich sein Handeln auf andere auswirkt. Ohne Reue verletzt er Menschen körperlich und seelisch. Er legt Menschen herein, um sie auszunutzen. Er lügt. Betrügt. Stiehlt. Vergewaltigt. Mordet. Missbraucht. Er ist toxisch für sich selbst und alle um ihn herum, und hinter seinem toxischen Verhalten steckt eine Absicht. Sein Verhalten kann als bösartig bezeichnet werden. Er schwelgt in Chaos, Drama und Kaputtheit. Er hat Freude am Schmerz anderer. Ein schlechter Mann ist eine ständige Gefahr für sich selbst und alle in seiner Umgebung. Bei ihm überwiegen die Nachteile bei Weitem die Vorteile.

Verschwenden wir keine Zeit mit unnötigen Gedanken an schlechte Männer. Mir fehlen die Reife und die Geduld, irgendjemandem, der dies wahrscheinlich ohnehin nicht liest oder nichts auf mein Wort gibt, zu erklären, warum es eine beschissene Lebensentscheidung ist, wissentlich einen SCHLECHTEN Mann zu heiraten oder sich an ihn zu binden.

2. EHEMÄNNER, DIE GUTE MÄNNER SIND. Alle guten Männer, die verheiratet sind, fallen wiederum in eine von zwei Kategorien.

GUTE EHEMÄNNER. Ein guter Ehemann widmet sich geschickt und kompetent den Aufgaben, die ihm die Ehe stellt. Wie gut er das macht, spürt seine Frau am deutlichsten, denn sie fühlt sich an den meisten Tagen ihres Lebens geliebt und geborgen und erwidert ihrerseits Liebe und Respekt, wie sie es sonst nur bei ihren Kindern und ihren engsten Familienangehörigen macht. Er wird oft von seinen Schwiegereltern geschätzt, von seinen Freunden und Nachbarn bewundert und heimlich oder auch nicht so heimlich von Frauen begehrt, die sich auch die Dinge wünschen, die er seiner Frau und Familie bietet. Im heimischen Umfeld kommt es bei ihm selten zu konfliktbedingten Dramen oder Stresssituationen.

SCHLECHTE EHEMÄNNER. Ein schlechter Ehemann bringt die Ehe nicht auf die Reihe. Ganz gleich, wie GUT er als Mensch ist, er versteht nichts von der Komplexität menschlicher Beziehungen. (Anmerkung: Damit gehört er zu den 95 Prozent aller Menschen, die gelegentlich mit der Komplexität menschlicher Beziehungen zu kämpfen haben. Deshalb ist er noch lange nicht dumm oder inkompetent oder ungeeignet für die Sachen, die gute Männer tun. Er kann halt nur Ehe nicht. In der Geschichte der Menschheit gibt es viele Beispiele dafür, dass auch gute Männer versagt haben, dass sie nicht singen oder tanzen, keine Hochhäuser konstruieren, nicht Klavier spielen, keine Eisskulpturen schnitzen oder anspruchsvolle Aufgaben der höheren Mathematik lösen konnten.)

Über gute Ehemänner will ich hier auch nicht zu viele Worte verlieren. Es sind großartige Menschen. Man kann sie gar nicht hoch genug schätzen. Ich hoffe, du tust das auch. Sprechen wir lieber über schlechte Ehemänner.

3. GUTE MÄNNER, DIE BESCHISSENE EHEMÄNNER SIND. Alle guten Männer, die schlechte Ehemänner sind, fallen wiederum in eine von zwei Kategorien.

MÄNNER, DIE NICHT WISSEN, DASS SIE SCHLECHTE EHEMÄNNER SIND. Entweder wissen diese Männer nicht, dass sie schlechte Ehemänner sind, weil sie nicht wissen, was einen beschissenen Ehemann ausmacht, und/oder niemand hat es ihnen je gesagt, ODER sie glauben es nicht, wenn jemand (normalerweise ihre Frau) es ihnen sagt. (Anmerkung: Ich glaube, dass von allen verheirateten Männern die ÜBERWIEGENDE Mehrheit – ich spreche von etwa 85 Prozent – in diese Kategorie fällt).

MÄNNER, DIE WISSEN, DASS SIE SCHLECHTE EHEMÄNNER SIND, SICH ABER ZUM GUTEN ÄNDERN WOLLEN. Das ist eine sehr unangenehme Situation, denn um an diesem Punkt anzukommen, muss man in der Regel eine unglückliche, gescheiterte Ehe durchlebt haben, die so viel emotionalen Schaden und Stress und Unruhe in das eigene Privatleben gebracht hat, dass man sich ENDLICH entschließt, sich die richtige Frage zu stellen: Was kann ich tun, um etwas zu ändern?

Nun, wo ich die Taxonomie deutlich gemacht habe, lass uns etwas tiefer in die Materie einsteigen.

Eines Abends sagte meine Frau beim Abendessen: *»Ich weiß nicht, ob ich dich noch liebe oder noch mit dir verheiratet sein will.«*

Ich habe das schlecht aufgenommen und mich verhalten, als ob es nur um mich ginge. Ich schmollte und bin zum Schlafen ins Gästezimmer umgezogen. Von da an wurde die Situation in den nächsten achtzehn Monaten jeden Tag ein wenig härter und schwieriger, bis sie sich schließlich entschloss, auszuziehen und unsere Beziehung zu beenden. Aber schon Monate bevor sie endgültig auszog, war in mir etwas kaputtgegangen. Ich wollte – *und musste* – verstehen, warum das passiert war.

Klar war, dass ich meine Frau liebte. Klar war, dass ich verheiratet bleiben wollte. Und ich dachte: Ich bin ein guter Mann, wir haben einen gemeinsamen Sohn, unser ganzes Erwachsenenleben, ein Haus und viele Freunde, wir müssen das doch hinkriegen können.

All you need is love! Richtig? RICHTIG?!?! Falsch!

So wie ein guter Mann und ein guter Ehemann zu sein sich gegenseitig ausschließen können, kann man jemanden lieben und trotzdem eine beschissene und quälende Ehe führen.

Irgendwann nahm ich mir abends mal das Buch *Schatz, wir müssen gar nicht reden!* von Patricia Love und Steven Stosny vor, zwei langjährigen Eheberatern, die darin anhand ihrer Erfahrungen mit Klienten und ihrer Aufzeichnungen weitverbreitete Eheprobleme erläutern. Und die Art und Weise, wie Männer und Frauen sie meist erleben.

Zu lesen, dass irgendwelche anderen Ehepaare die absolut gleichen Konflikte austrugen und die gleichen Gespräche führten wie wir, hinterließ bei mir nachhaltigen Eindruck und half mir, den Schritt zu machen – von dem, der ich war, zu dem, der ich nun bin.

In meinem Gehirn lief danach Folgendes ab:

ERKENNTNIS NUMMER 1

Wow! Unsere Probleme sind so alltäglich, dass irgendwelche Beispielgeschichten in einem Ratgeberbuch meine Ehe EXAKT wiedergeben. Unter genau denselben Eheproblemen hat fast jeder zu leiden.

ERKENNTNIS NUMMER 2

Wenn diese Beziehungsprobleme so häufig vorkommen, bedeutet das, dass es nicht daran liegt, dass meine Frau und ich irgendwelche charakterlichen Defizite haben. Wir sind KEINE Seelenverwandten und andererseits auch KEINE Ausgeflippten, die für die Ehe ungeeignet sind. Diese Probleme sind praktisch universell, und wir müssen uns nicht dafür schämen, darunter zu leiden.

ERKENNTNIS NUMMER 3

Wenn fast alle Ehen unter diesen weitverbreiteten Problemen leiden, dann bedeutet das, dass es töricht ist, sich mit der Absicht scheiden zu lassen, den Ehepartner durch jemand anderen zu ersetzen. Denn dieselben Probleme werden AUCH mit dieser anderen Person wieder auftreten. Wenn meine Frau und ich uns und unseren Sohn lieben und wir beide die Ehe dem Singledasein vorziehen, wäre es das Naheliegendste, intensiv an dieser Ehe zu arbeiten, anstatt zu versuchen, als geschiedene Alleinerziehende mittleren Alters eine neue Beziehung zu beginnen, nur um dann unweigerlich intensiv an DIESER Beziehung arbeiten zu müssen, aber mit dem zusätzlichen Nachteil, dass vorher Familien und Freundeskreise zerbrochen sind und wir so viel Zeit mit unseren Kindern verloren haben.

Das half aber alles nichts mehr, dafür war es zu spät. Es war schmerzhaft, zu erkennen, dass das, was geschehen war, nicht mehr rückgängig gemacht werden konnte. Und ich wünsche niemandem, dass es ihm so geht wie mir: Ein Typ versucht, seine Familie zu retten, obwohl die Partnerin aus der Ehe ausgestiegen ist, weil sie über die Jahre emotional dermaßen entmutigt wurde, und er – ein wirklich guter Kerl, der einfach nur in Sachen Ehe nicht Bescheid wusste – das nicht erkannt hat.

Und jetzt WEISS er es. Jetzt hat er es *verstanden.* Aber seine Partnerin hat damit abgeschlossen.

Nur wenige Beziehungen erleben eine Wiederauferstehung von den Toten. Diese Erkenntnis ist schwer zu verkraften. Dennoch kann man gar nicht oft genug betonen, wie wichtig es ist, zu verstehen, was wir falsch gemacht haben und wie wir in Zukunft vermeiden können, beschissene Ehemänner zu sein, und wie wir unseren Kindern beibringen können, gesunde und funktionierende menschliche Beziehungen zu führen.

Eingangs haben wir Ehemänner in zwei Gruppen eingeteilt – gute und schlechte Männer. Dabei geht es nicht um »nette Jungs« gegen »böse Jungs«. Selbst »böse Jungs« mit Anpassungsschwierigkeiten, die Unfug treiben und dabei aggressiv und hart auftreten, können sehr gute Männer sein. Wir sprechen hier von Charaktereigenschaften, nicht vom Persönlichkeitstyp.

Frauen fühlen sich oft zu Männern hingezogen, die Schlechtes tun. Aber gute, gesunde Menschen fühlen sich nicht zu SCHLECHTEN Menschen hingezogen. Ich sage aus vollster Überzeugung, dass man schlechte Menschen NICHT heiraten sollte, geschweige denn mit ihnen Kinder in die Welt setzen.

Jetzt haben wir also Ehemänner, die gute Männer sind, und wir teilen sie wiederum in zwei Gruppen ein – gute Ehemänner und schlechte Ehemänner. Viele gute Männer sind lausige Ehemänner. Ehemann zu sein ist eine Fertigkeit, die erlernt werden muss. Nicht viel anders, als wenn man ein Musikinstrument spielt, einen Hubschrauber fliegt oder einen chirurgischen Eingriff vornimmt. Die Möglichkeit besteht, dass ein sehr guter Mensch in Ehebelangen versagt. Es ist wichtig, hier zu unterscheiden. Guten Ehemännern kann ich hier nichts weiter mit auf den Weg geben – also konzentrieren wir uns auf gute Männer, die schlechte Ehemänner sind.

Wir teilen sie wiederum in zwei Gruppen ein: diejenigen, die nicht wissen, dass sie schlechte Ehemänner sind (ich schätze, wie gesagt, das sind etwa 85 Prozent aller verheirateten Männer), und diejenigen, die es WISSEN und versuchen, sich zu bessern (dazu gehören vor allem Männer, die kurz davorstehen, ihre Familie zu verlieren, und die auf ihrer verzweifelten Suche nach Antworten feststellen, dass sie es seit vielen Jahren, ohne es zu wollen, vermasselt haben – so wie ich).

Ich gehe davon aus, dass es keinen GUTEN Mann gibt, der WEISS, dass er ein schlechter Ehemann ist, und sich absichtlich weigert, sein Verhalten zu ändern. Denn das würde ihn zu einem schlechten Mann machen. Das heißt: An schwierigen Ehen, die es wert sind, gerettet zu werden, sind nur gute Männer beteiligt.

Ich bin wahrscheinlich voreingenommen. Ich halte mich selbst – vielleicht im Größenwahn – für einen »guten« Mann. Ich bin nicht immer nett. Ich tue nicht immer das Richtige. Sicherlich stoße ich ab und an Leute vor den Kopf. Aber ich weiß, wer ich zu sein versuche, und werde jedem Unterstützung gewähren, der sich diese Mühe ebenfalls macht.

Ich werde mich immer und immer wieder für diese Ehemänner und Väter einsetzen, solange sie die Demut und das Bemühen zeigen, sich im Interesse ihrer Frauen und Kinder weiterzuentwickeln. Und viele Männer werden das tun.

Es kann gar nicht oft genug betont werden, welchen gewaltigen Einfluss Achtsamkeit auf unser Leben hat. Menschen sind bereit, sich zu ändern, wenn sie verstehen, warum das notwendig ist.

Den meisten Männern, die ihren Ehefrauen immer wieder wehtun, fehlt einfach die Einsicht, ihr Verhalten zu ändern. Ein guter Mann, der weiß, was wichtig und richtig ist, verändert die ganze Welt für seine Ehe und Familie. Wie schön. Er ist ein echter Held. Und wir alle sollten uns ein Beispiel an ihm nehmen.

VERSEHENTLICHER SEXISMUS HAT MEINE EHE RUINIERT (UND RUINIERT VIELLEICHT AUCH DEINE)

Hier sind die beiden wichtigsten Definitionen für das Wort »Sexismus«. Eine davon trifft auf mich zu, die andere nicht:

1. Vorurteile oder Diskriminierung aufgrund des Geschlechts, insbesondere Diskriminierung von Frauen,
2. Verhalten, Lebensbedingungen oder Einstellungen, die Stereotypen gesellschaftlicher Rollen aufgrund des Geschlechts fördern.

Ich habe in meiner Jugend und während meiner Ehe Dinge getan, gesagt und geglaubt, die absolut sexistisch waren – auch wenn ich das damals nicht als sexistisch empfunden habe –, und das hat meine Frau gegen mich aufgebracht und mich letztendlich meine Ehe und Familie gekostet.

Hättest du mir gesagt, dass ich ein Sexist bin, wäre ich zweifellos in die Defensive gegangen, hätte empört reagiert und dir in bestem Mansplaining vorgehalten, dass du im Unrecht bist, wobei ich jederzeit davon überzeugt war, recht zu haben.

Da liegt die wahre Gefahr. DAS ist es, was dazu führt, dass all diese Beziehungen langsam unerträglich werden und dann kläglich scheitern – dass wir den ganzen Bockmist, den wir verbreiten, zu 100 Prozent glauben. Wir sagen die Wahrheit. Wir tun so, als ob wir recht hätten und als ob wir alles wüssten, weil wir das in dem Moment tatsächlich glauben.

Die schlimmsten Ereignisse im Leben sind darauf zurückzuführen, dass wir uns zu sicher sind, recht zu haben, obwohl es gar nicht so ist.

Es spielt keine Rolle, dass ich nicht glaubte, ein Sexist zu sein. Was zählt, ist, dass ich ein Sexist war.

Meine Mutter führte mehr oder weniger allein den Haushalt, als ich bei ihr und meinem Stiefvater aufwuchs, und sie war das Alphatier, das festlegte, was ich tun durfte und was nicht, oder Strafen aussprach, wenn ich mich vielleicht mal nicht so toll verhalten hatte.

In der Schule hatte ich fast nur Lehrerinnen.

Die beiden Klassenbesten – die intelligentesten und leistungsstärksten Kinder in meiner Klasse – waren Mädchen. Ich glaube, beide sind jetzt Ärztinnen.

Ich war damals mit einigen der Mädchen in meiner Klasse eng befreundet, nicht weniger als mit den Jungs. Damit will ich sagen, dass ich nie geglaubt habe, dass Männer grundsätzlich besser seien als Frauen.

DIE FURCHT HAT MEINEN SEXISMUS GENÄHRT – IST ES BEI DIR AUCH SO?

Ich habe nie jemanden abgelehnt, weil er aus dem Iran, Saudi-Arabien oder Pakistan kam. Ich habe immer so ziemlich jeden gemocht, genau wie es meinem ENFP-Persönlichkeitstyp nach Myers-Briggs entspricht. Aber nach dem 11. September 2001 hatte ich die – irrationale – Befürchtung, dass jemand, der einer bestimmten Ethnie angehört, mir eher schaden könnte als jemand, der aussieht wie Timothy McVeigh (der 1995 das Bundesgebäude in Oklahoma City in die Luft sprengte und 168 Menschen tötete) oder Mark Barton (der 1999 fünfundzwanzig Menschen anschoss und zwölf tötete, nachdem er zwei Tage zuvor seine Frau und seine Kinder ermordet hatte).

Ich denke, im Nachhinein kann ich festhalten, dass es ziemlich dämlich war zu glauben, von jemandem mit einer bestimmten

Hautpigmentierung würde mehr Gefahr ausgehen als von anderen Menschen.

Wo ich aufwuchs, war es SCHLIMM, ein Typ zu sein, dem man nachsagte, er verhalte sich wie ein Mädchen. Noch als ich in den Zwanzigern war, ernteten meine Kumpels für ihre Aussagen, sie hörten Taylor Swift (»Mädchenmusik«) oder schauten sich gerne romantische Komödien (»Chick Flicks«) an, nur abschätzige Seitenblicke von mir.

Es war nicht schlimm, ein Mädchen zu sein. Es war nicht schlimm, eine Frau zu sein. Aber schlimm war es, etwas »wie ein Mädchen« zu tun, wenn man keins war.

Wir waren alle kleine homophobe Arschlöcher. Wir waren so beschäftigt damit, uns gegenseitig als »schwule Schwuchteln« zu beschimpfen, dass wir gar nicht merkten, welche Auswirkungen das auf die Menschen um uns herum hatte. Keines der Kinder, die ihre Geschlechtsidentität oder Sexualität infrage stellten oder tatsächlich schwul waren, hätte sich in unserer Nähe je respektiert, akzeptiert oder willkommen gefühlt. Wir hielten uns nicht für Schulhofschläger, die andere mobbten und unterdrückten. Aber es lief darauf hinaus, und ich bedauere, was wir getan haben und die Auswirkungen, die das auf die Menschen in meinem Umfeld gehabt haben muss.

Die gesellschaftlichen Werte, mit denen ich aufgewachsen bin, ließen keinen Zweifel: Wenn du ein Mann bist, der »Mädchensachen« macht, bist du kein richtiger Mann. Und das ist schlecht.

Es schien uns selbstverständlich, dass Frauen den Großteil der Hausarbeit, den Großteil der Kinderbetreuung, den Großteil der Freizeitorganisation erledigten. Darüber wurde nicht diskutiert, da gab es keine zwei Meinungen. So wurde es einfach gemacht. So war es völlig normal.

Und wir Menschen neigen nun mal dazu, Dinge, die nicht UNSERER Vorstellung von Normalität entsprechen, als »falsch« zu betrachten.

ES WAR SACHE MEINER FRAU, IHRE DUMMEN EMOTIONEN IN DEN GRIFF ZU KRIEGEN, DACHTE ICH

Wenn meine Frau unangebracht reagierte, weil ihre unbeherrschten mädchenhaften Emotionen sie dazu brachten, wieso war das dann MEIN Fehler?, dachte ich, und da kollidierten die Gedanken und Gefühle meiner Frau mit meiner eigenen Art von Sexismus. *Ist es wirklich fair, von mir zu verlangen, alles, was ich tue, denke, fühle und sage, anzupassen, nur weil es meine Frau mit ihren unangebrachten Gefühlen verletzt? Dabei müsste sie doch nur ihren Fehler einsehen und einfach AUFHÖREN, sich über Unwichtiges aufzuregen.*

Nachdem ich mehrere Jahre lang über Ehe und Scheidung geschrieben habe, weiß ich nun, dass die gerade geäußerte Einstellung zu den größten Ehekillern der Welt gehört. Die innewohnende stille Überzeugung, im Recht zu sein, löst das Reaktionsmuster der Dreifachbedrohung durch Herabsetzung aus, unabhängig vom Geschlecht.

Ich habe doch bereits MEHR im Haushalt geholfen als alle männlichen Vorbilder, die ich je hatte. Und TROTZDEM setzte ich meine Rolle als Unterstützer im Haushalt wieder aufs Spiel, weil ich wild entschlossen war, meinen Mitgliedsausweis im Club der Männer zu behalten.

Ich arbeitete mehr und verdiente mehr Geld als sie. Ich erledigte mehr Hausarbeit (die immer noch oft als »Frauenarbeit« bezeichnet wurde) als sämtliche Männer, in deren Umfeld ich aufgewachsen bin. Ich nahm keine Drogen und trank nicht übermäßig. Ich verspielte unsere Ersparnisse nicht. Ich war weder körperlich noch verbal gewalttätig. Ich kümmerte mich zuverlässig um unseren Sohn. Wann immer es mir also so vorkam, als wollte sie mir sagen, was für ein unsensibler und mieser Ehemann ich sei, ging ich stets in die Defensive und reagierte vom moralisch hohen Ross herab mit Entrüstung.

Wie kannst du es WAGEN, mir zu sagen, ich sei kein guter Ehemann!

»Matt, würdest du bitte nicht immer deine Jeans auf den Nachttisch werfen? Ich gebe mir viel Mühe, dass es im Schlafzimmer ordentlich aussieht. Kannst du sie bitte einfach in den Schrank legen, wo sie nicht stören?«

Wie kann sie es WAGEN, so ein großes Ding daraus zu machen, dass ich meine Jeans auf dem Nachttisch ablege, den sowieso kein anderes menschliches Wesen außer uns jemals zu Gesicht bekommen wird? Warum muss sie wegen dieser Kleinigkeit einen Ehestreit vom Zaun brechen?!

»Matt, würdest du bitte nicht immer das schmutzige Glas neben der Spüle stehen lassen? Ich gebe mir viel Mühe, dass es in der Küche ordentlich aussieht. Kannst du das Glas bitte einfach in die Spülmaschine einräumen?«

Wie kann sie es WAGEN, so ein großes Ding daraus zu machen, dass ich mein Wasserglas, das nicht einmal schmutzig ist, neben die Spüle stelle? Ich will ja nur, dass ich es noch mal benutzen kann, ist doch besser, als jedes Mal extra Geschirr zu spülen. Warum muss sie wegen so etwas Nichtigem einen Ehestreit vom Zaun brechen?!

»Matt, würdest du dich bitte nicht immer vor unseren Freunden über mich lustig machen? Das verletzt meine Gefühle. Du bist selbst zu völlig Fremden netter als zu mir.«

O mein Gott! Wie kann sie es WAGEN, so ein großes Ding daraus zu machen? Ich spöttele doch nur ein bisschen, jeder weiß, dass es im Scherz gemeint ist! Ich habe diese Frau geheiratet und sie unter ALLEN MENSCHEN AUF DER WELT ausgewählt, sie zu lieben, mich an sie zu binden und Kinder mit ihr zu haben! Warum muss sie wegen eines blöden Spruchs einen Ehestreit vom Zaun brechen?!

Ich habe meine Frau geliebt. Aber ich habe ihre Erfahrungen nicht RESPEKTIERT, weil ich sie nicht als gleichwertig mit meinen ansah. Erfahrungen, die sie als real – und oft schmerzhaft – erlebte, berührten mich nicht. Höchstens dann, wenn sie sich bei mir über mein Verhalten beschwerte.

Meine Frau hat viele Jahre damit verbracht, mich darauf hinzuweisen, was in ihrem Herzen und Kopf vor sich ging, damit es uns zusammen gelingen könnte, die Probleme in unserer Ehe zu beseitigen. Sie hat auf jede erdenkliche Weise versucht, mir zu vermitteln, dass diese Probleme, auf die sie mich aufmerksam machte, wichtig waren. Jedes Mal, wenn sie es versuchte, machte ich ihr nur zu deutlich, dass ich anderer Meinung und mir so sicher war, dass ich (dank meines weisen Männerhirns) recht hatte.

Diesen Gedanken kann man gar nicht oft genug wiederholen: Meine Frau war VERLETZT – so tief im Inneren, dass dahin keine Medikamente vordringen können – wegen dem, was ich gesagt und getan habe. Und mehr als ein Jahrzehnt lang habe ich ihr, wenn sie mich um Hilfe bat, den Schmerz zu stoppen, signalisiert, dass ich der Meinung war, sie fühle sich zu Unrecht verletzt, schlimmer noch: ihr stünden diese Empfindungen gar nicht zu.

Ich glaubte, dass ihre Weigerung, die Verantwortung für ihre

Gefühle zu übernehmen, das Hauptproblem in unserer Ehe sei. Das habe ich ihr ernsthaft gesagt.

Bei jeder Gelegenheit, die sich mir bot, meine Frau zu respektieren und das Gelübde zu erfüllen, das ich an unserem Hochzeitstag abgelegt hatte, teilte ich ihr stattdessen mit: *Nein. Da liegst du falsch mit deinen Gefühlen, das stimmt so nicht. Es ist nicht MEINE Aufgabe, mir diese Sachen abzugewöhnen, dafür sind sie viel zu unwichtig. Es ist DEINE Aufgabe, zu lernen, sie zu ignorieren, damit du dich nicht mehr verletzt fühlst.*

Das ist der Grund, warum meine Frau mir nicht mehr vertrauen konnte und sich bei mir nicht mehr sicher fühlte. Wenn man sich nicht so verhält, dass der Partner Sicherheit empfindet, schwindet irgendwann dessen Vertrauen, und dann ist es vorbei.

Männer lügen ständig. Ich glaube sogar, die meisten Menschen tun das.

Manchmal handelt es sich um unverschämte Lügen: »*Ich habe es nicht getan!*« Obwohl wir alle wissen, dass er es war. Manchmal ist es eher der großzügige Umgang mit der Wahrheit, etwa wenn Größe und Gewicht von Basketball- oder Footballspielern leicht übertrieben werden.

Und manchmal sind die Lügen so subtil und nuanciert, dass die meisten von uns sie gar nicht als Lügen wahrnehmen. Dahinter steckt keine böse Absicht. Diese Unwahrheit zielt nicht darauf ab, anderen zu schaden, sondern eher, deren Gefühle nicht zu verletzen: »*Nein, im Ernst. Ich finde, du siehst echt gut aus mit den superkurzen Haaren!*« Dabei findet er den Haarschnitt viel zu maskulin und wenig attraktiv.

Es gibt viele andere Unwahrheiten, die in dem Moment, in dem sie ausgesprochen werden, harmlos erscheinen mögen, und einzeln für sich gesehen sind sie es wahrscheinlich auch. Aber man darf sie nicht isoliert betrachten. Sie sind eine Konstante. Nicht im mathematischen Sinn, sondern weil der Typ sich mit seinen Lügen eine Maske schafft und dahinter sein wahres Selbst vor allen anderen verbirgt.

Und warum? Er will seinen Mitgliedsausweis im Club der Männer. Um jeden Preis. Er will ihn haben, damit er von seinem Vater akzeptiert wird. Er will ihn, damit er sich von den Mitgliedern seiner verschiedenen Stämme aufgenommen fühlt – von Freunden, in Sportmannschaften, bei Militärkameraden, in beruflichen Netzwerken, Studentenverbindungen, bei Hobbykollegen, Interessengruppen und so weiter. Er will ihn, weil er glaubt, dass ihn das für Frauen attraktiv macht.

Es gibt die Männerart, Dinge zu tun. Und alle Dinge müssen auf diese Weise getan werden, *weil ich ein Mann bin und kein verzärteltes Mädchen! Ich erledige es auf die Männerart!*

Und das ist schon ziemlich komisch, schließlich gibt es keine allgemeingültige, festgelegte Art und Weise, wie Männer Dinge tun. Alles hängt von der Kultur, der gesellschaftlichen Umgebung und vorgelebten Verhaltensmustern ab. Im Nahen Osten oder in Indien ist es nicht ungewöhnlich, zwei heterosexuelle Männer in der Öffentlichkeit Händchen halten zu sehen – dort ist das ein Zeichen der Freundschaft und des Respekts, das vom Rest der Welt auf den ersten Blick vielleicht nicht als »männliches« Verhalten aufgefasst wird. Als wir aufwuchsen, sah man dort, wo ich herkomme, fast nie Jungs, die rosa, und selten welche, die lila trugen. Das waren »Mädchenfarben«. Aber mittlerweile ist es nicht nur verbreitet, sondern auch in Mode gekommen, rosa oder lila Hemden und Krawatten zu tragen. Mit anderen Worten: Die »Männerart« verändert sich ständig und hängt weitgehend davon ab, wo ein Mann lebt, wie auch von Kultur und Umgangsformen einer Gruppe, in die er aufgenommen und von der er akzeptiert werden möchte.

Nehmen wir zum Beispiel mal die Biertrinker. Manche Männer trinken ausschließlich Budweiser. Vielleicht sogar nur aus der

Dose. Und sie werden zehn bis zwölf Budweiser trinken, denn *echte Männer trinken eine Menge Bier!* Und versuch bloß nicht, ihm ein überbewertetes Craftbeer vorzusetzen, als wäre er ein Hipster-Wichtigtuer oder metrosexueller Waschlappen.

Aber es gibt auch Männer, die ausschließlich Craftbeer trinken. Oder vielleicht bevorzugen sie gezapftes Bier aus einem Pint. Das werden sie wie erfahrene Connaisseure trinken, und wenn du etwas über Biersorten oder Brautechniken lernen möchtest, bist du bei diesen wandelnden Lexika an der richtigen Adresse. Versuch bloß nicht, ihm so ein billiges Gesöff wie Budweiser anzudrehen. *Nur Idioten trinken so eine Pisse.*

Aber vielleicht spielen die Bud-Jungs auch mit und trinken zusammen mit den Craftbeer-Kennern ein paar Stouts und Pale Ales, und vielleicht werden sich die Craftbeer-Kenner an einem heißen, sonnigen Tag mit ihren Freunden auf dem Boot oder dem Golfplatz jede Menge Budweiser reinstellen.

Und vielleicht sprechen sie dabei gar nicht aus, was sie wirklich denken, denn sie wollen ja dazugehören.

So etwas passiert immer wieder. Wahrscheinlich bei jedem, jeden Tag. Aber wenn es bei Männern wegen der MITGLIEDSCHAFT IM CLUB DER MÄNNER passiert, leiden unsere Beziehungen. Und wenn unsere Beziehungen leiden, leidet auch der Rest unseres Lebens. Wir nehmen noch mehr Schaden, den wir uns letztendlich selbst zugefügt haben. Und mit noch mehr Belastungen wiederholen wir erneut den Kreislauf, und alles wird nur noch schlimmer.

Wir fragen uns, warum. Weil wir MÄNNER sind. *Stark sind. Logisch denken. Recht haben.*

Wir sind keine kleinen Emo-Mädchen, die sich zum Pinkeln hinsetzen, schlappe Autos fahren, mit kleineren Basketbällen spielen, in Gruppen auf die Toilette gehen oder Mädchendinge tun, wie weinen und über Gefühle reden.

Männer hingegen regen sich auf. Bei unseren Vätern und Groß-

vätern hat auch niemand versucht, sie zu Weibern zu machen! Sie haben Kriege geführt und Dinge mit ihren eigenen Händen erschaffen!

An unserer Identität haben so viele einen Anteil, glauben wir. Unsere Eltern und Familien. Unsere Freunde. Unsere Partner. Unsere Kinder. Und jeder, mit dem wir zu tun haben. Aber manchmal geben wir uns nicht so, wie wir in Wirklichkeit sind. Wir geben uns so, wie wir denken, dass es alle anderen von uns erwarten.

Ich halte das für eine der Hauptursachen für viele Scheidungen.

Soziale Fertigkeiten, die bei Frauen als »akzeptabel« angesehen werden, sind jene Lebenskompetenzen, die erforderlich sind, um beschissene Beziehungen zu vermeiden, die voller Streit, Störungen, Untreue, körperlicher Distanz oder anderer schrecklicher Dinge sind, unter denen Paare leiden, bevor sie sich schließlich scheiden lassen.

Die Scheidung trifft Männer SCHWER. Schwerer als Frauen, sagen alle Experten, und es gibt eine Million Gründe dafür, aber der wichtigste ist dieser: Generell leisten Frauen mehr für die Ehe und ihre Familie als Männer. Wenn eine Ehe endet, ist es für einen Mann schwieriger, seinen Lebensstil aufrechtzuerhalten, weil er nicht annähernd die Aufgaben übernehmen kann, die sie in der Ehe übernommen hat. Umgekehrt sieht das anders aus. Und das ist nur die logistische Seite.

In uns selbst tobt ein weiterer Konflikt. Unsere Vorstellung, wer wir sind, steht der Realität unseres Versagens als Ehemann und/oder Vater gegenüber. Wir sind nicht von Anfang an ehrlich zu uns selbst. Wir unterdrücken unsere Gefühle eher, als dass wir uns verletzlich geben, uns mitteilen und schließlich verstehen lernen. Wenn uns endgültig klar geworden ist, dass wir unsere Identität verloren haben, bleibt uns nichts mehr, woran wir uns festhalten können.

Wir stehen vor einer beängstigenden Frage, die nur durch unser Verhalten in der Zukunft beantwortet werden kann: *Wer sind wir wirklich?*

Meiner Einschätzung nach sind Frauen nachweislich BESSER – geschickter, kenntnisreicher, fähiger – in Sachen Beziehungen als Männer (aufgrund kultureller und gesellschaftlicher Normen, nicht aufgrund der Biologie).

Und da ich mir nichts vorstellen kann, das unser tägliches Leben mehr beeinflusst oder wichtiger ist als unsere Beziehungen, ist die Schlussfolgerung einfach: Hauptverantwortlich für die hohe Scheidungsrate ist das Verhalten der Männer; daher liegt es in ihrer Hand, dieses Problem zu lösen.

DIE LÖSUNG DIESES PROBLEMS ERFORDERT EINE NEUDEFINITION VON MÄNNLICHKEIT

Immer wieder regen Männer sich über mich auf. Sie lesen einen meiner Blog-Beiträge, der auf Reddit geteilt oder in irgendeinem Onlineforum verlinkt wurde, und die Reaktion ist im Wesentlichen immer die gleiche:

»Ich habe es satt, dass jeder die Männer für alles verantwortlich macht! Wenn ich schon sehe, wie du deinen Geschlechtsgenossen den Rücken zukehrst und dich den Frauen anbiederst! Was du für ein Weichei bist! Klar, alle Frauen überschütten dich mit Lob, aber ich wette, wenn du über all die Dinge schreiben würdest, die sie falsch machen, würden sie dir sagen, dass du ein sexistisches Schwein bist! Der Autor dieses Blogs muss wohl eine Vagina haben, denn seine Eier hat seine Ex-Frau mitgenommen, als sie ihn verließ! Die Frauen sind das wahre Problem!«

Solche Menschen tun mir leid, genau wie ihre Ehefrauen, Freundinnen und Kinder. Denn dieser Typ hat keine Chance. Jedenfalls nicht so, wie er sich jetzt verhält.

Sicher, womöglich könnte er eine unterwürfige Frau finden, die ihm jeden Wunsch von den Augen abliest und im Stillen leidet. Oder eine Vorzeigefrau, die seinen beträchtlichen Reichtum zu schätzen weiß und diesen finanziellen Luxus ohne ihn genießt, während er auf Geschäftsreise ist. Oder eine Frau, an der er sich körperlich und emotional abreagiert, die ihm Sandwiches macht und ihm auf Zuruf einen bläst.

Aber ich glaube nicht, dass dieser Mann jemals das haben wird, was meiner Meinung nach Grundlage für ein zufriedenes Leben ist – eines, das wir genießen können, in dem wir uns nicht zu jeder Sekunde des Tages unglücklich fühlen: stabile, gesunde, liebevolle, verlässliche Beziehungen, die uns Kraft geben.

Aber solange Männer kollektiv glauben, dass das, was man tun muss, um eine gesunde Beziehung zu führen, »Mädchensachen« sind, halte ich die heterosexuelle Ehe für ein Auslaufmodell.

Wenn die effektive Kommunikation mit unseren Partnern über die Dinge, die wir denken und fühlen, als »Mädchensache« und deshalb schlecht angesehen wird, dann haben wir keine Chance. Wenn aufopferungsvolle Liebe und die Bereitschaft, Kompromisse einzugehen oder sich von den Wünschen unserer Partner beeinflussen zu lassen, als »Mädchensache« angesehen werden und wir deshalb die Finger davon lassen, dann sind wir aufgeschmissen. Wenn das mutige Ablegen unserer Masken, die unser wahres Ich vor allen anderen verbergen und uns vor eingebildeter Ablehnung und Verurteilung schützen – wenn das Zeigen unserer echten Verletzlichkeit vor unseren Partnern –, als »Mädchensache« und damit als schlecht angesehen wird, sodass wir es sein lassen, dann haben wir unser Schicksal vielleicht verdient.

Denn in einer Beziehung kann man nur gewinnen, wenn man in vielerlei Hinsicht »wie ein Mädchen« spielt.

Und wenn wir zu große Weicheier sind, das zu akzeptieren? Nun, ich schätze, dann bleibt uns immer noch unser Polstersessel, in dem wir langsam verrotten können, bevor wir einsam und resigniert sterben, während wir uns das verblichene Foto unseres Mitgliedsausweises im Club der Männer ansehen und uns darüber wundern, wie jung wir damals aussahen.

Verlange von deiner Freundin oder Frau nie, Dinge für dich zu tun, die deine Mutter für dich getan hat, als du noch zu Hause gelebt hast.

8
SIE KOMMT SICH VOR WIE DEINE MUTTER, UND DAS GEFÄLLT IHR NICHT

Wahrscheinlich will deine Mutter keinen Sex mit dir haben. Ich bemühe mich sehr, nicht zu urteilen, weil, du weißt schon, wer im Glashaus und so weiter. Aber das ist doch gut so, oder? Dass deine Mutter nicht mit dir schlafen will? Weil bäh?

Für den nächsten Abschnitt ist die Herkunft des »Finger weg von der eigenen Familie«-Gebots weniger wichtig als die Feststellung, dass es begründet ist.

Die meisten Menschen fühlen sich zu ihren Eltern, Geschwistern, Kindern und so weiter nicht in dem Maße sexuell hingezogen, wie sie sich zu denjenigen hingezogen fühlen, die sie später im Leben attraktiv finden. Hier ist der Grund, warum dieser Gedanke für dein heutiges Sexualleben von Bedeutung ist: Wenn du ein Mann in einer Ehe oder Liebesbeziehung bist und deine Frau oder Freundin die gleichen Dinge für dich tut, die deine Mutter in der Kindheit für dich getan hat (oder die Mutter deiner Frau für sie getan hat), wird sie irgendwann anfangen, sich wie deine Mutter zu fühlen und keine Lust mehr haben, deinen Penis anzufassen.

Einige werden jetzt vielleicht denken: *Aber, Matt! Das ist doch Blödsinn! Ich kenne Frauen, die sich gerne um die Männer in ihrem Leben kümmern, ihre Hemden bügeln oder ihnen nach einem langen Arbeitstag ein kaltes Getränk servieren! Sie tun das, weil sie ihre Männer lieben!*

Toll! Ich kenne auch Leute, die lieber ungeschmolzene, kalte

Käsescheiben auf ihrem Cheeseburger essen, aber für mich sind das Barbaren. Aber jedem Tierchen sein Pläsierchen und so.

Viele von uns kennen Frauen (und Männer), die eine servile Mentalität an den Tag legen. Sie zeigen ihre Liebe regelmäßig dadurch, dass sie anderen helfen – laut dem bekannten Buch von Gary Chapman eine der *Fünf Sprachen der Liebe* –, so kann das auch bei der Ehefrau oder Freundin sein, die Freude daran hat, andere Menschen und ihren Partner zu bedienen. Freiwillig kocht sie, putzt, legt die Wäsche zusammen, packt Lunchpakete. Genauso wie es Menschen gibt, die lieber Basketball spielen, als Körbe zu flechten, oder die ihre Freizeit mit Jagen und Fischen verbringen, anstatt in Jazzclubs zu gehen oder aus Eisstielen glubschäugige Figuren zu basteln.

Es widerstrebt mir zwar, Thesen aufzustellen, die ich nicht durch Zahlen belegen kann, aber ich kann guten Gewissens behaupten, dass die überwiegende Mehrheit der Frauen – und Männer – Toiletten schrubben, Wäsche zusammenlegen und wegräumen sowie Arzttermine für Kinder organisieren als Scheißjobs empfindet und sich wünscht, sie hätten eine Zauberfee, die ihnen diese Arbeit abnimmt.

Ich meine das völlig ernst – der beste Ratschlag in Sachen Sex, den ich einem jungen Menschen geben kann, der eine langfristige romantische Beziehung eingeht, ist dieser: **Verlange von deiner Freundin oder Frau nie, Dinge für dich zu tun, die deine Mutter für dich getan hat, als du noch zu Hause gelebt hast.** Es hat sich erwiesen, dass dies alles andere als ein Aphrodisiakum ist.

Um das klarzustellen: Es ist in Ordnung, wenn deine Frau oder Freundin diese Dinge freiwillig tut oder weil ihr euch nach einem ausgiebigen Gespräch darauf geeinigt habt, eure Beziehung so zu strukturieren, dass sie diese Aufgaben im Haushalt regelmäßig übernimmt. Probleme entstehen erst, wenn wir unseren Partnern durch unser Verhalten vermitteln, dass sie diese Arbeit erledigen MÜSSEN, weil es von ihnen ERWARTET wird. Sie (in der Regel

Ehefrauen und Mütter) erfüllen diese undankbaren, freudlosen Pflichten, ohne Anerkennung oder Dankbarkeit für ihre Arbeit zu erhalten.

Hausarbeit wird oft als »unsichtbar« bezeichnet – Arbeit, die getan wird oder getan werden muss, ohne dass Menschen wie ich sie bemerken. »Unsichtbar« auch deshalb, weil es sich um unbezahlte Arbeit handelt, die von den Menschen weniger geschätzt wird als Arbeit, die Einkommen in den Haushalt bringt, obwohl Hausarbeit und Kinderbetreuung meiner Erfahrung nach mit größeren Schwierigkeiten und Frustrationen verbunden sind als alle beruflichen Tätigkeiten, die ich je ausgeübt habe.

In einer Ehe oder einer langfristigen Beziehung laufen die Dinge aus dem Ruder, wenn einer der Partner wenig bis gar keine Anstrengungen unternimmt, anzuerkennen, wie schwierig und beschissen diese Situation ist. In einer Ehe zwischen Mann und Frau, in der sich der Mann so verhält, wie ich es in meiner getan habe, entsteht der Eindruck, er habe kein Interesse daran, seiner Partnerin die Last damit zu erleichtern, dass er sich bewusst und proaktiv an der Planung und Ausführung eines Teils dieser Arbeit beteiligt. Wenn er das täte, würde er ihr nicht nur die Last von den Schultern nehmen, weil die Verantwortung geteilt wird, noch dazu würde sie sich gesehen und anerkannt fühlen – dafür, dass sie es uns mit ihrer Arbeit ermöglicht, einen weniger beschwerlichen Lebensstil zu führen.

Es geht um Respekt.

Bei Kindern kann es sein, dass sie die vielen Opfer, die ihre Eltern bringen, um ihnen Nahrung, Kleidung, Unterkunft, Bildungs- und Aufstiegsmöglichkeiten zu bieten, nicht erkennen oder ihnen nicht die angebrachte Dankbarkeit dafür erweisen. Die meisten von uns verzeihen den Kindern dieses Versäumnis, da wir selbst mal Kinder waren und uns genauso verhalten haben. Aber wenn sich ein Erwachsener wie ein Kind verhält?

Das wird dazu führen, dass das sexuelle Verlangen seines Partners schwindet (sprich: abgetötet wird), denn so reagieren gesunde Erwachsene erwartungsgemäß auf Kinder. Und da eine gesunde sexuelle Beziehung ein Grundpfeiler ist, auf dem dauerhafte Ehen aufgebaut werden, kann es ziemlich schnell bergab gehen, wenn ein Ehepartner anfängt, auf den anderen zu reagieren wie in einer Eltern-Kind-Beziehung, und das meine ich auf eine Art und Weise, die nichts mit der oralen Phase zu tun hat.

Ich habe viele frustrierte Männer erlebt, die sich bei mir darüber beklagten, wie selten ihre Frauen mit ihnen schlafen wollten – als ob ihre Partnerinnen Sex als Waffe benutzen oder sie bestrafen wollten. Diese Männer denken, sie seien immer noch genau dieselben, die ihre Frauen geheiratet haben, und geben ihnen die Schuld, sie hätten sich »verändert«.

»Sie hat kein Interesse am Sex!«, sagen sie.

Nicht ganz, mein Freund. Sie will einfach keinen Sex mit DIR haben. Das tut weh, weil es stimmt.

Wenn du vermutest, dass dieser Zustand den idealen Nährboden für außereheliche Affären bereitet, hast du gerade einen leckeren imaginären Keks gewonnen. Ein plausibles Szenario, wie aus der Situation »Sie kommt sich vor wie deine Mutter« eine Affäre entstehen kann, sieht folgendermaßen aus:

Eine gestresste, zu wenig gewürdigte, emotional vernachlässigte Ehefrau und zweifache Mutter verbringt den größten Teil ihres Lebens damit, mehr als vierzig Stunden pro Woche in einem Ganztagsjob zu arbeiten, nur um dann nach Hause zu kommen und den Löwenanteil der Aufgaben im Haushalt (die Mental Load, dazu später mehr) zu organisieren UND die meisten davon auch noch selbst ausführen zu müssen, weil sie sonst nie erledigt würden. Niemand dankt ihr dafür. Ganz im Gegenteil sorgen die Kinder und der Ehemann dafür, dass ihre Arbeit (Böden putzen, Pipi von den Toilettenrändern wischen, Zahnpastareste aus dem Waschbecken spülen) bald schon wieder aufs Neue nötig sein wird.

Die Kinder machen sich aus dem Staub, um mit ihren Freunden

zu spielen, oder sie haben andere außerschulische Aktivitäten. Der Ehemann verkriecht sich in seiner Männerhöhle oder bastelt draußen im Garten oder in der Garage oder bleibt ganz von zu Hause weg, um Golf zu spielen oder mit seinen Freunden einen Feierabenddrink zu nehmen.

»*Warum hat mein Mann kein Interesse mehr an mir, warum geht er mir aus dem Weg?*«, fragt sie sich.

Vielleicht kommt er dann aus einer Bar nach Hause, langt seiner Frau an den Hintern und versucht, vom Alkohol mutig geworden, ihr auf den Pelz zu rücken. Dass sie darauf mit kühlem Desinteresse und Ablehnung reagiert, macht ihn wütend. Vielleicht geht es aber auch etwas weniger ekelhaft zu. Vielleicht bringt er respektvoll und ohne das unangebrachte Gefummel sein Interesse zum Ausdruck, aber sie lehnt höflich ab, weil sie einen schwierigen und anstrengenden Tag hinter sich hat. Und obwohl er erwidert, dass er das verstehe, fühlt er einen tiefen Stich der Ablehnung, ihm kommt es vor, als ob sich seine Frau immer weiter von ihm entferne und nicht mehr an ihm interessiert sei.

Auf der Arbeit wird vielleicht ein gut aussehender Mann aus der Buchhaltung dem kleinen Projektteam mit seiner Frau zugeteilt, wo sie gemeinsam ein Problem des Unternehmens lösen sollen. Vielleicht deutet der gut aussehende Mann nach mehreren Arbeitsgesprächen und vielen gemeinsam verbrachten Stunden an, wie attraktiv er seine Kollegin findet. Voller Respekt hört er sich ihre Beiträge und Ideen an. Er bewundert ihre Intelligenz und ihre Fähigkeiten im Projektmanagement. Und ohne ihr zu nahezutreten, zeigt er sich hingerissen von ihrem Lächeln, davon, wie ihre Augen funkeln, wenn sie über seine Witze lacht, und wie selbstsicher sie in ihrem Business-Casual-Outfit auftritt.

Wenn der Mann zu Hause, für den sie alles tut und dem sie ihr ganzes Leben versprochen hat, sie völlig ignoriert, nie Zeit mit ihr verbringen will, sich nie dafür bedankt, dass sie seine Wäsche zusammenlegt oder hinter ihm aufräumt, und ihr nie durch Worte oder Taten vermittelt, wie attraktiv und sexuell begehrenswert sie ist … dann wird die Versuchung groß.

Ich weiß nicht, wie viel Prozent der Frauen in dieser Situation dieser Versuchung nachgeben und sich auf eine Affäre einlassen würden, aber ich möchte die These aufstellen, dass das keine große Rolle spielt. Selbst wenn deine Frau oder Freundin nie mit diesem Mann schläft, denkt sie daran. Sie WILL es! Nur die Angst vor den Konsequenzen oder ein strenger Verhaltenskodex halten sie davon ab.

Eine ernsthafte Frage: Fühlst du dich durch eine dieser Verhaltensweisen, die eine Affäre physisch verhindern, besser, wenn sie es tatsächlich WILL? Dass sie vielleicht die Augen schließt und an ihn statt an dich denkt, wenn ihr zusammen im Bett liegt, oder dass sie sich lieber in der Badewanne anfasst und an ihn denkt, als von dir berührt zu werden?

In meinem viralen Blogbeitrag »Sie ließ sich von mir scheiden, weil ich das Geschirr neben der Spüle stehen ließ« schrieb ich einen Absatz, der vielen männlichen Lesern Magenschmerzen bereitete:

»Aber ich erinnere mich, dass meine Frau oft sagte, wie anstrengend es für sie sei, mir ständig sagen zu müssen, was ich tun soll. Deshalb ist das Schönste, was ein Mann zu seiner Partnerin sagen kann, ›Ich mach das schon‹, und dann kümmert er sich um das, was erledigt werden muss.

Ich habe immer argumentiert: ›Wenn du mir einfach sagst, was ich tun soll, dann tue ich es gerne.‹

Aber sie wollte nicht meine Mutter sein. Sie wollte meine Partnerin sein, und sie wollte, dass ich meine ganze Intelligenz und Lernfähigkeit aufbringe, damit die logistischen Herausforderungen unseres Lebens und unseres Haushalts gemeistert werden konnten.

Sie wollte, dass ich selbst herausfinde, was alles zu tun war, und dass ich meine eigene Methode finde, mit diesen Aufgaben umzugehen.

Ich wünschte, ich könnte mich noch daran erinnern, was mir damals daran so unzumutbar vorkam.«

Das bedeutet NICHT, dass meine Frau mich jeden Tag herumkommandiert hat. Es bedeutet nicht, dass ich täglich ihre Befehle erwartet habe oder ihr Hausdiener war, der jeder ihrer Launen nachkam – selbst wenn manche Typen glauben, dass ich diese ihrer Meinung nach entmännlichende Horrorvision als Verhaltensempfehlung für Beziehungen befürworte.

Meine Frau war klasse darin, unser Haus sauber zu halten und alles zu organisieren. Sie hat gut 70 Prozent aller Hausarbeiten auf sich genommen (sogar damals, als wir noch nicht verheiratet waren). Noch wichtiger allerdings: Sie hat den Haushalt gemanagt. In fast 90 Prozent der Fälle ergriff sie die Initiative, entschied, was getan werden musste und wie es getan werden sollte.

So wie viele Erwachsene kannten wir beide es aus unserer Kindheit, dass unsere Mütter die meiste Hausarbeit erledigten, während unsere Väter arbeiten gingen und sich im Wesentlichen auf die »Männeraufgaben« beschränkten: Rasen mähen, Schnee schaufeln, die Terrasse abschleifen und streichen, Dachrinnen reinigen, den Müll rausbringen … Da ich in meiner Kindheit und Jugend noch nicht das Bewusstsein dafür hatte wie heute, fiel mir nicht auf, wie ungleich höher die Arbeitsbelastung für Ehefrauen und Mütter in der Regel war.

Meine Frau wollte oft am Samstagmorgen das Haus putzen. Wegen mir hätte sie jedes Mal gern noch ein oder zwei Wochen länger damit warten können, denn ich putze wirklich, wirklich ungern. Aber ich setze mich auch nicht hin und schaue mir Sport im Fernsehen an, während meine Frau Toiletten schrubbt, Böden saugt, Möbel abstaubt und Schubladen auswischt. Nicht einmal ich war so ein großes Arschloch.

Die Diskrepanz bei der Hausarbeit wurde noch größer, als wir unseren neugeborenen Jungen aus dem Krankenhaus nach Hause brachten. Für mich waren diese ersten Tage und Wochen als frischgebackener, schlecht vorbereiteter Vater ein surreales Erlebnis. Zu keiner Sekunde ließ mich die Frage los: *Und was muss ich jetzt machen?*

Meine Frau war da ganz anders als ich. Sie hatte sich mit anderen Müttern ausgetauscht und sich mithilfe von Büchern und Onlinerecherche über die Betreuung eines Neugeborenen informiert. Sie war kein Stück reifer für die Elternrolle als ich, aber anstatt den Kopf in den Sand zu stecken und zu hoffen, dass alles wie von Zauberhand klappt, ergriff sie die Initiative, stellte sicher, dass unser Haushalt und sie als Mutter so gut wie möglich vorbereitet waren.

Ich habe von meiner Frau nicht verlangt, dass sie mich herumkommandiert. Aber ich habe von meiner Frau verlangt, dass sie mir hilft, ihr zu helfen.

Noch einmal: Ich habe meine Frau nicht nur die meiste Arbeit im Haus und mit unserem neugeborenen Kind erledigen lassen, sondern auch noch von ihr verlangt, all diese Aufgaben zu MANAGEN. Wenn sie vergaß, etwas selbst zu erledigen oder mich darum zu bitten, es für sie zu tun, wurde es nicht getan.

Es war die körperlich, psychisch und emotional anstrengendste Zeit, die meine Frau je durchgemacht hat. Ihre Gesundheit und das Wohlergehen unseres kleinen Sohns hingen gänzlich davon ab, dass sie nun die bestmögliche Mutter war. Und anstatt mich anzustrengen, diese Bemühungen so gut ich konnte zu unterstützen, habe ich sie völlig im Stich gelassen, sie die ganze Arbeit mit dem Baby allein machen lassen, während ich herumsaß und von der Zukunft tagträumte, in der ich mir mit meinem Sohn im Garten den Football zupassen würde.

Das machen wir jetzt auch, mein Sohn und ich, und es ist großartig. Aber Mama sitzt nicht mit einem Drink auf der Terrasse und lächelt uns zu. Sie wohnt nicht mehr hier.

Viele Söhne wachsen mit einer Art Heldenverehrung ihrer Väter heran oder nehmen sich ihr Verhalten zum Vorbild. Papa sieht sich Sport im Fernsehen an, macht »Männersachen« und verdient wahrscheinlich das meiste Geld in der Familie, zumindest war das das altmodische Modell, das in meiner Kindheit in den 1980er-Jahren vorgelebt wurde.

Mama wäscht und legt die Wäsche zusammen, saugt das Schlafzimmer, füllt den Kühlschrank und die Speisekammer auf, entfernt die Schamhaare aus der Dusche, macht den Abwasch nach dem Essen und packt Lunchpakete.

Aber dazu kommt ein noch schwierigerer Job: Mama managt oft auch noch den Zeitplan aller Familienmitglieder. Nicht nur für sich selbst, sondern auch für die schulischen, medizinischen und außerschulischen Belange ihrer Kinder, die Tierarzttermine und dann auch noch für die Angelegenheiten ihres Mannes.

Es ist manchmal nicht leicht, ein Erwachsener zu sein. Auch dann nicht, wenn man sich nur um sich selbst kümmern muss. Aber es ist besonders schwierig, wenn man dazu noch die Lebensplanung für manchmal unkooperative Kinder übernehmen muss.

Und wenn du das Ganze noch schlimmer machen möchtest, dann konzentrierst du dich ausschließlich auf deine eigenen Bedürfnisse und überlässt es deinem erwachsenen Partner, für sich selbst, eure Kinder UND dich zu sorgen. Mal sehen, wie lange das gut geht.

Männer (nicht alle Männer – aber viel zu viele) daddeln gern so lange rum und warten darauf, dass ihnen ihre Frauen oder Freundinnen sagen, was zu tun ist. Eines der größten Geschenke, das du deiner Partnerin machen kannst, besteht darin, ihr diese Last abzunehmen – die Last, für die gemeinsamen Aufgaben im Haushalt die VERANTWORTUNG zu tragen – und vielleicht auf jede Selbstbeweihräucherung zu verzichten, wenn du mal die Kinder von der Schule abgeholt oder selbst mal einen Zahnarzttermin für dich ausgemacht hast.

Bring die nötige Zeit und Anstrengung auf, zu lernen, was, wie und wann in eurem Haushalt erledigt werden muss, und kümmer dich angemessen um eure Kinder und Haustiere, falls ihr welche habt. Überlass DEINE Angelegenheiten nicht deinem Ehepartner, damit er sich darum kümmert. Manchmal kann das passieren, aber wenn es passiert, NIMM WAHR, dass es passiert, erkenne es an und zeige deine aufrichtige Wertschätzung dafür.

Wenn ich die Probleme in gescheiterten Beziehungen auf einen Nenner bringen müsste, dann wäre es unser kolossales Versagen, das Unsichtbare sichtbar zu machen, unser Versagen, Zeit und Mühe zu investieren, um ein Bewusstsein für das zu entwickeln, was wir sonst in der Hektik des Alltags vielleicht übersehen.

Ansonsten müsste man denken, dass unglückliche Ehen und Scheidungen auf absichtlich beziehungsschädigendes Verhalten zurückzuführen seien. Die wenigsten Menschen tun ihren Lieben absichtlich weh, weil sie darauf hoffen, dass ihre Beziehungen bald enden werden.

Wie ist es möglich, dass gute Menschen einander so sehr verletzen, ohne es zu wollen?

Weil sie es nicht sehen. Selbst wenn der Partner verzweifelt mitzuteilen versucht, was er fühlt. Der Schaden und die Vorfälle, die dazu geführt haben, bleiben für eine oder beide Personen weitgehend unsichtbar.

Ein Großteil meiner Arbeit besteht heute darin, anderen zu helfen, das zu »sehen«, was ihre blinden Flecken verbergen, und ihnen beizubringen, wie man sinnvolle Gespräche in diesen potenziell schmerzhaften Momenten führen kann, in denen Konflikte entstehen, wenn man nicht aufpasst. Dabei kann es um kleine Gesten gehen, etwa die verspätete Antwort auf eine SMS oder eine unsensible Bemerkung über den neuen Haarschnitt, bis hin zu Situationen, in denen sich der Partner in seiner ganzen Persönlichkeit zurückgewiesen fühlt.

»Wie kann er mich für SO dumm oder SO durchgeknallt oder SO

schwach oder SO ungerecht halten und trotzdem echte Liebe und Respekt für mich empfinden? Wie ist es möglich, dass jemand mich aufrichtig liebt, mich aber trotzdem schwerer und häufiger verletzt, als ich jemals zuvor verletzt worden bin?«

Regelmäßig werten wir die Erfahrungen unseres Partners ab, wenn dessen Einschätzungen und Gefühle nicht mit unseren übereinstimmen. Aber manche von uns (und mit »uns« meine ich diese riesige Gruppe von guten Menschen, die schlechte Ehepartner sind) machen alles noch schlimmer, weil sie nicht aktiv an ihrer Beziehung arbeiten.

Wir investieren nicht die Zeit, Mühe und Energie in unsere Beziehungen, die bohrende Zweifel unserer Partner beseitigen könnten, ob sie ausreichend geliebt, unterstützt, respektiert, begehrt und geschätzt werden. Wir investieren nicht die Zeit, Mühe und Energie, um bei unseren Partnern das VERTRAUEN aufzubauen, dass es die richtige Entscheidung ist, den Rest ihres Lebens mit uns zu verbringen. Wir hören nicht aktiv zu, wenn sie ihre Sorgen, Ängste, Frustrationen, Hoffnungen und Träume mitteilen. Wenn sie die Gedanken und Gefühle formulieren, die ihnen am wichtigsten sind, geht das bei uns oft zum einen Ohr rein und zum anderen wieder raus, oder wir reagieren darauf derart gedankenlos, dass das, was wir gerade gehört haben, herabgesetzt wird.

Und dann ist da noch unser anderes, unser sichtbares Verhalten.

Häufig gehen wir mit Freunden, Kollegen und sogar Fremden zuvorkommender um als mit unseren Ehepartnern. Mit großer Begeisterung widmen wir uns Arbeit, Sport, Politik, Fitness, Videospielen, dem Verschicken von Nachrichten und unzähligen Hobbys. Und weil wir uns für diese Dinge ernsthaft interessieren und aktiv daran teilnehmen, ist es für unsere Partner ganz offensichtlich, dass wir uns NICHT für sie als Menschen interessieren und auch kein Interesse an gemeinsamen Aktivitäten zeigen – egal, ob es sich dabei um angenehmen Zeitvertreib oder gemeinsame häusliche Pflichten handelt.

Wenn es dir so geht wie mir, als ich noch jünger und richtig scheiße in Ehebelangen war, hast du vielleicht noch nie darüber nachgedacht, dass sexuelle Anziehung und Begehren auch etwas mit Alltagsangelegenheiten wie Kinderbetreuung oder Haustierpflege zu tun haben könnten. Du hast vielleicht noch nie darüber nachgedacht, dass das Gefühl, geliebt und begehrt zu werden – auch in sexueller Hinsicht –, damit zusammenhängen könnte, dass jemand den Stapel Wäsche bemerkt, der zusammengelegt werden muss, oder Pläne für das Abendessen macht oder den umfangreichen Terminkalender für Paare und ihre Kinder im Auge behält. Und wie sehr es Menschen auslaugt und erschöpft, wenn sie sich allein um die Einhaltung all dieser Aktivitäten kümmern müssen.

Und wir sprechen hier nicht nur über sexuelle Begierden und Anziehungskraft. Geteilte Verantwortlichkeiten im Haushalt (Kinderbetreuung, Abendessen, Hausreinigung, Bezahlen von Rechnungen, Haustiere, Rasenpflege, gesellschaftliche Verpflichtungen und außerschulische Aktivitäten) können sehr wohl die größte Ursache für Beziehungsgespräche sein, die in Streit ausarten. Die Aufgabenverteilung im Haushalt führt häufiger zu Gesprächen, die in der Dreifachbedrohung durch Herabsetzung enden, als jedes andere Thema.

Eve Rodskys ausgezeichnetes Buch *Auch Männer können bügeln* erklärt diese Beziehungsdynamik auf eine Art, die mich beeindruckt hat. In dem Buch beruft sich Rodsky auf die Soziologinnen Arlene Kaplan Daniels und Arlie Hochschild, die in den 1980er-Jahren Begriffe für diese »unsichtbaren« Umstände geprägt haben, die Beziehungen von innen zerreißen. »Zweifellos haben auch Sie schon Artikel gelesen, in denen ›Mental Load‹, die ›zweite Schicht‹ und die ›emotionale Arbeit‹ beschrieben werden, die unverhältnismäßig häufig von Frauen geleistet wird, sowie die Belastung, die diese häusliche Arbeit für unser Leben im Allgemeinen bedeutet«, schreibt Rodsky. »Aber worüber reden wir hier eigentlich?«

Wir wollen es mal aufschlüsseln:

MENTAL LOAD

Mental Load (mentale Belastung) bezieht sich auf die unsichtbaren, aber umfangreichen und sich ständig verändernden To-do-Listen, die wir alle in unserem Kopf mit uns herumtragen. Diese mentale To-do-Liste abzuarbeiten bereitet mir größte Schwierigkeiten, selbst wenn ich mich nur um mich und meinen Zeitplan kümmern muss. In der Ehe und in Langzeitbeziehungen muss man noch dazu die To-do-Listen anderer Menschen (Partner und Kinder) im Auge behalten. Und darin war ich wirklich schlecht.

Stress, innere Unruhe und Ermüdungserscheinungen sind so gut wie vorprogrammiert. Rodsky erwähnt auch die Vergesslichkeit. Vergesslichkeit ist oft der Grund dafür, dass Partner, Freunde oder Familienmitglieder die Gefühle von Menschen verletzen. Einen Geburtstag oder einen Jahrestag zu vergessen mag kein großes Ding für uns und überhaupt nicht böse gemeint gewesen sein, aber es ist möglich, dass sich die betroffene Person trotzdem zutiefst verletzt fühlt, weil sie anscheinend nicht wahrgenommen wird und wir ihr zeigen, dass uns andere Sachen wichtiger sind.

DIE ZWEITE SCHICHT

Es ist üblich, dass eine erwachsene Frau (in Männer-Frauen-Beziehungen sind es zumeist die Frauen) morgens eine Reihe unbezahlter Arbeiten erledigt, bevor sie zur Arbeitsstelle geht, und dann noch einmal, wenn sie von ihrem Arbeitstag nach Hause kommt. Abendessen. Abwaschen. Kinder baden. Schulbrote einpacken. Arzttermine vereinbaren. Wäsche waschen. Gassi gehen mit dem Hund. Das Bad putzen. Böden saugen. Staub wischen. Lebensmittel einkaufen. Und noch so vieles mehr.

Was kommt am Ende dabei raus? Erschöpfte Erwachsene, die wenig Zeit und Interesse an Sex haben – schon gar nicht mit einem

Partner, der zu vergessen scheint, dass es sie gibt, und der sie regelmäßig im Stich lässt und sie die undankbare zweite Arbeitsschicht allein erledigen lässt, während er sich ins Fitnessstudio verdrückt, Videospiele zockt oder fernsieht. Und der sich nur dann an die Existenz seiner Partnerin erinnert, wenn er sie im Bett anfassen will. An diesem Punkt fühlt sich für sie der Sex mit diesem Mann wie eine weitere undankbare, freudlose Aufgabe auf der To-do-Liste der zweiten Schicht an.

EMOTIONALE ARBEIT

Der von Hochschild in ihrem 1983 erschienenen Buch *Das gekaufte Herz* geprägte Begriff »emotionale Arbeit« wurde im Lauf der letzten vier Jahrzehnte immer weiter gefasst und beinhaltet nun auch die »Aufrechterhaltung von Beziehungen« und »Gefühlsmanagement«, merkt Rodsky an, etwa »die Schwiegereltern anrufen, Dankesschreiben versenden, mal ein kleines Geschenk für die Lehrerin besorgen und die Kinder beruhigen, wenn sie beim Einkauf den halben Laden zusammenbrüllen«.

Emotionale Arbeit kann auch bedeuten, dass eine traurige und wütende Ehefrau über ihre Gedanken und Gefühle schweigt, aus Angst, ihren Mann zu verärgern, während er versucht, sich nach der Arbeit zu Hause zu entspannen. Der Begriff beinhaltet ebenso die Planung des gesellschaftlichen Lebens eines Paares – Treffen mit Freunden, Partys, Urlaubsreisen.

Diese Arbeit fällt bei Heteropaaren nicht immer ausschließlich den Frauen zu (oder nur einem Partner bei gleichgeschlechtlichen Paaren), aber ich denke, wir können hier alle erwachsen sein und zugeben, dass es – auch wenn wir uns schon mehr als zwei Jahrzehnte im 21. Jahrhundert befinden – in den meisten Fällen immer noch genau darauf hinausläuft.

UNSICHTBARE ARBEIT

Rodsky bezeichnet »unsichtbare Arbeit« als »die Arbeit hinter den Kulissen, die einen Haushalt und eine Familie am Laufen hält, obwohl sie kaum wahrgenommen und selten gewürdigt wird«. Die Vorratskammer ist gut mit Lebensmitteln gefüllt, die Kleidung in den Schubladen säuberlich zusammengelegt, die Bettlaken gewechselt, Schulsachen besorgt, Tierarzttermine ausgemacht, um die Weihnachtsdekoration wird sich gekümmert. Du kapierst schon, was ich meine.

Ehefrauen und Mütter nicken wissend, während Männer auf der ganzen Welt sagen: *Was?! Es ist ja nicht so, dass das schwer wäre, und ich helfe gerne, wann immer sie mich darum bittet, solange ich nicht gerade Football schaue oder einen Ego-Shooter zocke!*

Wenn dir etwas daran liegt, in Zukunft öfter auf körperliche Tuchfühlung mit deinem Partner zu gehen als jetzt, gibt es wahrscheinlich keinen besseren Weg, als die kindliche Ablehnung von Verantwortung aufzugeben und mehr Aufgaben zu übernehmen, um damit deinem Partner mehr Zeit und Energie zu verschaffen.

Und wenn wir schon beim Thema sind, lass uns über »Pflicht-Sex« sprechen.

GIBT ES BEIM SEX EHELICHE VERPFLICHTUNGEN?

Sind Verheiratete verpflichtet, mit ihrem Ehepartner Sex zu haben? Schuldet ein Partner dem anderen Sex? Schließlich ist das Wort »schulden« nicht auf rechtliche, einklagbare oder vertragliche Verpflichtungen beschränkt. Es ist auch definiert als »moralische Verpflichtung, jemandem etwas zu geben«.

Die fairste Formulierung dieser Frage, die ich mir vorstellen kann, ist folgende: In Fällen, in denen zwei Menschen in gutem Glauben heiraten und einander aufrichtig sexuelle Treue auf Lebenszeit versprechen, könnte man dann sagen, dass sie eine moralische Verpflichtung haben, die sexuellen Wünsche des anderen zu erfüllen?

Die Vorstellung von den »ehelichen Pflichten der Frau« ist in der Regel in traditionellen religiösen Werten verwurzelt, die besagen, dass sich die Ehefrau ihrem Mann unterzuordnen habe. Die Wahrscheinlichkeit, dass du schon einmal an einer Hochzeit oder einem Gottesdienst teilgenommen hast, wo dies erwähnt wurde, ist überdurchschnittlich hoch. Jedem Verfechter der Gleichberechtigung schlägt das auf den Magen, aber ich kann mir vorstellen, dass es gerade für Frauen (und möglicherweise einige Männer), die in der Vergangenheit von einem herrschsüchtigen Tyrannen missbraucht wurden, unglaublich unangenehm ist. Ich bin damit aufgewachsen, sonntags in die Kirche zu gehen, wurde nie von einem herrschsüchtigen Tyrannen missbraucht, und trotzdem stößt es mir IMMER NOCH unangenehm auf.

Ich überlasse es den juristischen Experten, sich zur rechtlichen Definition des Wortes »schulden« zu äußern. Aber wie sieht es mit dem allgemeinen Sinn des Wortes aus? Ich nehme an, wenn die Ehefrau oder der Ehemann es mündlich oder schriftlich versprochen hat (idealerweise, weil sie oder er es *wollte* und nicht aus Pflichtgefühl), dann »schuldet« sie oder er ihm oder ihr vielleicht etwas, so wie ich meiner Mutter einen Anruf »schulde«, wenn ich sie nicht so oft anrufe, wie es ein guter Sohn tun sollte.

Aber der eigentliche Kern der Sache ist dieser: Sind Ehefrauen ihren Ehemännern gegenüber durch ihre Heirat zum Sex verpflichtet? Oder andersherum, die Männer ihren Frauen gegenüber? Sind Ehefrauen oder Ehemänner »moralisch verpflichtet«, den Trieben ihrer Ehemänner oder Ehefrauen sexuell entgegenzukommen oder sie zu befriedigen?

Die Antwort lautet nein, ungeachtet der vielen Gründe. Was ist, wenn sie die Grippe hat? Was ist, wenn sein bester Freund gerade gestorben ist? Was ist, wenn das Haustier zum tierärztlichen Notdienst gebracht werden muss? Was ist, wenn sie am Morgen einen Marathon gelaufen ist und sagt, sie sei zu müde? Was ist, wenn er wegen eines kranken Kindes die ganze Nacht kein Auge zugemacht hat? Was ist, wenn sie oder er einen anstrengenden Arbeitstag hatte und einfach nicht in der Stimmung ist? Oder was ist, wenn sie gerade nicht will?

Erinnerst du dich an das berühmte Zitat von John F. Kennedy: *»Frage nicht, was dein Land für dich tun kann, sondern was du für dein Land tun kannst«?* Tolles Zitat. Und es lässt sich auch auf die Ehe anwenden.

In der Ehe geht es NICHT darum, was für dich dabei rauskommt oder, genauer gesagt, was dein Partner für dich tun kann. Der Autor Seth Adam Smith hat es in seinem Blogbeitrag »Marriage Isn't For You« wahrscheinlich am besten ausgedrückt. In der Ehe geht es darum, was DU dazu beitragen kannst. Es geht darum, wie DU das Leben deines Ehepartners besser machen kannst. Ich denke, es ist klar, dass **Sex, der nicht von beiden gewollt ist, NIEMALS die Lebenssituation verbessern wird.**

Wie können wir also für unsere Partner attraktiver und begehrenswerter werden, damit sie mit uns intim sein WOLLEN?

Es liegt auf der Hand: Wenn zwei Menschen, die sich Treue versprochen haben, keinen Sex mehr miteinander haben wollen, entsteht ein Problem für den Partner, dessen sexuelle Befriedigung auf der Strecke bleibt. Aber die meisten Menschen verstehen einfach nicht, WARUM das passiert. Ich denke, die meisten Menschen glauben: *»Das ist nun mal so! Jeder macht das durch!«*, oder dass die andere Person schuld ist (vielleicht!) oder dass die beiden sich einfach »nicht mehr lieben«.

Es ist weniger kompliziert als das, aber sehr viel differenzierter.

Ich glaube, die meisten von uns gehen in die Ehe, ohne sich darüber im Klaren zu sein, dass das, was uns als junge Singles für andere anziehend und begehrenswert gemacht hat, nicht viel damit zu tun hat, was unsere Langzeit- oder Ehepartner später im Leben attraktiv finden werden. Mit anderen Worten: All der Scheiß, der dazu geführt hat, dass dein Partner mit dir ins Bett gehen wollte, bevor ihr verheiratet wart, ist in Langzeitbeziehungen weitgehend überholt.

Wie ich das meine? Schauen wir es uns doch einfach mal an.

Deine körperliche Erscheinung. Ganz gleich, wie attraktiv du bist, kein noch so gutes Aussehen, kein durchtrainierter Körper kann die Gefühle von Misstrauen und Gefährdung überwinden, die eine Person aufgrund von Unsicherheit in der Beziehung empfindet. Dies geht zurück auf Maslows Modell der Bedürfnishierarchie. Neben Luft, Nahrung und Wasser brauchen wir Sicherheit, um ein gesundes Leben zu führen. Singles, mit denen wir in unserer Jugend ausgegangen sind, fühlten sich nicht unsicher, hegten auch kein Misstrauen, weil sie noch keine emotional schmerzhaften oder vertrauensverletzenden Momente mit uns erlebt hatten. Der Serienmörder Ted Bundy sah ziemlich gut aus. Bundy wurde vom Schauspieler Zac Efron (und das ist wirklich jemand, für den die Leute aufgrund seines Aussehens schwärmen) im 2019er-Netflix-Film *Extremely Wicked, Shockingly Evil and Vile* verkörpert. Ich bin mir sicher, dass kaum jemand Bundy als idealen Ehemann oder Vater ansehen würde.

Dein Bankkonto und dein gesellschaftlicher Status. Geld macht attraktiv, weil es sowohl Sicherheit als auch Aufstiegsmöglichkeiten verspricht. Geld vermittelt die langfristige ökonomische Sicherheit, nach der sich die Menschen sehnen, sowie die Mittel, um sich unter die High Society zu mischen und einen exklusiven Lebensstil zu pflegen (Reisen, gutes Essen, Zugehörigkeit zu erlauchten Kreisen). Wenn sich unser Partner jedoch aufgrund unserer Beziehung unsicher fühlt, dann helfen auch noch so viele Nullen vor dem Komma auf dem Bankkonto nicht, den Schmerz und die Angst aufzuwiegen, in einer ungesunden Beziehung gefangen zu sein oder mit dem nagenden Zweifel leben zu müssen, die Beziehung und der Lebensstil könnten sich als nicht dauerhaft erweisen.

Deine »Masche«. Mit Selbstvertrauen kommt man nur weiter, wenn es nicht aufgesetzt wirkt. Humor und Intelligenz funktionieren nur, wenn Herzlichkeit und Vertrauen im Spiel sind. Und während man mit Psychospielchen oder Täuschung bei der Aufreißernummer in einer Bar und bei One-Night-Stands durchkommen mag, wird Unehrlichkeit – oder auch nur das Fehlen von gegenseitigem Vertrauen – schließlich zum Ende einer Ehe oder Langzeitbeziehung führen.

Manchmal schaue ich mir die Begriffe an, die Menschen bei Suchmaschinen eingeben, um meinen Blog zu finden. Mehrfach kam mir dabei Folgendes unter: *»Zaubertrank, der Frauen Lust auf Sex macht«*.

Ja, auch ich musste lachen.

Aber dann habe ich doch mal ein bisschen weiter darüber nachgedacht, denn es ist für unser Thema gar kein uninteressanter Punkt. Solange Menschen davon ausgehen (und naiv, wie ich war, habe ich das auch jahrelang getan), dass ihre Partner sexuelle Fantasien und Aktivitäten genau so erleben wie sie selbst, ist es kein Wunder, dass es so viel schlechtes Zusammenspiel, Ehebruch und beschissene Beziehungen gibt.

Anders ausgedrückt: Wenn deine Partnerin dich verlässt, weil du nicht verstehst, dass das Abstellen von benutztem Geschirr neben der Spüle das Vertrauen untergräbt und emotionalen Schaden anrichtet, wäre das im Grunde das Gleiche, wie wenn du verlassen würdest, weil du der Partnerin im Schlafzimmer keine Befriedigung verschaffen kannst. (**Hinweis:** Es hätte fast nichts mit deinen Fähigkeiten im Bett oder deiner Ausdauer zu tun.)

Es ist höchst unwahrscheinlich, dass mein anonymer Freund, der auf seiner digitalen Suche nach einem magischen Sextrank über meinen Blog stolperte, dies jemals lesen wird. Aber vielleicht liest es jemand anders.

WIE MAN DEN MAGISCHEN SEXTRANK BRAUT

Es gibt tatsächlich ein Rezept, sexuelles Verlangen beim Partner zu wecken, ohne dass dafür magische Kräfte bemüht werden müssten, mein lustiger googelnder Freund. Und es ist ziemlich nützlich, das Rezept zu kennen.

ZUTAT NR. 1: HÖRE AKTIV ZU UND ZEIGE VERSTÄNDNIS FÜR DAS, WAS DIR ANVERTRAUT WIRD

Als ich mein Facebook-Publikum ganz informell nach den frustrierendsten Momenten und den wichtigsten Triggerpunkten in ihren Beziehungen fragte, kam als häufigste Antwort, es mangele am »aktiven Zuhören«. Viele Beziehungspartner (vor allem Frauen) berichten von verletzenden, unbefriedigenden einseitigen Gesprächen mit ihrem Partner. Im Klartext: VIELEN Frauen in Langzeitbeziehungen fehlt die enge emotionale Verbundenheit mit ihren Partnern, weil diese dem Anschein nach kein Interesse an Gesprächen mit ihnen haben. Und das soll hier nicht so hingestellt werden, als wären das »aufmerksamkeitsbedürftige« Frauen, die ihren Willen nicht bekommen.

Mit aktiven, engagierten Gesprächen gelingt es Menschen, Kontakte herzustellen und Vertrauen aufzubauen. Daher wird die Abneigung eines Ehemanns oder einer Ehefrau, sich an einer sinnvollen Unterhaltung zu beteiligen, oft als Desinteresse und Ablehnung interpretiert.

»Es ist ihm echt egal, was mir heute passiert ist oder worüber ich mich morgen sorgen werde. Es scheint, als ob er einfach so in den Tag hineinleben würde, ohne sich groß darum zu kümmern, woran ich denke, was ich tue, wie ich mich fühle und warum das so ist. Es ist ihm völlig egal. Da sehe ich doch, wie wenig ich ihm bedeute.«

Langweilen dich die Geschichten deiner Partnerin manchmal? HÖR TROTZDEM ZU. Bei dieser wichtigen Zutat für den magischen Sextrank geht es weniger um dein tatsächliches Interesse am Thema des Gesprächs als vielmehr um deine bewusste Entscheidung, einem Thema, das deiner Partnerin wichtig ist, Aufmerksamkeit zu schenken. Diese GESTE, dass man sich diese Zeit nimmt und Ideen austauscht, schafft Nähe und Zusammenhalt zwischen zwei Menschen. Wenn du dir tatsächlich die Mühe machst, verfliegt die Langeweile, und alles wird sehr interessant.

SCHRITT 1 – Schweige und höre deiner Partnerin zu, wenn sie ihre Geschichte erzählt oder versucht, ein Problem in Worte zu fassen. Beherrsche dich und unterbrich nicht, außer um eine produktive Frage zu formulieren, die die Erzählung weiterbringt und signalisiert, dass du zugehört und dich mit dem Problem beschäftigt hast.

SCHRITT 2 – Vermeide es zu seufzen, strahle kein komplettes Desinteresse aus. Frag nicht, was die Geschichte überhaupt soll. Verhalte dich nicht so, als wäre alles, was gerade gesagt wurde, dumm oder aus anderen Gründen deine Zeit und Aufmerksamkeit nicht wert. Und um Himmels willen, wenn du ein Mann bist, der eine Frau datet oder mit einer Frau verheiratet ist, die ihre persönlichen Probleme mit dir teilt, **dann VERSUCH BLOSS NICHT, IHRE PROBLEME MIT DEINEN MÄNNERVORSCHLÄGEN ZU LÖSEN. Es sei**

denn, du wirst ausdrücklich um Rat gefragt. Du investierst ein wenig Zeit, so wie du es tust, wenn du trainieren gehst oder Geld für das Alter ansparst. Du investierst in das Wohlbefinden und die Sicherheit deiner Partnerin. Es mag dir nicht einleuchten, dass etwas so scheinbar Belangloses und Passives, nur dazusitzen und zuzuhören, deine Beziehung von Grund auf stärken kann. Aber so kann und wird es sein, wenn du einfach tief durchatmest und mit Liebe und Respekt zuhörst.

SCHRITT 3 – Genieße das Gefühl, dass deine Partnerin dich respektiert und schätzt und ihren Freundinnen und ihrer Familie erzählt, wie toll du bist. Genieße das Gefühl, dass sie, statt sich in Fantasien über ihren Projektpartner bei der Arbeit oder den Klempner zu flüchten, lieber von dir verführt werden will.

ZUTAT NR. 2: ZEIGE DICH VERLETZLICH

Verletzlich sein sollte nicht mit Schwäche verwechselt werden. Es geht nicht darum, Schwäche zu propagieren. Verletzlichkeit zeigt sich dadurch, dass wir stark und mutig genug sind, jemandem unser wahres Ich zu offenbaren, obwohl wir Angst davor haben, auf Ablehnung zu stoßen. Das hat rein gar nichts mit Schwäche zu tun, ganz im Gegenteil. Es erfordert enorme Stärke und Mut, unsere innersten Gedanken und Gefühle zu teilen, weil wir dabei unser WIRKLICHES ICH zeigen, anstatt anderen Leuten nach dem Mund zu reden, weil wir glauben, dass sie es hören wollen.

Noch dazu ist Verletzlichkeit eine Form der Ehrlichkeit. Und Ehrlichkeit fördert das Vertrauen. Wer sich nicht verletzlich zeigen kann, wird immer Teile seiner wahren Persönlichkeit verstecken, und darunter wird das Vertrauensverhältnis leiden. Wir müssen das Vertrauen um so gut wie jeden Preis erhalten, wenn wir wollen, dass unsere Beziehungen gesund und stark bleiben.

ZUTAT NR. 3: SEI EINE FÜHRUNGSPERSÖNLICHKEIT

Das bedeutet nicht, dass du andere »unterdrücken« sollst. Es bedeutet nicht, so zu tun, als ob du intellektuell oder emotional überlegen wärst oder »das Sagen hättest«.

»Ich bin hier der Mann im Haus, und du wirst mich respektieren, verdammt noch mal!« – so habe ich früher selbst gedacht, nicht auf eine ekelhafte, sexistische Art und Weise, aber sicherlich so selbstherrlich, dass es jedem, der es mitbekam, ekelhaft und sexistisch vorgekommen sein muss. Dabei konnte man sich nicht einmal darauf verlassen, dass ich über ein verlängertes Wochenende angemessen auf das Haus, die Kinder, die Haustiere, noch nicht einmal auf mich selbst (jedenfalls im Sinne meines Eheversprechens) aufpasste, wenn meine Frau mal einen Ausflug mit Freundinnen oder ihrer Mutter machte.

Heute kommt es mir geradezu lachhaft vor, dass ich mich für einen so tollen Kerl hielt, der glaubte, ihren uneingeschränkten Respekt und ihre ungebremste Leidenschaft zu verdienen.

Eine Führungspersönlichkeit zu sein bedeutet:

1. Wir übernehmen die Verantwortung für die Qualität unserer Ehe oder Langzeitbeziehung.
2. Wir übernehmen die Verantwortung für das Verhalten und den »Erfolg« unserer Kinder.
3. Wir übernehmen die Verantwortung, falls wir die Gefühle unseres Partners verletzt haben, auch wenn wir nicht verstehen, wie oder warum es passiert ist.
4. Wir nehmen uns fest vor, diese Verhaltensweisen nicht zu wiederholen.
5. Wir zwingen unseren Partner nicht durch unsere Passivität, die gesamten Haushaltsaktivitäten allein zu bestreiten und sämtliche Entscheidungen über die Mahlzeiten oder die Wochenendgestaltung zu treffen, nur um uns

dann zu beschweren, wenn es nicht unseren Geschmack trifft.

6. Wir übernehmen die Verantwortung dafür, dass sich unser Partner sexy und begehrt fühlt, indem wir auch in unerwarteten Momenten die Flamme der Leidenschaft am Lodern halten und »Ich möchte mit dir schlafen« signalisieren. Es ist nicht Aufgabe des Partners, es uns auf Wunsch zu besorgen. Unsere Aufgabe ist es hingegen, derjenige zu sein, der so attraktiv ist, dass er es tun will.

ZUTAT NR. 4: STELLT EUREN PARTNER IN DEN MITTELPUNKT UND HÖRT NIE AUF, EINANDER ZU DATEN

Wenn du wirklich das Interesse an der Person verloren hast, mit der du eigentlich den Rest deines Lebens verbringen, mit der du Hab und Gut teilen wolltest – was zum Teufel machst du dann? Und warum?

Verabrede dich zum Date mit deinem Partner. Nicht um Interesse zu heucheln. Du solltest ehrliches Interesse demonstrieren.

Bessere Fragen zu stellen führt immer zu besseren Antworten. Stell Fragen. Frag, warum. Versuche aktiv, deinen Partner besser kennen- und verstehen zu lernen. Seine Vorlieben und Abneigungen. Seine Interessen. Seine Ängste. Seine Hoffnungen und Träume. Und höre dir die Antworten an.

Wenn wir wissen, wer unser Partner ist und was er will, können wir ihn wirksam dabei unterstützen, sein bestmögliches Leben zu führen. Wenn wir das nicht wissen oder es uns nicht wichtig genug ist? Dann werden wir zu einem Hindernis im individuellen Streben nach Glück des anderen. Wenn es so weit kommt, wird der Partner nicht nur die Lust daran verlieren, mit uns zu schlafen, sondern sich gänzlich von uns distanzieren.

ZUTAT NR. 5: FITNESS

Fitness ist sexy und attraktiv, aber aus Gründen, die meiner Meinung nach viel wichtiger sind, als muskulöse Arme und ein Sixpack zu haben. Diese Dinge sind nur der Bonus.

Fitness zeugt von:

1. Selbstachtung,
2. Disziplin und Durchhaltevermögen, was auf Beständigkeit und Vertrauenswürdigkeit schließen lässt. Und schließlich erzeugt das aktive Vorleben von Disziplin und Durchhaltevermögen ...
3. ... Selbstvertrauen. Und Selbstvertrauen – nicht die Art, die wir vortäuschen, sondern die Art, die wir ausstrahlen, weil wir sie tatsächlich empfinden – ist sexy und attraktiv.

ZUBEREITUNG: Alle Zutaten verrühren. Sofort servieren. Jeden Tag wiederholen.

Unabhängig von Geschlecht oder Vorlieben kann Sex in einer Beziehung sowohl Gutes als auch Schlechtes bewirken, mein Freund auf der Suche nach dem Zaubertrank. Wir haben da bisher nur an der Oberfläche gekratzt.

Viele, vielleicht sogar die meisten Beziehungen, die sich verschlechtern, tun dies zum Teil deshalb, weil wir es aus Angst vor Verurteilung oder Ablehnung vermeiden, uns verletzlich zu zeigen und über unsere Gedanken und Gefühle zu sprechen.

9
SEX, LÜGEN UND INTERNETPORNOS

HINWEIS: Wenn du mich zur Welt gebracht hast, mit mir verwandt bist, mich als höflichen jungen Mann aus der Kirche in Erinnerung hast, mit mir zur Schule gegangen bist, beruflich mit mir gearbeitet hast, mit mir ausgegangen bist oder mich anderweitig persönlich kennst, solltest du dieses Kapitel vielleicht überspringen.

Aaalsooo. Ich habe auf jeden Fall schon mal masturbiert.

Vielleicht ein Mal. Oder vielleicht 87 Millionen Mal. Ehrlich gesagt, will ich nicht darüber reden, weil ich mich dabei wirklich unwohl fühle. Außerdem muss ich immer daran denken, dass meine Mutter oder Großmutter das lesen könnten und dann sagen: *»Ach, du meine Güte! Wusstest du, dass Matt Mütze-Glatze gespielt hat?«* Genauso wenig kann ich aufhören, mir vorzustellen, wie alle, die ich in der Highschool kannte, jetzt sagen: *»Ha! War mir doch klar! Ich wusste genau, dass der Typ gewichst hat!«*, worauf Pläne folgen, es bei unserem nächsten Klassentreffen zu verkünden.

Am liebsten würde ich vor Scham vergehen. Aber dieses Gefühl ist der Grund, warum ich darüber spreche, denn wir können nicht mit intellektueller Ehrlichkeit über Beziehungen und die Ehe sprechen, wenn wir so tun, als ob Pornografie und Masturbation nicht existierten.

Sie existieren.

Da Unternehmen, die pornografische Inhalte anbieten, in der Regel in Privatbesitz sind, ist es schwierig, genaue Zahlen darüber herauszufinden, wie viel Geld das Geschäft mit der Pornografie erwirtschaftet. Ein Bericht von NBC News aus dem Jahr 2015 (die aktuellsten Daten, die ich finden konnte) schätzt den weltweiten Umsatz der Pornoindustrie auf 97 Milliarden Dollar. Derselbe Bericht schätzte, dass allein auf die Vereinigten Staaten 12 Milliarden Dollar entfallen, was bedeutete, dass mit Pornos zu diesem Zeitpunkt mehr Umsatz gemacht wurde als mit Hollywood-Filmen, Netflix (jeweils etwa 11 Milliarden Dollar) und Profi-Basketball (die NBA erwirtschaftete etwa 7,5 Milliarden Dollar).

Und jetzt betrachten wir diese Summe von 12 Milliarden US-Dollar mal genauer. 12 Milliarden Dollar bedeuten, dass statistisch gesehen JEDER Amerikaner, einschließlich Neugeborener, Nonnen und neunzigjähriger Großeltern, durchschnittlich 40 Dollar pro Jahr für Pornografie ausgibt, obwohl es im Internet praktisch unbegrenzt kostenlose Pornos gibt. Das heißt: Ihr habt euch auch einen runtergeholt, ihr kleinen perversen Lustmolche! Aber keine Sorge, das wird unser süßes kleines Geheimnis bleiben.

Viele, vielleicht sogar die meisten Beziehungen, die sich verschlechtern, tun dies zum Teil deshalb, weil wir es aus Angst vor Verurteilung oder Ablehnung vermeiden, uns verletzlich zu zeigen und über unsere Gedanken und Gefühle zu sprechen. Diese ängstliche Weigerung, uns ehrlich mitzuteilen, führt dazu, dass unsere Partner uns falsch einschätzen. Es ist aber schwierig, Vertrauen aufzubauen, wenn einer (oder beide) von uns die Wahrheit nicht kennt. Und ohne Vertrauen fällt alles auseinander. Nicht nur manchmal. Immer.

SEX UND GEHEIMHALTUNG

In den ersten zehn Jahren ihrer Ehe wusste Miranda nie wirklich, wer ihr Mann – in sexueller Hinsicht – war, obwohl sie das glaubte. Peter war allem Anschein und seinem Ruf nach ein Mann mit außergewöhnlichem Charakter. Groß. Gut aussehend. Anständig. Freundlich. Schüchtern. Zurückhaltend. Unschuldig. Sexuell unverdorben, eine Jungfrau bis zum Alter von neunundzwanzig.

Er kandidierte für ein öffentliches Amt, als sie sich kennenlernten. Miranda, die seine politischen Ansichten teilte, wurde Mitarbeiterin seiner Kampagne und verliebte sich in ihn. Peter war nicht wie die anderen Männer, die sie kannte und mit denen sie ausgegangen war. Er schien ein echt guter Kerl zu sein. Da sie in der Vergangenheit einige Techtelmechtel mit Männern gehabt hatte, die alles andere als gute Kerle waren, bewunderte sie ihn und verliebte sich in diesen disziplinierten Mann, der seine Prinzipien dem Vergnügen vorzog und dem es wichtiger war, den Menschen zu helfen, als an die Macht zu kommen.

Miranda, eine hinreißende grünäugige, rothaarige Sexbombe, die der Zeichentrickfigur Jessica Rabbit aus dem Film *Falsches Spiel mit Roger Rabbit* von 1988 nicht unähnlich sah, zog in jedem Raum, den sie betrat, die Blicke auf sich. Aber Peter schien sich immer nur auf seine Mission zu konzentrieren. So wie ein Pfadfinder, nur ohne die Abzeichen und das Halstuch.

Peter ist so ein bemerkenswert guter Kerl, dachte sie. *Ich würde gerne den Rest meines Lebens mit jemandem wie ihm verbringen.*

Auch wenn die Kampagne nicht zum Wahlsieg führte, erwies sie sich als Grundstein für die Beziehung von Peter und Miranda. Da die Wahl hinter ihnen lag, konnten sie sich ohne Interessenkonflikte verabreden, und als Miranda ihm schließlich ihre Zuneigung gestand, erwiderte der schüchterne und zurückhaltende Peter sie.

Ihr erster Kuss dauerte stundenlang. Eine heiße, leidenschaftliche Beziehung begann. Das Paar hatte ein aktives, scheinbar gesundes Sexualleben.

Seinem Bekunden nach hatte Peter vor Miranda nur eine einzige sexuelle Begegnung gehabt. Eine aktive sexuelle Beziehung war also eine willkommene, berauschende Bereicherung seines Lebens. Deshalb kamen sie oft zusammen (Wortspiel beabsichtigt).

Als Peters Interesse nachließ und er körperlich weniger Reaktion zeigte, fiel das Miranda sofort auf. Sie machte sich Sorgen: *Was ist denn jetzt los?*

Peter wuchs in einem Umfeld auf, das dem meinen sehr ähnlich war, mit kleinstädtischen, christlichen Werten, und wie ich hatte er den ehrlichen Wunsch, ein guter Mensch zu sein, den die Leute mochten und respektierten. Ein guter Mensch wie sein Vater. Alle mochten seinen Vater. Jeder schien zu denken, dass sein Vater ein guter Kerl war. Der kleine Peter lernte also, dass man, wenn man sich wie sein Vater verhielt, von den Leuten gemocht wurde und sie nett zu einem waren.

Guter Junge.

Aber Peters Vater hatte Geheimnisse. Seinen Alkoholismus zum Beispiel. Und eine Vorliebe für körperliche Züchtigung noch dazu. Manchmal, wenn Peters Mutter seinem Vater erzählte, dass Peter sich an diesem Tag ungezogen benommen hatte, drängte sein Vater den kleinen Peter in den Keller und zwang ihn, seine Hose und Unterwäsche herunterzuziehen und beide Hände an die Wand zu legen. Vielleicht sagte er dabei so was wie »*Warum zwingst du mich dazu, Peter?*« oder »*Du weißt doch, dass es mir mehr wehtun wird als dir*«.

Dann versohlte ihn sein Vater mit einem hölzernen Kricketschläger.

Böser Junge.

So ging es mehrere Jahre lang, bis sein Vater schließlich dem Alkohol abschwor und sich einer Kirchengemeinde anschloss.

Als sein Vater ihn nicht mehr schlug, ließ Peters Angst vor ihm nach, er wollte mehr Zeit mit ihm verbringen. Manchmal suchte er seinen Vater auf, wenn der in der Scheune der Familie arbeitete, in der Hoffnung, dass er mithelfen und etwas Neues lernen konnte. Aber Dad hat ihn immer weggescheucht.

Im frühen Teenageralter wagte sich Peter eines Tages in die Scheune, als sein Vater nicht zu Hause war. Er kletterte eine Leiter zum Dachboden der Scheune hinauf, was ihm explizit verboten war. Und dort entdeckte er einen geheimen Raum. In einem behelfsmäßigen Wohnzimmer mit einem Sessel und einem Fernseher lagen unzählige Pornohefte und -videos herum. Peter wusste nicht, dass es diesen Raum gab, und er glaubte auch nicht, dass außer seinem Vater noch jemand davon wusste. Peter hatte noch nie Bilder wie die in den Magazinen und auf den Videohüllen gesehen. Vollbusige, feurige, nackte Frauen. Sie sahen nicht aus wie die Mädchen in der Schule. Sie sahen nicht aus wie seine Mutter oder seine Schwestern, die alle zierlich waren und braunes Haar hatten.

Das macht Dad also wirklich, wenn er hier draußen ist. Er kommt nicht zum Arbeiten in die Scheune. Er schaut sich nackte Frauen an.

Peter richtete den Pornostapel wieder so her, wie er ihn vorgefunden hatte. Er rannte zurück zum Haus. Von seinem Fund konnte er niemandem erzählen, man hatte ihm ja verboten, die Leiter hochzusteigen.

Böser Junge.

Ich bin kein Psychiater oder Psychologe. Aber es scheint, dass mein Coaching-Klient Peter als kleiner Junge zwei wichtige Vorstellungen entwickelte, die später schwerwiegende Folgen für Miranda und seine Ehe haben sollten.

Die erste Vorstellung, die Peter entwickelte, war, dass man Frauen heiraten sollte, die wie seine Mutter und seine Schwestern aussahen und sich so verhielten. Konservative Kleidung und konservatives Verhalten. Kein einziges Wort über irgendetwas Sexuelles oder etwas, das in der Stadt, in der Schule oder in der Kirche als anstößig gelten könnte.

Aber das ist nicht der Typ Frau, die Peter getroffen und in die er sich verliebt hatte. *Miranda ist der Typ Frau, die man anfassen möchte. Miranda ist der Typ Frau, mit der man in seinen wildesten Fantasien ins Bett geht. Aber Miranda ist nicht der Typ Frau, mit der man sich niederlässt und Kinder bekommt. Miranda ist nicht der Typ Frau, die bei Familienessen und an den Feiertagen in die Runde passt,* dachte Peter.

Die zweite Vorstellung, die Peter entwickelte und die später seiner Ehe schaden sollte, ist die, dass es völlig normal und in Ordnung sei, verheiratet zu sein und Kinder zu haben, bei Freunden und Nachbarn gut angesehen zu sein, aber ein von sexuellen Fantasien angestacheltes heimliches Leben abseits der Ehe zu führen.

In Peters Fantasien ging es nicht unbedingt um feurige vollbusige Frauen. Eine solche Frau hatte er bereits zu Hause. In Peters heimlichen Fantasien kamen Frauen vor, für die er früher in der Highschool geschwärmt hatte; Fußballmütter, die er vielleicht bei Spielen der Little League traf, wo er die Mannschaften seiner Kinder trainierte; Arbeitskolleginnen und Frauen, mit denen er vor der Ehe etwas hatte.

Er suchte nach ihnen auf Facebook. Er gab ihnen Likes für ihre Fotos. Manchmal schickte er ihnen Nachrichten unter dem Deckmantel des freundlichen Nachbarn. Manchmal wurde er aber auch deutlicher, wie zum Beispiel, als er einer kürzlich geschiedenen Frau, die zufällig ein alter Highschool-Schwarm war, eine Nachricht schickte, in der er ihr anbot, sich bei ihm auszuweinen, wenn sie beide über ihre zerrütteten Beziehungen klagten.

Die Ehe von Peter und Miranda war in der Tat zerrüttet. Der

Sex war weniger lustvoll, weniger befriedigend, es kam seltener dazu. Fragen nach den Gründen wich er aus, begegnete er abwehrend. Mit Herabsetzung.

Miranda verstand das alles nicht. Sie hatte Angst. *Vielleicht liebt er mich nicht. Vielleicht begehrt er mich nicht. Vielleicht gibt es eine andere,* dachte sie. *Aber das KANN nicht sein. Peter ist so ein schüchterner, zurückhaltender, konservativer Typ. Das wäre so untypisch für ihn. Dazu ist er gar nicht fähig.*

Sie verstand auch nicht, warum Peters Vater sich ihr gegenüber so seltsam verhielt, dass sie sich in Gegenwart ihres Schwiegervaters unwohl fühlte. Miranda versuchte, sich in Peters Familie einzufügen, spürte aber vonseiten der Mutter und seinen Schwestern nichts als Kälte und Ablehnung. Als Miranda Peter davon erzählte, tat er ihre Bedenken als Paranoia ab. Er warf ihr vor, seine Familie schlechtmachen zu wollen, und verteidigte deren Verhalten.

Und dann entdeckte sie sein geheimes Facebook-Leben. Die Puzzleteile fügten sich langsam zusammen.

Ironischerweise hätte Miranda Peter selbst die drastischste Pornosucht der Welt verziehen, wenn er mit ihr nur offen darüber gesprochen hätte. Sie war nicht verletzt, weil Peter sexuelle Fantasien hatte. Sie war verletzt, weil Peter, wie sich herausstellte, zu Dingen FÄHIG war, die sie ihm nie zugetraut hatte. Die Wahrheit traf sie heftig: Ein Jahrzehnt lang hatte er ihr etwas vorgespielt. Sie hatte keine Ahnung, wer ihr Ehemann wirklich war.

An diesem Tag ging Mirandas Welt unter.

Peter hatte nie vorgehabt, jemanden zu verletzen. Schon gar nicht seine Frau und seine Kinder. Aber weil er sich entschied, alles geheim zu halten (und nie hinterfragte, ob das in Ordnung war, weil verheiratete Männer geheime sexuelle Fantasien und Gewohnheiten haben, wie er in jungen Jahren gelernt hatte), und weil er die Seite seiner Familie ergriff und nicht die seiner Frau, verlor Miranda jegliches Vertrauen, das sie einst zu Peter hatte.

Mirandas Bilderbuchehe war zum Albtraum geworden. Null Vertrauen. Null Sicherheit.

Und nun bestand die Aussicht, dass Peter seine Frau und seine Kinder verlieren würde. Wie ich bekam Peter vom Leben die Konsequenzen seiner Entscheidungen schmerzhaft und gnadenlos aufgezeigt. Er hatte nie vorgehabt, jemanden zu verletzen. Er hätte alles anders gemacht, wenn er damals gewusst hätte, was er heute weiß. Er mag ein ausnehmend guter Kerl sein. Er wirkt zumindest so, wenn man mit ihm spricht.

Trotzdem haben seine Entscheidungen dazu geführt, dass seine Frau und seine Familie Schaden davontrugen.

In sexueller Hinsicht wusste meine Frau nie wirklich, worauf ich stand. Ich war immer zu schüchtern oder zu ängstlich, darüber zu sprechen. In gewisser Weise hatten wir also jahrelang in unserer Ehe keine wirkliche Chance, weil ich zu feige war, mit ihr über wichtige Dinge zu sprechen.

Wenn zwei Menschen sich versprechen, nie wieder mit jemand anderem Sex zu haben, liegt es auf der Hand, dass du und dein Partner – es sei denn, du verachtetest Orgasmen oder körperliche Nähe oder bevorzugst sexuelle Unterdrückung – eure Erfahrungen im Schlafzimmer (oder wo auch immer!) wertvoll gestalten müsst, um zu vermeiden, dass einer von beiden sich nach mehr oder etwas anderem sehnt – was letztendlich eure Beziehung zerstört.

Man kann es nicht oft genug wiederholen: **Wenn wir dem individuellen Streben unserer Partner nach Glück – ihrem Aufstieg auf der Leiter oder Pyramide der menschlichen Bedürfnisse – im Weg stehen, sind wir selbst schuld, wenn sie ein Leben mit einem anderen Menschen wählen, der sie nicht aus Nachlässigkeit dabei zurückhält.**

Das soll nicht heißen, dass Untreue manchmal gerechtfertigt

sein könnte. Ich kann mir keine Situation vorstellen, in der es richtig wäre, das Vertrauen eines anderen zu missbrauchen – vor allem nicht bei jemandem, mit dem man vielleicht ein gemeinsames Zuhause und Kinder hat und dem man sich auf immer und ewig versprochen hat. Ich glaube nicht, dass es eine stichhaltige Entschuldigung dafür gibt, seinen Ehepartner zu betrügen. Aber ich kann verstehen, warum jemand in einer Beziehung, der sich jahrelang ungeliebt, nicht gewürdigt, unerwünscht, vernachlässigt und vielleicht missbraucht fühlt, den Annäherungsversuchen eines attraktiven Menschen nachgibt.

Ja, natürlich. Ich verstehe das vollkommen. Ursache und Wirkung.

Das heißt zwar nicht, dass die Opfer von Untreue für die Verfehlungen ihres Partners verantwortlich gemacht werden sollten. Das wäre ekelhaft. Aber ich denke, es bedeutet, dass wir die große Verantwortung übernehmen sollten, unsere Partner so zu behandeln und uns so zu verhalten, dass sie mit uns und niemandem sonst zusammen sein WOLLEN.

Wir schaffen Vertrauen in unseren Beziehungen, wenn wir uns so verhalten, dass immer etwas auf das Vertrauenskonto eingezahlt wird. Wir schaffen Vertrauen, indem wir ehrlich, verlässlich und verletzlich sind.

In unserer Ehe war ich nicht ehrlich zu meiner Frau, wenn es um sexuelle Dinge ging. Es war mir im Allgemeinen unangenehm, über Sex zu sprechen. Vor allem aber hatte ich Angst davor, alles preiszugeben, was ich dachte und fühlte, was ich fürchtete, worin meine Fantasien bestanden, was ich wollte und nicht wollte.

Aber warum?

Da kamen verschiedene schwierige Sachen zusammen, von denen einige mit Ängsten zu tun haben und andere mit den besten Absichten passiert sind, aber trotzdem bescheuert und beziehungsschädigend waren.

Der erste Grund ist, dass ich versucht habe, in die Schublade

»So sollte ein Ehemann über seine Frau denken« zu passen. Nicht jeder wird das nachvollziehen können. Gehen wir also kurz zurück in meine prägenden Jahre, damit du eine Vorstellung davon bekommst, von welcher Art Schublade ich hier spreche.

Ich wuchs mitten in Amerika auf, in einer kleinen Stadt in Ohio mit etwa 20 000 Einwohnern, die über viele Meilen hinweg umgeben war von noch kleineren ländlichen Gemeinden. Ich stamme aus einer christlichen Familie, wir sind Katholiken. Zu Hause wurde großer Wert auf die Ausübung unseres Glaubens gelegt. Es gibt viele Katholiken, die nicht jede Kirchenlehre buchstabengetreu befolgen, was man als entspannt praktizierten Katholizismus bezeichnen könnte. So etwas kam bei unserer Familie nicht infrage.

Ich besuchte die katholische Schule von der ersten Klasse bis zum Highschool-Abschluss. Wir haben keine Sonntagsmesse verpasst, selbst wenn wir auf Reisen oder im Urlaub waren.

Mir wurde beigebracht, dass es unhöflich sei, am Esstisch über Religion und Politik zu diskutieren, aber bei uns zu Hause waren die beiden Themen allgegenwärtig und miteinander verwoben. Jesus war unser Co-Pilot, und er wollte, dass wir die Sünde meiden, damit wir nach unserem Tod in den Himmel kommen. Und während wir darauf warteten, dorthin zu kommen, wollte er, dass wir alle zwei bis vier Jahre die Republikaner wählen.

»Hey, Matt! Das mag ja alles voll interessant sein, aber ich bin weder Christ noch besonders konservativ. Was zum Teufel hat das mit mir und meinem Leben zu tun?«

Philosophisch gesehen kann man darüber streiten, ob die Vereinigten Staaten und manche anderen Länder auf der Welt christliche Nationen sind, aber die Zahlen sprechen dafür. Unabhängig davon, wo du dich religiös oder spirituell zugehörig fühlst, das Christentum hat im Laufe der Jahrhunderte eine enorme Reichweite und Wirkung entfaltet und beeinflusst dein Leben wahrscheinlich auf eine Art und Weise, die dir vielleicht noch nicht bewusst geworden ist.

Während sich weltweit nur 33 Prozent der Menschen als Christen bezeichnen, gehört doch die große Mehrheit der englischsprachigen Welt (und Englisch ist die einzige Sprache, die ich fließend sprechen und schreiben kann) dazu. 83 Prozent der Amerikaner sind Christen, 76 Prozent der Europäer, 80 Prozent der Südafrikaner und etwa die Hälfte der Bevölkerung Australiens und Neuseelands. Ich würde nicht im Traum daran denken, für andere Christen oder Katholiken zu sprechen, auch nicht für die anderen Kinder, mit denen ich aufgewachsen bin. Ich gebe nicht vor zu wissen, was sie damals in der Schule dachten und fühlten. Ich weiß nur, was ich gedacht und gefühlt habe. Aber als Erwachsener habe ich die Erfahrung gemacht, dass es noch Millionen andere Menschen gibt, die meine Gedanken und Gefühle teilen.

Man kann mit Sicherheit sagen, dass die gängige christliche Lehre zum Thema Sex junge Menschen in einer Weise negativ beeinflusst: Sie hat Generationen von Menschen hervorgebracht, die ihre sexuellen Wünsche oder Aktivitäten aus Scham verbergen, was dann später zu beziehungszerstörenden Vertrauensproblemen in der Ehe führt.

Anmerkung: Ich sage damit NICHT, dass ich glaube, dass das Christentum oder ein konservatives religiöses Leben in irgendeiner Form schlecht ist. Das würde ich nie tun. Tatsächlich kann ich mich nicht an ein einziges Mal in mehr als vierzig Jahren erinnern, dass eine Beziehung endete, weil zwei Menschen ihren Glauben als die zentrale und heiligste Sache in ihrem Leben ansahen. Der Glaube und die Zugehörigkeit zu einer kirchlichen Gemeinschaft bieten Menschen und Familien eine grundlegende Stabilität. Etwas, an dem man sich festhalten kann, anstatt ziellos durchs Leben zu treiben. Diese Beständigkeit hilft vielen Menschen. Mir hat sie geholfen. Egal woran ich heute glaube, ich bin dankbar und kann nur Positives über meine Erziehung berichten. Was uns in meiner Jugend an finanziellen Mitteln fehlte, wurde durch Familienzusammenhalt und Freundschaften mehr als wettgemacht. Wir waren – ich war – über alle Maßen gesegnet.

Ich denke nicht, dass Religion und Glaube irgendwie das Problem sind. Aber ich denke, dass der Religionsunterricht, so wie ich ihn erlebte, nebenbei ein Menschenbild entwirft, das für grundlegende Probleme in Ehen und in der Folge auch in Familien sorgt. (Dabei habe ich noch nie einen religiösen Menschen, Lehrer oder Würdenträger getroffen, der etwas gegen die Ehe hatte.)

Dieser bei manchen jungen Menschen vom Religionsunterricht versehentlich hervorgerufene Schaden führt im Allgemeinen zu mehreren beziehungszerstörenden Folgeerscheinungen, darunter:

1. heimlicher Pornokonsum,
2. sexuelle Ängste, die sich negativ auf Intimsphäre und Lustgefühl auswirken können, was dazu führt, dass einer oder beide Ehepartner Sex vermeiden wollen, weil sie Angst davor haben, dabei zu versagen,
3. Unbehagen bei Gesprächen über Sex, was den Aufbau von Intimität verhindern und dazu führen kann, dass die Ehepartner ihre Attraktivität anzweifeln und ihr Selbstwertgefühl Schaden nimmt,
4. der Glaube, dass außer in der Ehe alle sexuellen Gedanken, Wünsche und Aktivitäten sündhaft und tabu wären, was psychologisch gesehen dazu führen kann, dass verbotener Sex dermaßen verlockend wird, wie es »erlaubter« Sex mit dem Ehepartner nie sein könnte. Dass das negative Auswirkungen hat, sollte klar sein: Die verbotene Frucht spielt schließlich schon in der biblischen Ursprungsgeschichte der Menschheit eine zentrale Rolle.

Dies habe ich mitgenommen von den wenigen Malen, als mir als jungem Menschen in der katholischen Schule etwas über Masturbation erzählt wurde. Auch wenn dir das nicht bekannt vorkommen sollte, möchte ich dich ermutigen, darüber nachzudenken, ob du jemals mit jemandem zusammen warst oder jemanden geheiratet hast (oder heiraten wirst), der nach einem ähnlichen Glaubenssystem lebt.

1. Als wir aufwuchsen, wurde meinen Freunden und mir beigebracht, dass alle unsere sexuellen Gedanken und Handlungen Sünden seien (solange wir nicht verheiratet waren, und das war keiner von uns, weil wir kleine Kinder waren).

Ich meine keine Sünden im Sinne von: *»Du Schlingel!«*

Ich meine Sünden im Sinne von: *»Wenn du stirbst – was tatsächlich jederzeit passieren kann –, dann wird Jesus so enttäuscht von dir sein, dass er dich vielleicht für alle Ewigkeit in die Hölle schickt!«*

Hast du schon mal ein paar Stunden im Wartezimmer eines Krankenhauses verbracht? In der Schlange bei der Zulassungsstelle gestanden? Im Stau gesteckt, als du es sehr eilig hattest? Da ging es nur um Stunden. Die Ewigkeit aber ist FÜR IMMERRRRRRRRRRRRRRRRRRRRRRRRRRRR.

Die ewige Verdammnis stelle ich mir als die maximal beschissenste Zeit des Lebens vor. Schlimmer kann man sich nicht mehr fühlen. Vielleicht liegt deine Scheidung ein paar Wochen zurück, und deine Ex trifft sich mit einem anderen, der wahrscheinlich einen Doktortitel und einen Zwanzigzentimeterpenis hat, und du weinst viel und hast vor allem und jedem Angst, weil du allein sterben wirst. Und dann, eines Tages, kurbelst du dir einen unter der Dusche oder wo auch immer, durchtränkt von Einsamkeit und Scham, und es stellt sich heraus, dass alle anderen auf der Welt dir dabei zusehen, weil du insgeheim der Star einer Art *Truman Show* mit versteckter Kamera bist, und dann mailt dir jemand das Video zu, das der Rest der Welt gerade gesehen hat, begleitet von der spöttischen Anmerkung: *»Jeder weiß es, du Versager!!! Sogar deine Mutter und deine Oma!!!«* Und dann schaust du nervös aus dem Seitenfenster deines Hauses, und da steht deine siebzigjährige Nachbarin, die auf dich zeigt und dich auslacht. Und dann, da du in der Hölle bist, weil du heulender, einsamer Verlierer gewichst hast, wird Gott dich für die Ewigkeit dortbehalten, damit du genau dieses Gefühl jeden Tag erleiden musst, für immer. Nicht für zwei Wochen. Nicht für tausend Jahre. Du wirst für immer und ewig in dieser Scheißshow festsitzen. Für immer. Folter ohne Ende.

Ich sage nicht, dass es das ist, was uns die Erwachsenen zu vermitteln VERSUCHTEN. Aber so kam es bei uns an. Zumindest bei mir. Und weißt du was? Vielleicht stimmt es sogar. Vielleicht gibt es einen besonderen Platz in der Hölle für nah am Wasser gebaute Geschiedene, die masturbieren. Ich weiß es wirklich nicht. Ich weiß allerdings, dass deine Ehe wirklich unangenehm werden kann, wenn du all diese Dinge glaubst und sie mit dem Folgenden kombinierst.

2. *Masturbation ist komisch und eklig!*, dachte ich. *Darüber kann ich nicht sprechen! Nur Verlierer und Jungfrauen machen so was! Merkt man ja schon daran, dass die anderen Kinder in der Schule immer Witze darüber machen! Ich glaube, mit mir stimmt was nicht. Keiner der Erwachsenen in der Kirche würde so was jemals tun! Warum sollten sie auch, wenn sie alle glücklich verheiratet sind und regelmäßig Sex mit ihren Ehepartnern haben?!*

Praktizierende Katholiken gehen regelmäßig zur Beichte. Im Beichtstuhl führt man ein offenes Gespräch mit einem Priester, in dem man seine Sünden bekennt oder Dinge preisgibt, für die man sich schuldig fühlt. Die Idee ist, dass Gott einem auf die Fürsprache des Priesters hin vergibt. Obwohl ich nach den Maßstäben, nach denen man mich erzogen hat, ein schlechter Katholik bin, bin ich als Erwachsener zur Beichte gegangen. Einmal, als ich noch verheiratet war, saß ich im Beichtstuhl und erwähnte das Masturbationsding. Der Priester bemerkte, dass ich nervös war und dass es mir unangenehm war, darüber zu reden.

»Wie oft?«, fragte er. Ich sagte es ihm. Seine Antwort: »Öfter nicht? Geben Sie sich mal mehr Mühe!«

So lustig es auch war, die Kluft zwischen seiner stillschweigenden Erlaubnis und der Überzeugung aus meiner Kindheit, dass alle Selbstbeflecker eine Ewigkeit feuriger Qualen erleiden werden, ist ziemlich groß.

3. Meine letzte Erkenntnis aus der religiösen Erziehung in Bezug auf Masturbation: Mit dem Eintreten der Pubertät war es nicht länger durchzuhalten, dass sich die ganze sexuelle Energie über Wochen, Monate, gar Jahre aufstaute.

Ich glaube nicht, dass die meisten jungen Menschen, die in religiösen Haushalten aufwachsen, herumsitzen und denken: »*Potzblitz, ist mir langweilig. Was könnte ich denn mal machen? Ach, ich weiß es: Ich spiele an meinem Gemächt herum.*«

Ich stelle mir das eher so vor: »*Großer Gott, Mann! Wird höchste Zeit, dass ich mal bei jemandem zum Schuss komme. Aber leider bin ich erst vierzehn Jahre alt und weiß nicht, wie. Außerdem sollen wir bis zur Hochzeit warten, weil vorehelicher Sex eine Sünde ist! Und vorehelicher Sex scheint eine noch größere Sünde zu sein als diese Sünde, die ich im stillen Kämmerlein begehe. Also werde ich wohl einfach diesen seltsamen verschlüsselten Fernsehsender für Erwachsene schauen, wo ich auf dem verschneiten Bildschirm ab und zu mal eine nackte Brust erhaschen kann.*« Oder so ähnlich.

Der zweite Grund, warum ich nicht ganz ehrlich mit meiner Frau über Sex gesprochen habe, ist, dass ich Angst vor ihrem Urteil und ihrer Ablehnung hatte. Ich will damit nicht sagen, dass sie eine übermäßig voreingenommene Person war. Wahrscheinlich projizierte ich meinen ganzen Haufen an Unsicherheiten auf sie, ohne ihr eine faire Chance zu geben, offen damit umzugehen.

Weil ich so viel aufgestaute Angst und Scham mit mir herumtrug, hielt ich meine sexuellen Fantasien für etwas Schlechtes. Nicht nur ein bisschen schlingelhaft unanständig, sondern richtig schlimm böse. Und deshalb hielt ich es für falsch, meine Frau – die Frau, die ich liebte und verehrte und beschützen wollte – in diese giftige, lustgetriebene Verlogenheit reinzuziehen.

Ich hatte Angst davor, ihr von meinem großen sexuellen Verlangen zu erzählen, weil ich befürchtete, sie würde mich als irgendwie abartig ansehen, als jemanden, der ihre Liebe nicht verdiente und mit dem sie nicht verheiratet sein wollte.

Ich habe ihr nie die Chance gegeben, die echte, unverstellte Version meiner Person kennenzulernen, um sie zu akzeptieren oder abzulehnen, weil ich ein ängstliches Kind war und meine Wünsche und meine Bequemlichkeit über ihr kurz- und langfristiges Wohlbefinden stellte. Damals war mir das allerdings alles noch nicht so klar.

Der dritte Grund, warum ich etwas vor meiner Frau verbarg, war der einzig ehrenwerte – ich wollte ihre Gefühle nicht verletzen. Sie ist eine wunderbare Frau. Sie ist wunderschön. Ganz im Ernst. Sie konnte nichts dafür, dass sie sich nicht in scharfe asiatische Drillinge oder eine großbrüstige Brünette mit sexy Tattoos und Piercings verwandeln konnte. Ich gehöre nicht zu den Typen, die in der Öffentlichkeit Frauen hinterherstarren, genauso wenig habe ich meiner Frau aufs Auge gedrückt, wenn ich irgendeine Schauspielerin im Fernsehen attraktiv fand. Ich wollte ihr nie das Gefühl vermitteln, dass ich dachte, sie sei nicht gut genug. Letztendlich lief es aber doch darauf hinaus, und ich tat noch so, als wäre sie diejenige, die ein Problem hat.

Der vierte Grund ist, dass ich wirklich glaubte, ich würde irgendwann aus diesen Gedanken und Gefühlen herauswachsen, sie hinter mir lassen. Man sitzt da mit siebzehn oder vierundzwanzig oder zweiunddreißig und denkt sich: *Wann werde ich wohl aufhören, all diese Gedanken und Gefühle zu haben, so wie die Erwachsenen, bei denen es immer so wirkt, als hätten sie alles im Griff?* Erst viel später bekommen wir mit, dass die Weiterentwicklung der Persönlichkeit auch etwas mit Entscheidungen zu tun hat, die man selbst trifft, und dass all diese Erwachsenen, von denen wir glaubten, sie hätten das Leben gemeistert, auch ihre eigenen Kämpfe auszutragen haben, Unsicherheiten, Ängste, Scheitern und Schwächegefühle mit sich herumtragen. Das geht allen Menschen so.

Aber wir haben es nicht gewusst, weil am Esstisch darüber nicht gesprochen wurde, denn es gehörte sich nun mal nicht.

Wir wachsen damit auf, dass wir uns an einer imaginären Messlatte orientieren, die wir bei den Erwachsenen, die wir kennen, anlegen und der wir nie gerecht werden. Wir erkennen aber nicht, dass es den Erwachsenen mehr oder weniger genauso geht wie uns. Wir laufen mit dem Gefühl herum, wir wären die Einzigen auf der Welt, die so etwas denken und fühlen. Und das macht einsam, besonders in den stillen Momenten, wenn wir unseren Gedanken freien Lauf lassen. Wenn wir im Bett liegen und an die Decke starren. Und uns fragen: *Was stimmt mit mir nicht?*

Alles? Nichts?

Du bist ein Mensch, genau wie ich. Genau wie meine Ex-Frau. Genau wie Peter. Genau wie Miranda.

Vielleicht hattest du immer zu viel Angst, auszusprechen, was du denkst und fühlst, und dich jemandem anzuvertrauen – aber du bist damit nicht allein.

DIE EINSTELLUNG ZUR SEXUALITÄT UND DER UMGANG DAMIT

Nicole verliebte sich in Ben und nahm sein Angebot an, bei ihm einzuziehen. »*Er ist der Richtige*«, dachte sie.

Das junge Paar ließ sich auf das Auf und Ab des Zusammenlebens ein, das dem ähnelt, wie man es in der Ehe erlebt. Die Ausgaben werden geteilt, Mahlzeiten zusammen eingenommen, die Hausarbeit verteilt, zusammen Pläne geschmiedet. Und es gibt ein gemeinsames Bett.

Nach einigen Monaten des Zusammenlebens griff sich Nicole Bens Laptop, um etwas zu erledigen, und – BÄÄÄM – fand dort die Anzeige einer Vermittlung für zwanglose Sexkontakte. Sie war am Boden zerstört. »*O mein Gott! Er trifft sich mit fremden Frauen und sucht schnellen Sex! Wie konnte ich nur so dumm sein? Warum habe ich das denn nicht bemerkt?«*

Ben sei nicht der, für den sie ihn gehalten hatte, schlussfolgerte sie. Nicole zweifelte an ihrem Urteilsvermögen. Sie fühlte sich zurückgewiesen und war angewidert. Sie fühlte sich verraten.

Unter dem Trauma des Betrugs konfrontierte sie Ben mit ihrer Entdeckung. Als ihm klar wurde, was passiert war, musste er lachen.

»Es ist ganz anders, als du denkst, Babe.«

Es stellte sich heraus, dass Nicoles Entdeckung nichts damit zu tun hatte, dass Ben mit irgendwelchen Frauen aus der Gegend in die Kiste springen wollte, es handelte sich um eine zufällige Pop-up-Anzeige. Nichts Ungewöhnliches, wenn man pornografische Websites besucht – nicht dass ich etwas darüber wüsste, Mom.

Ben hatte sich Pornos angeschaut. Das ist für manche Paare schon vertrauenszerstörend genug, um eine Beziehung zu beenden. Ich weiß nicht, ob Bens Pornokonsum für Nicole einen großen Vertrauensbruch darstellte, aber ich mag diese Geschichte, weil sie zeigt, wie viel Schaden durch mangelnde Transparenz angerichtet werden kann.

Man kann darüber debattieren, wie schädlich Pornografie ist, da hat jeder seine eigene Meinung. Dazu kommen wir gleich noch. Aber wenn wir schon anfangen zu relativieren, dann wage ich zu behaupten, dass es weit weniger schlimm ist, sich Internetpornos anzuschauen, als die Lebensgefährtin zu betrügen.

Das letzte Mal, als ich in einem Stripclub war, war ich dreiundzwanzig Jahre alt, ich hatte gerade meinen College-Abschluss gemacht und war von Ohio nach Florida gezogen. Nachdem wir ein Trainingsspiel einer Major-League-Baseballmannschaft besucht hatten, beschlossen mein Kumpel und ich, uns in der Cheetah Lounge in Sarasota ein paar Drinks zu genehmigen. Meine Freundin – meine zukünftige Ex-Frau – war ebenfalls nach Florida gezogen, wir wohnten zu dem Zeitpunkt aber noch nicht zusammen.

Ein paar der Cheetah-Tänzerinnen kamen an unseren Tisch

und setzten sich zu uns. Mein Freund und ich flirteten höflich mit ihnen, wie wir es als Dreiundzwanzigjährige zu tun pflegten. Als ich den Club verließ und mich auf den Heimweg machte, stellte ich fest, dass sich mein Telefon in der Hosentasche selbstständig gemacht und ich im Stripclub zufällig meine Freundin angerufen hatte. Sie war völlig aufgelöst, weil sie mitgehört hatte, dass ich mich angeregt mit einer anderen Frau unterhielt. Da ich wusste, dass ich nichts Unangemessenes getan hatte (von der mangelnden Transparenz einmal abgesehen), lachte ich meine weinende Freundin aus – aber nicht auf eine boshafte Art. Ich fand es ehrlich gesagt lustig, dass sie es nicht kapierte. Jeder Typ – zumindest jeder Typ mit so wenig Geld wie ich – weiß, dass ein Stripclub der LETZTE Ort ist, an dem man Frauen trifft, die wirklich an einem interessiert sind oder mit denen man etwas anfangen kann. Obwohl ich verstand, dass sie sich aufregte, weil sie dachte, ich flirte ernsthaft mit anderen Mädchen in einer Bar, war ich der Meinung, dass die Tatsache, dass ich in einem Stripclub war und mich so gentlemanlike verhielt, wie es einem in dieser Umgebung nur möglich ist, eigentlich für mich sprechen würde.

Es fiel mir leicht, die Angst und den Schmerz meiner Freundin abzutun, weil mir die Vorstellung, ich würde ernsthaft versuchen, mit einer jungen Stripperin anzubändeln, dermaßen lächerlich erschien. (Die Lektionen in Sachen Einfühlungsvermögen, die ich seit meiner Scheidung gelernt habe, hätten mir damals gutgetan.)

Bens Geschichte über die Pop-up-Anzeige von der Pornowebsite kam mir sehr ähnlich vor wie diese Erfahrung, von der ich ihm bei unserem ersten Coaching-Gespräch erzählte. Hier ist der Teil, der wirklich wichtig ist: Erinnerst du dich an den hypothetischen Leichenschauhausstreich aus Kapitel 5? Wo du vielleicht quälende Minuten oder Stunden lang wirklich geglaubt hast, dass dein Freund oder Familienmitglied gestorben sei? Wo du unter Schock standest und von Trauer übermannt wurdest? Nun, so erging es auch der Frau, die schließlich unseren Sohn zur Welt bringen sollte, als sie glaubte, sie höre gerade mit, dass sie mir nicht so viel bedeutete, wie sie gedacht hatte.

Und Nicole erging es ähnlich.

Unabhängig davon, was Ben getan oder nicht getan hatte, gab es einen Moment, in dem Nicole tatsächlich die traumatische Erfahrung, betrogen worden zu sein, durchlebte, weil sie überzeugt war, dass er sich online mit anderen Frauen verabredete.

Auch wenn wir als Eltern wissen, dass sich kein Monster unter dem Bett versteckt, fürchten sich unsere Kinder – aus ihrer realen Lebenserfahrung beurteilt – trotzdem.

Selbst wenn Ben glaubte – ähnlich wie ich bei dem Vorfall im Stripclub –, dass Nicoles ängstliche Befürchtungen nicht ernst zu nehmen waren, weil er nicht das getan hatte, was sie sich ausgemalt hatte, hat Nicole diesen Moment dennoch mental und emotional so erlebt, als hätte er es tatsächlich getan.

Wir können darüber diskutieren, ob das fair ist. Du darfst natürlich deine eigene Meinung dazu haben, wie viel Verantwortung man für die Emotionen anderer Menschen übernehmen sollte. Aber wenn du an einer friedlichen, gesunden, dauerhaften und langfristigen Beziehung oder Ehe interessiert bist, dann möchte ich dich ermutigen, dem Vertrauensverhältnis zwischen dir und deinem Partner ein sehr großes Maß an Wichtigkeit einzuräumen. Es spielt keine Rolle, dass du gar nicht durch die Gegend läufst und dein Geschlechtsteil in das Geschlechtsteil anderer Leute steckst. Wenn dein Partner echte Ängste und Befürchtungen hat, weil er mit dir oder in einer früheren Beziehung die Erfahrung gemacht hat, betrogen worden zu sein, dann bitte ich dich, dich für ihn auf eine Art und Weise einzusetzen, die zeigt, wie sehr dir sein Wohlbefinden am Herzen liegt.

Ich habe also nicht offen und ehrlich mit meiner Frau über Sex gesprochen. Ich will nicht Jesus, meinen Eltern oder meiner katholischen Erziehung die Schuld für meine gescheiterte Ehe geben. Wir sind alle verantwortlich für die Entscheidungen, die wir treffen. Aber die ganze Sache mit der Angst vor dem Höllenfeuer wegen Masturbation oder vorehelichen Geschlechtsverkehrs ist tatsächlich der Grund, warum es mit dem Sex bei mir komisch wurde. Ich trug angesichts meiner Vorstellungen von Sex eine Menge Angst und Schamgefühl mit mir herum, was sich im Kontext der Ehe als ungesundes Handicap erwies.

Eine der häufigsten Geschichten, die man über solche Situationen hört, betrifft den Mann, der sich spätnachts oder wenn niemand zu Hause ist, sein Handy greift oder sich an den Computer setzt, um sich Pornofotos oder -videos anzusehen. Ich war noch nie ein übermäßiger Pornokonsument, und ich schwöre, das sage ich nicht nur so. Ich fand echte Menschen schon immer heißer als »unechte« auf Fotos oder in Videos. Aber auch mir ist es schon passiert, dass meine Frau den gemeinsamen Computer einschaltete und dort eine minimierte Pop-up-Webseite mit Pornobildern vorfand.

Mir ist klar, dass es viele Menschen gibt, die den Konsum von Pornografie nicht verwerflich finden, weder bei sich noch bei ihrem Partner. Aber ich weiß auch, dass es vielen nicht egal ist. Sie sind beunruhigt. Und für diejenigen, die sich Sorgen machen, steht das Vertrauen auf dem Spiel – die wichtigste Zutat in einer Ehe. Manche Menschen mögen es nicht, wenn ihr Partner Pornos schaut, weil es dazu führt, dass sie sich unsicher fühlen, als wären sie nicht attraktiv oder gut genug, um ihrem Partner Lust zu bereiten und ihn sexuell zu befriedigen. Manche Menschen schauen Pornos, weil ihr Sexleben unbeständig ist oder sie gar keins haben. Ich stelle mir eine Frau vor, die sich mit einer Menge unangenehmer Fragen den Kopf zermartert, warum ihr Mann kein sexuelles Interesse mehr an ihr zu haben scheint, weil sie sich wochen- oder monatelang nicht mehr körperlich nähergekommen sind.

Und dann entdeckt sie, dass er sich Pornos ansieht.

Und sie sagt: »*Moment mal! Ich will unbedingt Sex mit dir haben, auch wenn du die Hälfte der Zeit ein beschissener Ehemann bist. Ich habe echte Körperteile aus Fleisch und Blut, die man anfassen kann, mit einer funktionierenden Vagina und allem, und du holst dir heimlich einen runter, mit deinem Schwanz in der Hand vor einem Bildschirm mit Weibern, bei denen nicht nur die Brüste künstlich sind?*«

Also, Kumpel, hier ist eine kleine Übung: Denk an deinen besten Freund. Oder an einen platonischen männlichen Freund deiner Partnerin. Vielleicht ein Arbeitskollege. Und nun stell dir vor, dass deine Frau deine sexuellen Annäherungsversuche seit mehreren Wochen zurückweist und du dir langsam Sorgen machst und dich fragst, warum.

Und dann kommst du eines Tages nach Hause und überraschst sie beim Masturbieren. Sie sieht sich dabei ein Bild deines Freundes oder eines anderen Mannes an, den sie kennt, und stöhnt seinen Namen. Sie ist wie weggetreten.

Kannst du dir das vorstellen?

So ähnlich könnte es ihr gehen, wenn sie bemerkt, dass du sie zwar nie berührst oder ihr sagst, dass sie sexy und schön ist oder dass du sie begehrst, aber dir dafür auf Internettussis einen runterholst.

Und vielleicht, wenn du dir nicht auf Internettussis einen runterholst, sondern ihr sagst, dass sie sexy und schön ist (es dürfen auch gern etwas substanziellere Feststellungen darüber sein, was sie zu einem begehrenswerten, bewundernswerten und interessanten Menschen macht), dann könnte sich für euch beide eine wirklich positive, tolle Entwicklung ergeben. Wäre das nicht einen Versuch wert?

DAS PROBLEM DER SEXUELLEN MOTIVATION

Mark Manson, einer meiner Lieblingsautoren, nimmt sich in seinem Buch *Scheiß auf coole Sprüche – Frauen durch Ehrlichkeit erobern* der Themen Porno und Masturbation beim Dating an, ohne sie durch das Prisma von Religion oder Moral zu filtern. Vieles davon lässt sich auch auf die moderne Ehe anwenden.

Zu einer tollen Ehe gehört zum Beispiel, dass du dich so verhältst, dass sich dein Partner respektiert, sicher, geliebt, begehrt und sexy fühlt, damit ihr ein tolles und verbindendes Sexleben haben könnt. Wenn du aufhörst, deinen Partner emotional und sexuell so zu begehren, wie du es zu Beginn eurer Beziehung getan hast, kann das dazu führen, dass er sich weniger geliebt und weniger sexy und somit auch weniger sicher in der Beziehung fühlt.

Aber selbst wenn das so ist, will dein Partner vielleicht immer noch häufig Sex mit dir haben. Wenn du dich allerdings ständig selbst befriedigst, verlierst du die physische und psychische Motivation, deinen Partner zu begehren.

Manson schreibt: »*Es gibt eine Art weltweit verbreiteter Epidemie sexueller Apathie, bei der sich Ehemänner, Freunde und sogar alleinstehende Männer eher der Pornografie zuwenden als den Frauen im wirklichen Leben, die sie jeden Tag sehen. Und es ist verständlich: Es ist einfacher … der Sex ist aufregender und jederzeit möglich … die Frauen sagen nie nein, und … es gibt keine Verpflichtungen oder Bindungen.*

Das Problem ist, dass es einige negative Nebenerscheinungen gibt. Die erste ist, dass Pornos sehr, sehr unrealistische Erwartungen an Sex, an Frauen und an Sexualität wecken. Die Pornoindustrie verdient ihr Geld mit der Betonung und Übersteigerung sexueller Idealtypen. Echter Sex mit einer echten Frau beinhaltet oft schwierige Momente, in denen man herausfinden muss, was sie mag und was man selbst mag, wer was auf welche Weise mag. Echter Sex umfasst auch ekstatische Momente gefühlvoller Intimität, etwas, das kein Porno bieten kann …

Das andere Problem ist, dass Pornos so einfach gestrickt sind, dass sie Männer dazu ermutigen, zu masturbieren … und das sehr häufig. Und wie wir Männer alle wissen, macht uns häufiges Masturbieren vor allem Lust auf Essen und Fernsehen und nimmt uns die Lust, Frauen kennenzulernen und etwas zu erreichen …

Inzwischen gibt es wissenschaftliche Belege. Durch den Orgasmus, genauer gesagt durch die Ejakulation, wird beim Mann tatsächlich der Spiegel einiger Hormone und Endorphine abgesenkt, die sich auf Tatkraft und Motivation auswirken.«

Wahrscheinlich weißt du das schon, aber früher oder später wird dir im Leben alles langweilig. Es gibt dafür den Begriff der hedonistischen Tretmühle oder hedonistischen Adaption, aber vielleicht ist es auch etwas anderes. Es ist jedenfalls wichtig, dieses Konzept zu verstehen, denn wenn man nicht weiß, woran man ist, ist die Wahrscheinlichkeit größer, dass man Schwierigkeiten und Misserfolge erlebt.

Als hedonistische Tretmühle bezeichnet man das psychologische Phänomen, dass unser Gehirn nach positiven (oder negativen) Lebensereignissen relativ schnell zu einem stabilen Level von Glück beziehungsweise Glücklichsein zurückkehrt, sobald wir uns an die Lebensveränderung angepasst haben. Dies hat unter anderem zur Folge, dass wir einige der emotionalen Höhen (oder Tiefen) nicht mehr so empfinden wie beim ersten Mal.

Nehmen wir zum Beispiel an, du startest in einem neuen Job mit einer deutlichen Gehaltserhöhung. Das fühlt sich gut an. Du fühlst dich reicher. Aber dann gewöhnst du dich daran. Dein Gehirn gewöhnt sich an dein neues Einkommensniveau. Und dann fühlst du dich vielleicht mehr oder weniger genauso wie vorher.

Seit meinem Universitätsabschluss hatte ich vier Anstellungen, in jedem neuen Job bekam ich deutlich mehr Gehalt als in dem davor. Aber ich habe mich nie reicher gefühlt als 2002, als ich vom armen Collegestudenten, der gerade so über die Runden kam, zum unerfahrenen Zeitungsreporter aufstieg, der ein stolzes Jahresgehalt von 28 000 Dollar einstreichen konnte.

Ein weiteres gutes Beispiel ist die Anschaffung eines neuen Autos. Man freut sich, in das Auto zu steigen, es vor dem Haus oder in der Garage stehen zu sehen. Man ist richtig stolz darauf. Man klaubt mit der Hand einzelne Tierhaare und Steinchen oder Schmutz aus dem Teppich und hält alles sauber. Aber mit der Zeit gewöhnt man sich an das neue Auto. Und dann, sollte es dir gehen wie mir, tust du nichts mehr, und bald ist das neue Auto genauso schmutzig wie dein altes.

Ich weiß nicht, ob Psychologen es gutheißen werden, dass ich die hedonistische Adaption heranziehe, um das Phänomen zu beschreiben, dass die sexuelle Anziehung zwischen zwei Menschen mit der Zeit nachlässt, aber so sehe ich es nun mal.

Nicht jedem gefällt der Versuch, unsere Gefühle für »Dinge« wie Geld und Autos mit unseren Gefühlen für die Menschen zu vergleichen, die wir eigentlich lieben sollten. Als ehemaliger Idealist verstehe ich das vollkommen. Es ist eine Beleidigung für die heilige Institution der Ehe und den inneren Wert eines menschlichen Wesens, eine Person – und erst recht einen Ehepartner – zum Objekt zu reduzieren. Aber selbst wenn es nicht jedem gefällt, schließt das nicht aus, dass etwas Wahres dran ist. Ich glaube, dass es unserem Gehirn scheißegal ist, ob es um einen Gegenstand/eine Person/ein Erlebnis geht und WER ODER WAS er/sie/es ist. Ich denke, man kann davon ausgehen, dass mit zunehmender Vertrautheit und Bequemlichkeit die Wahrscheinlichkeit steigt, dass man etwas als selbstverständlich hinnimmt.

Meiner Meinung nach muss das nicht dazu führen, dass man jemanden weniger liebt oder schätzt. Aber die Wahrscheinlichkeit ist groß, dass man im Alltagstrubel vergisst, wie viel diese Menschen oder Dinge einem bedeuten.

Nimm nur mal das Atmen oder die Fähigkeit, zu sehen oder Arme und Beine zu bewegen. Die Menschen neigen dazu, das alles als selbstverständlich vorauszusetzen – bis die weniger Glücklichen unter uns eine dieser Segnungen verlieren.

Das ist nicht schön. Aber so ist der Mensch nun mal.

Die Chemie, die dazu führt, dass sich junge Menschen beim ersten Treffen ineinander verknallen und scharf aufeinander sind, wird hundertprozentig – und da gibt es keine Ausnahme – mit der Zeit an Intensität verlieren oder ganz verschwinden.

Und es ist WAHNSINNIG unangenehm, seinem Partner zu sagen, dass man sich ganz allgemein nicht mehr so sehr zu ihm hingezogen fühlt wie einst. Ich glaube, das ist der Grund, warum die meisten Menschen es vermeiden, darüber zu sprechen. Wir neigen dazu, unbequemen Gesprächen und Situationen aus dem Weg zu gehen.

Eine der unbequemen Wahrheiten über sexuelle Anziehung ist die Existenz eines biologischen Phänomens, das bei Tieren (inklusive Menschen) beobachtet wurde und als Coolidge-Effekt bezeichnet wird. Der Coolidge-Effekt besagt, dass das sexuelle Interesse zunimmt oder wieder zurückkommt, wenn ein neuer Partner auftaucht, selbst wenn man des Sex mit seinem früheren, aber noch verfügbaren Partner überdrüssig geworden ist.

Dieses Verhalten kann bei beiden Geschlechtern beobachtet werden, aber Forscher berichten, dass der Coolidge-Effekt bei Männern häufiger auftritt als bei Frauen (obwohl ich nicht weiß, ob diese Forschung kulturell bedingte Geschlechterrollen, »Slutshaming«, Objektivierung oder den sexuellen Missbrauch berücksichtigt, den Frauen viel häufiger erleben als Männer).

Die Bezeichnung Coolidge-Effekt wurde 1958 von dem Verhaltensendokrinologen Frank A. Beach geprägt, so dokumentierte es Roger N. Johnson 1972 in seinem Buch *Aggression in Man and*

Animals. Beach bezieht sich dabei auf einen alten Witz über die Ehe des US-Präsidenten Calvin Coolidge. »Der Präsident und Mrs Coolidge wurden [getrennt] durch eine Versuchsfarm der Regierung geführt. Als [Mrs Coolidge] zum Hühnerhof kam, fiel ihr auf, dass ein Hahn sich sehr häufig paarte. Sie fragte einen Angestellten, wie oft das geschehe, und erhielt die Antwort: ›Dutzende Male am Tag.‹ Mrs Coolidge sagte: ›Erzählen Sie das dem Präsidenten, wenn er hier vorbeikommt.‹ Nachdem er davon erfahren hatte, fragte der Präsident: ›Jedes Mal mit derselben Henne?‹ Die Antwort: ›O nein, Herr Präsident, jedes Mal mit einer anderen Henne.‹ Daraufhin der Präsident: ›Erzählen Sie das Mrs Coolidge.‹«

Bitte versteh das nicht als eine verschleierte Befürwortung der Polyamorie. Ich verspreche, das ist es nicht. Lebe das Leben, das du leben möchtest. Die Idee, einen Liebespartner mit anderen Menschen teilen zu wollen, ist mental, spirituell und emotional extrem beanspruchend, und ich gebe nicht vor, irgendwelche Antworten zu haben. Ich bin lediglich seit Langem der Meinung, dass fast jede Art von Beziehungsstruktur funktionieren kann, solange die Beteiligten in ihrer Lebensphilosophie auf einer Linie liegen und beide, metaphorisch formuliert, ihr Boot in die gleiche Richtung rudern. Ob sich zwischen zwei Menschen in einer offenen Beziehung ein Vertrauensverhältnis bilden kann, überlasse ich deinem Urteil.

Anstatt zu hinterfragen, ob die Ehe so, wie sie es ist, strukturiert sein sollte, ist es praktischer und pragmatischer, einfach zu akzeptieren, dass sie so strukturiert ist, wie sie es ist. Etwa 95 Prozent der Erwachsenen sind verheiratet, waren einmal verheiratet oder haben vor zu heiraten. Es ist wichtig, dass wir uns vor Augen halten, welchen Einfluss die Institution der Ehe auf unser Leben und die Gesellschaft hat, unabhängig davon, wie der Einzelne darüber denkt.

Und ich glaube auch, dass es intellektuell unredlich ist, so zu tun, als ob zwei unverheiratete Menschen in einer langfristigen romantischen Beziehung nicht das gleiche Maß an Vertrauen und emotionaler Bindung zueinander benötigen wie in einer Ehe, um ein friedliches, erfülltes Leben zu führen.

Die Fähigkeit, sich in Beziehungen zurechtzufinden, ist von größter Bedeutung für unsere Lebensqualität. Um diesen Frieden und diese Erfüllung zu finden, müssen wir, so schwer es uns auch fällt, mit den Menschen, die uns wichtig sind, sinnvolle Gespräche führen, um Vertrauen und Nähe aufzubauen.

Ich weiß nicht, wie es dir geht, aber abgesehen von der gut gemeinten, aber meist nutzlosen Warnung »Die Ehe ist harte Arbeit!« wurde mir in meiner Jugend nichts weiter an emotionaler Intelligenz und Beziehungsfertigkeit auf den Weg mitgegeben. Beides habe ich mir in meinem Leben erst nach der Scheidung hart erarbeitet. Und deshalb frage ich mich, *ob es nicht ganz anders gelaufen wäre, wenn ich bei der Hochzeit schon gewusst hätte, was ich hätte wissen müssen, um meiner Ehe Bestand zu verleihen.*

Ich weiß, es tut weh, wenn man sich trennt. Ich weiß, es tut weh, wenn Menschen, die man mag, einen nicht zu mögen scheinen. Ich weiß, es tut weh, wenn Menschen eine Beziehung weniger wertzuschätzen scheinen als man selbst. Aber ich weiß auch, dass keine Freundin, kein Freund, keine Ehefrau, kein Ehemann, kein Bekannter, kein Fremder und auch sonst nichts und niemand auf der Welt entscheiden darf, was du wert bist. Was sie wert ist. Was er wert ist. Was ich wert bin.
Das bestimmst du.
Und ich bestimme es für mich.

10
WAS WICHTIG IST – UND WAS NICHT

Im Juni 2001 verbrachte ich meine letzten Sommerferien im Haus meines Vaters und meiner Stiefmutter und arbeitete als Volontär bei einer der örtlichen Tageszeitungen. Es war nur noch ein Studienjahr bis zum Beginn meines neuen Lebens.

Ich belegte den Sommer über einen Spanischkurs an der Volkshochschule und arbeitete gerade an einer Hausaufgabe für diesen Kurs, als unser Telefon klingelte (wir waren noch einige Jahre davon entfernt, dass so gut wie jeder ein eigenes Mobiltelefon hatte). Mein Vater ging ran. »Ja, er steht neben mir. Eine Sekunde.« Er hielt mir den Hörer hin. »Ist für dich.«

»Hallo?«

Sie sagte »Hi!«, und mein Herz machte einen Satz. Es war ein Mädchen von meiner Uni in Ohio. Ich hatte seit sieben Monaten weder mit ihr gesprochen noch sie gesehen. Gemeinsame Freunde hatten uns auf einer Party in der Mitte unseres ersten Studienjahres miteinander bekannt gemacht. Wir haben an diesem ersten Abend viel geredet. Dutzende von anderen Leuten waren auch da, aber an die wenigsten kann ich mich noch erinnern. Ich habe an diesem Abend eine Menge Bier getrunken, weil ich früher immer viel Bier getrunken habe. Mir wurde schlecht, und ich reiherte in die einzige Toilette des Gastgebers.

Trotz dieses ziemlich miesen ersten Eindrucks hatte sie mich gemocht.

Sie war hübsch. Und ich weiß, dass es eine subjektive Sache ist, zu wem man sich hingezogen fühlt, aber sie war so hübsch, dass es schon ein bisschen wehtat – etwas, das ich nur selten erlebt habe, von ein paar besonders attraktiven UND sympathischen Film- oder Fernsehschauspielerinnen mal abgesehen, in die man sich unwillkürlich verknallt (ich denke an Danica McKellar in *Wunderbare Jahre,* als ich noch in der Grundschule war, oder an Minka Kelly in *Friday Night Lights).* Sie gehörte zur Tanztruppe, die das Basketballteam der Uni unterstützte, das Gegenstück unserer Schule zu den Laker Girls. Ich weiß noch, wie ich auf der Tribüne saß und meine Freunde mit den Ellenbogen anstieß und sagte: »Alter, wo zum Teufel verstecken sich diese Mädchen sonst? Warum treffen wir sie nie auf Partys?«

Es stellte sich heraus, dass sich diese jungen Damen, während meine Jungs exzessiv tranken und Unmengen von Marihuana rauchten, auf ihr Training konzentrierten, Choreografien einstudierten und sich ihrer akademischen Laufbahn widmeten – gerade Letzteres interessierte mich damals wirklich nicht besonders. (Sorry, Dad!)

Nicht nur, dass sie mit ihrer Keine-Zeit-für-Partys-Truppe schmerzhaft attraktive Tänze auf dem Spielfeld aufführte, sie schwang auch den Tambourstab bei der Marschkapelle der Universität.

Ich ging gerne zu Football- und Basketballspielen, weil ich Football und Basketball wirklich mag. In den folgenden vier Jahren war sie bei all den Spielen, stand immer irgendwie im Mittelpunkt, strahlte und erinnerte mich an den Abend, an dem ich sie bei billigem Fassbier am Wohnzimmertisch meines Freundes Scott kennengelernt hatte. Sicher schauen die meisten Leute genau hin, wenn diese hübschen Tänzerinnen bei Time-outs und zur Halbzeit auf das Spielfeld rennen. Sicher sind die Augen der meisten Leute auf die Mitglieder der Marschkapelle gerichtet, wenn sie auf dem Footballfeld ihr Ding durchziehen. Aber ich habe immer nur sie beobachtet, ausschließlich. Weil, na ja, du weißt schon.

»Ich kenne dieses Mädchen«, sagte ich zu jedem in Hörweite und hoffte, dass es nicht zu prahlerisch wirkte, obwohl ich natürlich damit angeben wollte. »Sie ist großartig. Im ersten Studienjahr hatten wir fast etwas miteinander, und wir sehen uns noch regelmäßig.«

Das ganze Jahr 1999 über hatten sie und ich so eine Art Running Gag, dass wir uns, wenn zum 1. Januar 2000 eines der Y2K-Szenarien eintrat, bei der Apokalypse im Bunker treffen würden. Jedes Mal, wenn ich danach mit ihr sprach, brachte ich halb im Scherz meine Enttäuschung darüber zum Ausdruck, dass die Welt nicht untergegangen war, und beklagte die verpasste Gelegenheit, mit ihr zusammenzukommen.

Und dann stand ich mit zweiundzwanzig Jahren hinter der Bar im Keller meines Vaters, und alle möglichen Gefühle brodelten in mir auf, als ich ihre Stimme am Telefon hörte – ich hätte nicht unbedingt gedacht, dass ich sie jemals wiedersehen würde.

Sie hatte irgendwie die Telefonnummer meines Vaters ausfindig gemacht. Und das, obwohl sie fünfhundert Meilen entfernt lebte. Viele Monate nach unserem letzten Gespräch. Jemand aus meinem Freundeskreis muss ihr dabei geholfen haben.

Ich sagte ihr, es sei schön, von ihr zu hören, und fragte, warum sie anrufe. Sie hatte im Frühjahr ihren Abschluss gemacht und bereitete sich darauf vor, mit ein paar Freundinnen von Ohio nach Orlando, Florida, zu ziehen, um ein neues Leben zu beginnen. Das ist ja großartig, sagte ich. Ich erzählte ihr, dass auch ich vorhatte, nach meinem Abschluss nach Florida zu ziehen, weil Florida einer der besten Orte für Zeitungsjournalismus sei. Da passierte viel Verrücktes, über das man berichten konnte. Und es gab jede Menge Zeitungen. Und da ich aus dem häufig verschneiten und bewölkten Mittleren Westen komme, hatte ich ein verständliches Interesse daran, irgendwo zu leben, wo es Palmen und Sandstrände gab.

So ging alles los.

Es seien nur noch wenige Tage, bis sie dorthin ziehen würde, aber sie habe mit einer inneren Stimme zu kämpfen, sagte sie. Ein Flüstern, das fragte: Hätte es was mit ihm werden können?

Ich war gerührt. Geschmeichelt. Hingerissen. Das hätte dem Plot einer dieser romantischen Komödien entstammen können, bei denen ich vielleicht so tue, als würde ich sie nicht mögen, um männlicher zu wirken, als ich tatsächlich bin.

»*Ich hatte gehofft, dich wiederzusehen, bevor ich wegziehe*«, sagte sie. »*Ich muss es herausfinden.*«

Ich notierte mir ihre Nummer und sagte ihr, ich würde sie zurückrufen. Es konnte nur funktionieren, wenn mein Vater einer jungen Frau, die er noch nie gesehen hatte, erlaubte, mich zu Hause zu besuchen und ein paar Tage bei uns zu bleiben.

Ich ging nach oben und fand ihn in der Küche.

»Dad, ich muss dich etwas fragen.«

DAS GEHEIMNIS LANGFRISTIGER KOMPATIBILITÄT

Kom·pa·ti·bi·li·tät – Substantiv – 1. ein Zustand, in dem zwei Dinge ohne Probleme oder Konflikte zusammen existieren oder auftreten können. 2. ein Gefühl der Sympathie und Freundschaft; Gleichgesinntheit

Es gibt zwei Arten von Kompatibilität, und ich habe den Eindruck, dass der Durchschnittsmensch, wenn er über romantische Kompatibilität spricht, sich auf die Definition Nr. 2 konzentriert. Freundschaft. Gleichgesinntheit. Ähnliche Persönlichkeiten, Interessen, Wünsche, Lebensziele und so weiter.

Der Schwerpunkt liegt gewissermaßen auf dem ÄHNLICH- oder GLEICH-SEIN.

Das hat durchaus seine Berechtigung und spricht für die Verwendung von Kompatibilitätsdiagrammen, wie man sie bei Persönlichkeitsanalysen wie dem Myers-Briggs-Typenindikator (MBTI) oder dem Enneagramm und anderen Tests zur Partnerwahl finden kann. Ich bin nun mal der Meinung, dass ein dem Kokain verfallener Bordellbetreiber und eine evangelikale Christin wahrscheinlich eher nicht zusammenpassen, wenn es um eine langfristige Beziehung oder die Ehe geht. Ebenso habe ich meine Zweifel bei einem vierundzwanzigjährigen Hip-Hop-DJ aus Brooklyn, der eine Romanze mit einer siebenundvierzigjährigen Botanikprofessorin im ländlichen Oklahoma anstrebt.

Es spricht einiges dafür, bei der Partnersuche schon eine Auswahl zu treffen, die einer langfristigen Beziehung nicht im Wege steht.

»*Was für einen Hund soll ich mir holen?*«, habe ich mal bei Google eingegeben. Daraufhin wurden mir mehrere Websites angezeigt mit Tools zur Auswahl von Hunderassen und Fragenkatalogen, die Menschen dabei helfen sollten, den Hund zu finden, der am besten zu ihren individuellen Vorlieben, ihrem Lebensstil und ihrer Lebensumgebung passt. Der American Kennel Club (AKC), der größte Dachverband amerikanischer Hundezüchter, gibt seine Empfehlungen auf der Grundlage der folgenden Kategorien:

1. Lebensumfeld (Haus oder Wohnung),
2. Anzahl der Kinder,
3. Anzahl der anderen Hunde,
4. typische Aktivität (zu Hause, Spaziergänge in der Nachbarschaft, Unternehmungen),
5. Lärmtoleranz,
6. Sauberkeitsansprüche.

Abhängig von den Antworten liefert der AKC eine kurze Liste mit Empfehlungen, fast wie ein Datingportal für zukünftige Tierhalter.

Warum? Wie? Sind die Leute vom American Kennel Club Hunde-Hellseher?

Nein. Sie verfügen einfach über Jahrzehnte, vielleicht sogar über mehr als ein Jahrhundert an historischen Daten, die uns sagen, dass ein Puggle, ein Bobtail und ein Yorkshireterrier bestimmte Merkmale aufweisen, die für diese Rassen typisch sind, genauso wie ein Husky, eine Französische Bulldogge und ein Cockerspaniel typischerweise eine andere Reihe von Merkmalen aufweisen.

Ich glaube, dass dies eine positive, nützliche und hilfreiche Herangehensweise ist. Wenn die Wahl der Hunderasse auf die Vorlieben der Besitzer abgestimmt ist, werden glückliche, gesunde Hunde die glücklichen Tierhalter erfreuen und diese im Allgemeinen nicht unangenehm von rassespezifischen Verhaltensweisen überrascht werden. Wenn die Wahl der Hunderasse auf die Vorlieben der Besitzer abgestimmt ist, wird sich die Zahl der Hunde, die in Tierheimen oder am Straßenrand ausgesetzt werden, erheblich reduzieren. Dadurch wird die Überfüllung der Tierheime vermieden und die Zahl der Fälle, in denen ausgesetzte oder streunende Tiere in überfüllten Zwingern eingeschläfert werden müssen, verringert.

»Hey, Matt! Warum schreibst du über Hunde?! Hast du dir Space Buddies *angesehen? Was ist deine Lieblingshunderasse? Möpse? Mastiffs? Stehst du jetzt total auf Yorkies?«*

Nein. Ich stehe nicht plötzlich total auf Yorkies.

Nach jahrelangem Coaching und täglichen Gesprächen über Beziehungen stehe ich aber auf die Idee, bei der Partnersuche eine Vorauswahl zu treffen, um potenzielle Partner auszuschließen, von denen, metaphorisch gesprochen, die Gefahr ausgeht, dass sie regelmäßig ihr Geschäft im Wohnzimmer hinterlassen und unsere Schuhe zerbeißen. (Damit meine ich nicht so etwas Ekelhaftes wie Rassendiskriminierung. Ich meine, dass wir strengere, gesunde Filter anlegen sollten, bevor wir eine feste Beziehung eingehen, um die Epidemie der unglücklichen Beziehungen zu bekämpfen.)

Wie gut kennst du deinen Ehe- oder Lebenspartner? Wie gut kennst du deine Eltern? Geschwister? Beste Freunde? Wenn du dich einem Persönlichkeitstest unterziehen solltest, bei dem du die Fragen so beantworten würdest, wie du glaubst, dass deine Eltern, Geschwister, Freunde geantwortet hätten – wie zuversichtlich bist du, dass die Antworten tatsächlich übereinstimmten?

Eine meiner ehemaligen Coaching-Klientinnen war mit ihrem Verlobten seit mehr als zehn Jahren zusammen. Drei Tage vor ihrer Hochzeit hatte sie ihren letzten Termin bei mir. Ich bitte viele meiner verheirateten oder in einer Beziehung befindlichen Klienten, einen Online-Persönlichkeitstest zu machen, der auf den MBTI-Persönlichkeitstypen basiert. Im Myers-Briggs-Typenindikator gibt es sechzehn verschiedene Persönlichkeitstypen, die durch vier Buchstaben gekennzeichnet sind. Wie bereits erwähnt, bin ich ENFP.

Der erste Buchstabe im MBTI kann entweder ein E (Extraversion) oder ein I (Introversion) sein.

Der zweite Buchstabe ist entweder ein S (Sensing/Sensorik) oder ein N (Intuition).

Der dritte Buchstabe ist entweder ein T (Thinking/Denken) oder ein F (Feeling/Fühlen).

Und der vierte und letzte Buchstabe ist entweder ein J (Judgement/Beurteilung, Entscheidung) oder ein P (Perception/Wahrnehmung).

Der MBTI ist ein Selbstauskunftstest, um den Persönlichkeitstyp, die Stärken und Vorlieben einer Person zu ermitteln. Der Fragebogen wurde von Isabel Myers und ihrer Mutter Katharine Briggs auf der Grundlage ihrer Arbeit mit Carl Jungs Theorie der Persönlichkeitstypen entwickelt. Heute ist der MBTI eines der am weitesten verbreiteten psychologischen Instrumente der Welt, obwohl er von einigen Gelehrten kritisiert wird, er sei pseudowissenschaftlich und in seiner Aussagekraft vergleichbar mit Astrologie oder Glückskeksen. Mir geht es weniger darum, ob eine bestimmte

Methode zur Feststellung der Persönlichkeit wissenschaftlich valide ist, sondern vielmehr darum, dass die Menschen sich selbst und ihre Partner bewusst kennenlernen, um die optimale Partnerwahl zu treffen.

Laut den Astrophysikern der NASA bestehen etwa 68 Prozent des Universums aus Dunkler Energie (über die wir nichts wissen, außer der Tatsache, dass wir nichts über sie wissen) und weitere 27 Prozent des Universums aus Dunkler Materie (die Wissenschaftler zwar mit Gravitationslinsen nachweisen können, aber sie wissen immer noch wenig bis gar nichts über ihre tatsächliche Zusammensetzung). Ich bin kein Mathegenie, aber damit sind nur 5 Prozent des beobachtbaren »Zeugs« identifizierbare, klassifizierbare Materie, wie du und ich sie aus der Schule kennen: alles, was wir sehen, anfassen und schmecken können. Nur 5 Prozent.

Die klügsten Menschen der Welt können uns also nicht sagen, woraus 95 Prozent der beobachtbaren Bestandteile des Universums bestehen. Sie wissen es einfach nicht. Da würde ich doch sagen, *vielleiiiiicht* sollten die Wissenschaftler, die die Untersuchung von Persönlichkeitstypen für Zeitverschwendung halten, dann lieber mal den Rand halten. Ich gebe nicht vor, irgendetwas mit Sicherheit zu wissen. Ich stelle einfach eine Menge Fragen und versuche mehr oder weniger erfolgreich, andere nicht wie ein Arsch zu behandeln.

Es gibt eine Reihe von Gründen, warum ich Klienten bitte, einen Persönlichkeitstest zu machen. Der erste Grund ist, dass Selbsterkenntnis wichtig ist. Die Menschen kennen sich selbst nicht immer so gut, wie sie vielleicht denken. Und wenn wir uns selbst kennen, kann uns das vor allen möglichen Gefahren und toxischen Beziehungen bewahren. Der zweite Grund ist, dass ich die Menschen, die ich coache, oft bitte, den Persönlichkeitstest ein weiteres Mal zu machen, aber beim zweiten Mal die Fragen so zu beantworten, wie sie glauben, dass ihr Partner sie beantworten würde.

Ich liebe die Einsichten und Gespräche, die sich von selbst ergeben, wenn wir die Diskrepanz zwischen dem, was wir über den anderen (oder uns selbst) glauben, und dem, was tatsächlich wahr ist, entdecken. Die meisten Konflikte, die zwischen zwei Partnern entstehen, liegen in der Kluft zwischen dem, was wir zu wissen glauben, und der Wahrheit.

Ich telefoniere also mit meiner Coaching-Klientin Stacey, die in ein paar Tagen heiraten wird. Und sie beeindruckt mich sehr. Sie ist brillant. Master-Absolventin. Objektiv intelligent in messbarer akademischer Hinsicht. Und subjektiv intelligent in all den Belangen, die man mitbekommt, wenn man sich mit jemandem über die großen Zusammenhänge des Lebens unterhält. Es hat mich deshalb völlig umgehauen, dass Stacey ALLE VIER BUCHSTABEN der Persönlichkeit ihres zukünftigen Ehemannes falsch einschätzte, als sie den Test machte.

Als Stacey den Test machte und die Fragen so beantwortete, wie sie glaubte, dass ihr Verlobter Chris sie beantworten würde, war das Ergebnis INFP. Aber als Chris mir die Ergebnisse seines eigenen Tests schickte, stellte sich heraus, dass er eigentlich ein ESTJ ist. Es war der Traum eines Beziehungscoachs. Nicht nur, dass meine brillante Klientin die Persönlichkeitsmerkmale ihres Verlobten zu 100 Prozent falsch einschätzte, es stellte sich auch heraus, dass er das gleiche Persönlichkeitsprofil hatte wie sie.

Und nun stell dir vor, welchen Irrtümern über die Absichten eines Menschen du unterliegen kannst, wenn du alles, was er tut und sagt, durch ein zu 100 Prozent falsches Verständnis seiner Person filterst.

Wir müssen uns ernsthaft bemühen, nicht immer so selbstsicher zu sein, ganz gleich, wie »klug« wir sind. Wir irren uns viel zu oft, als dass wir unserem eigenen Urteil so sehr vertrauen sollten, und das wirkt sich sowohl darauf aus, wie wir uns fühlen, als auch darauf, wie wir andere Menschen behandeln.

Eine kluge und disziplinierte Partnerwahl beginnt damit, dass wir selbst jemand sein sollten, den ein kluger und disziplinierter Partner wählen würde. Und hoffentlich können wir Menschen sein, die potenzielle Partner nach den Merkmalen beurteilen, die für dauerhafte, gesunde Beziehungen wichtig sind.

Ist das jemand, dem ich vertrauen kann? Bin ich jemand, dem man vertrauen kann? Sind wir beide bereit, Sicherheit und Vertrauen über »recht haben« zu stellen, weil wir beide – gemeinsam und kooperativ – verstehen, dass wir ohne diese Bedingungen keine Beziehung führen können?

WAS, WENN WIR KOMPATIBILITÄT SCHAFFEN?

Kom·pa·ti·bi·li·tät – Substantiv – ein Zustand, in dem zwei Dinge ohne Probleme oder Konflikte zusammen existieren oder auftreten können

Es ist ganz natürlich, dass wir mit Menschen zusammen sein wollen, die unsere Interessen und Werte teilen. Und es ist logisch (auch wenn die Menschen das irgendwie vermasseln), sich einen Partner zu suchen, der die gleichen Pläne hat, Kinder zu bekommen und ein langfristiges Familienleben zu führen. Aber – und das lässt sich wahrscheinlich auch in deinem eigenen Leben beobachten – die Interessen, Eigenheiten und Dinge, die Menschen attraktiv finden, bleiben nicht dieselben. Sie verändern sich und entwickeln sich weiter, wenn wir älter werden und neue Dinge und neue Menschen kennenlernen.

Ted Hudson, ein Forscher an der University of Texas, führte eine Längsschnittstudie über die romantische Kompatibilität von Paaren durch, die seit mehreren Jahren verheiratet waren. »*Meine*

Untersuchungen zeigen, dass es keinen Unterschied in der objektiven Kompatibilität zwischen unglücklichen und glücklichen Paaren gibt«, schreibt Hudson. Paare, die in ihrer Beziehung Zufriedenheit und Bestärkung finden, gaben an, dass Kompatibilität für sie kein Thema sei. Die glücklichen Paare in Hudsons Studie gaben an, dass es ihr selbst gewähltes Verhalten sei, das die Beziehung dauerhaft machte – und nicht die Kompatibilität ihrer Persönlichkeiten.

Als die unglücklichen Paare in der Studie zur Kompatibilität befragt wurden, gaben alle an, dass Kompatibilität für eine dauerhafte Ehe extrem wichtig sei. Und mitten im Scheitern ihrer Ehen hielten sie sich nicht mehr für kompatibel mit ihren Partnern. Wenn die unglücklichen Paare sagten: »*Wir sind nicht kompatibel*«, meinten sie eigentlich: »*Wir kommen nicht gut miteinander aus*«, schreibt Hudson.

Darin liegt auch das Problem mit dem Wort »Kompatibilität«. Partner, die in ihren Beziehungen unglücklich sind, machen oft mangelnde Kompatibilität für ihre gestörte Beziehung verantwortlich.

Die natürliche menschliche Chemie bringt Menschen in romantischer und sexueller Hinsicht zusammen. Wir machen schon länger Babys und bevölkern schon länger den Planeten mit dieser Methode, als es Aufzeichnungen über die Menschheitsgeschichte gibt.

Es ist also wahrscheinlich, dass dies auch weiterhin geschehen wird.

Vielleicht kann jemand, der an den Wochenenden gerne zum Squaredancen geht, eine wunderbare Beziehung mit einem begeisterten Minigolfer führen. Vielleicht kann auch ein fanatischer Grillmeister eine wunderbare Familie mit einer vegetarischen Ehepartnerin gründen. Schließlich ist es ja auch möglich, dass zwei Menschen aus der gleichen Stadt, die in die gleiche Kirche gehen, die gleichen Leute kennen, die gleiche Partei wählen und an die gleichen Dinge glauben, eine kolossal beschissene Ehe führen.

Vielleicht geht es also bei dem, was wir wirklich brauchen, um mit jemandem kompatibel zu sein, um viel mehr als unsere erklärten Werte. Vielleicht geht es vor allem darum, dass wir tatsächlich zeigen können, es verstanden zu haben.

Sie will darüber reden. Dann fühlt sie sich besser.

Er will nicht darüber reden. Dadurch fühlt er sich schlechter.

Sind sie unvereinbar?

Oder: Bedeutet kompatibel sein nicht in Wirklichkeit, sie versteht grundsätzlich, dass stressige und schwierige Gespräche, die für sie erlösend sind, für ihn schwierig und belastend sein können, und dass sie Gespräche mit diesem Verständnis angeht?

Und bedeutet kompatibel sein nicht in Wirklichkeit, er versteht grundsätzlich, dass, wenn er ihr zuhört, auch wenn es unbequem oder ein bisschen frustrierend für ihn ist, es die enge Bindung zwischen ihnen stärken wird, und dass er alle notwendigen Zugeständnisse macht, um das zu erreichen?

Vielleicht bedeutet kompatibel sein, dass zwei Menschen die Bedürfnisse und Wünsche des anderen im Blick haben und dass einfache Demonstrationen der Anerkennung und Würdigung dieser Bedürfnisse und Wünsche – diese kleinen Dinge, über die viele Menschen nie nachdenken – als Nebenprodukt all die Glücksmomente schaffen, die die Verbindung zwischen zwei Menschen stärken.

Liebe ist eine Entscheidung. Sicher, es ist eine verdammt schwierige Entscheidung nach mehreren Jahren in einer beschissenen Ehe, aber es stimmt trotzdem: Liebe ist eine Entscheidung.

Hier eine kurze Fünf-Schritte-Strategie für eine erfolgreiche Ehe:

1. SCHRITT 1: Erkenne dich selbst.
2. SCHRITT 2: Treffe eine kluge und disziplinierte Partnerwahl.
3. SCHRITT 3: Wenn es fürs Leben sein soll, heirate.

4. SCHRITT 4: Liebe deinen Partner für das, was er ist, und nicht für das, was er für dich tut.
5. SCHRITT 5: Wiederhole Schritt 4 jeden Tag bis ans Ende der Zeit.

PERSÖNLICHE WERTE UND GRENZEN ERNST NEHMEN

Es lag Monate zurück, dass meine hübsche blonde Freundin aus dem College mich im Haus meines Vaters ausfindig gemacht hatte und in den Flieger gestiegen war, um eine Woche bei uns zu bleiben und mich als mein Date zur Hochzeit meiner Tante zu begleiten.

Sie warf ihre Pläne, mit ihren Freundinnen nach Florida zu ziehen, über den Haufen, um eine Beziehung mit mir einzugehen. Von da an gab es kein Zurück mehr. Es war wie im Bilderbuch. Und ich habe es nicht bereut. Im College in Ohio hatten die Herbstkurse begonnen, und wir lebten als Freund und Freundin in einer Wohnung, die ich in der Nähe des Campus gemietet hatte.

Es war ihr erstes Jahr im Berufsleben und mein letztes am College. Das erste Jahr, in dem ich meine Unterkunft nicht mit anderen Mitbewohnern teilte, allerdings besuchte sie mich häufig. Wir mussten uns in Echtzeit mit den emotionalen und psychologischen Auswirkungen der Terroranschläge vom 11. September 2001 auseinandersetzen. Uns kam es wie ein richtig großer Einschnitt vor. Als ob sich alles ändern würde. Ich beendete die Kurse und Studienprojekte, die ich für meinen Abschluss brauchte, und träumte davon, nach Florida in eine Strandgegend zu ziehen, um meine Karriere als Zeitungsreporter zu beginnen. Das Leben dort stellte ich mir als nie versiegenden Fluss von eiskaltem Bier und Drinks mit Schirmchen vor, begleitet von einer Menge Live-Reggaemusik, umgeben von Sonne, Brandung, Sand und Palmen.

Aber in der Wohnung in Ohio gab es schon vor dem Umzug nach Florida Ärger im Paradies. Es stellte sich heraus, dass meine neue Freundin emotional viel unbeständiger war, als mir bisher aufgefallen war, und manchmal machte mir ihre Überempfindlichkeit wirklich einen Strich durch die Rechnung.

Ich war entspannt. Ich kannte keine Streitereien. In meinen sozialen Beziehungen gab es keine Konflikte. Leute waren nicht sauer auf mich, kritisierten mich nicht, und keiner sagte, ich würde mich falsch verhalten. Sämtliche Erfahrungen mit meiner Familie, den Freunden in meiner Heimatstadt und in den letzten Jahren des Studiums bestätigten mich darin, dass ich sympathisch war und dass man mit mir gut auskam. Ich war ein Mensch, der jeden Tag aufwachte und nicht das kleinste Interesse daran hatte, anderen zu schaden. So etwas wäre mir nie in den Kopf gekommen. *Ich bin ein guter Kerl!*

Als ich also von ihr Gegenwind bekam, weil ich freitags zu einer Saufparty bei einem Freund gehen wollte (die normalste Sache der Welt zu College-Zeiten) oder weil ich allein zu Abend gegessen hatte, ohne ihr Bescheid zu sagen, sie war ja nicht meine Mutter oder so, wurde ich ziemlich sauer und scheute mich nicht, das auch zum Ausdruck zu bringen.

»Ähm. Hey. Ich bin dir keine Rechenschaft schuldig. Ich war hungrig, also habe ich gegessen. Es ist ja nicht so, dass wir Pläne fürs Abendessen gehabt hätten.« Außerdem: »Ich werde nicht um Erlaubnis bitten, auf Partys zu gehen. Diese Leute sind meine besten Freunde, und wir stehen alle kurz vor dem Abschluss, und vielleicht werde ich einige davon nie wiedersehen. Mit dir hingegen habe ich vor, nach Florida zu ziehen und ein ganz neues Leben zu beginnen. Könntest du dich also bitte, bitte ein bisschen entspannen? Denn zum allerersten Mal möchte ich wirklich den Rest meines Lebens mit genau einem Menschen verbringen, und dieser Mensch bist du.«

Ich verstand nicht, dass sie sich nur wahrgenommen und gehört fühlen wollte, denn für sie war es Zeichen einer klugen und disziplinierten Partnerwahl, mit jemandem zusammen zu sein, der ihre Bedürfnisse und Gefühle berücksichtigte, wenn er Entscheidungen traf, und nicht ihren Schmerz herunterspielte, wenn sie welchen ausdrückte. Ich verstand nicht, dass sie nur einbezogen werden wollte, wenn ich Pläne für ein Abendessen oder ein Treffen mit Freunden machte, weil sie mir so wichtig sein wollte, dass ich sie nicht überging.

Aber als Zweiundzwanzigjähriger ließ ich mich nicht davon abbringen, zu tun, was ich wollte. Und was ich nicht wollte, war, dass eine andere Person auf die Idee kam, sie könne eine Art elterliche Kontrolle über mich ausüben oder aus mir jemanden machen, der ich nicht war, egal wie toll ich sie fand. Ich war nicht bereit, die Autonomie, die ich als junger Erwachsener (oder großes Kind) empfand, der seinen Weg in der Welt noch finden musste, aufzugeben.

Da ging es schon los, dass ich ihr Vertrauen untergrub – eigentlich sogar missbrauchte.

Manchmal weinte sie. Und es war kein unterdrücktes Weinen. Sie saß auf dem Boden, zog ihre Knie an sich und wurde von Weinkrämpfen geschüttelt. Sie flehte darum, gehört zu werden. Flehte darum, getröstet zu werden. Flehte darum, geliebt zu werden.

Aber ich fand das nicht in Ordnung. Sie war so verletzt, dass ihr Körper ihr nicht mehr gehorchte. Aber wenn es meiner Einschätzung nach nicht angebracht war, sich in diesem Moment so über etwas aufzuregen, zeigte ich mich emotionslos. Kalt. Ungerührt. Ich wollte ihr meiner Meinung nach unangemessenes Verhalten nicht mit Worten oder Taten »belohnen«, die ihr vermitteln könnten, dass ich es tolerierte. Vielleicht war ich doch nicht der gute Kerl, für den ich mich hielt.

Von Anfang an machte es mir also nichts aus, mitzuerleben, wie dieser Mensch, den ich angeblich liebte, vor meinen Augen litt, und ich tat nichts, um dieses Leid anzuerkennen, zeigte keine Empathie, kommunizierte ihr nicht, dass ihre Gefühle für mich von Bedeutung waren. Stattdessen verwendete ich meine Energie darauf, sie davon zu überzeugen, dass sie nur denken und fühlen müsste wie ich, und dann würde sie aufhören, sich wegen irgendwelcher dummen, unwichtigen Dinge schlecht zu fühlen. Stattdessen verwendete ich meine Energie darauf, mich zu verteidigen und meine Entscheidungen zu rechtfertigen.

Warum versucht sie, mich für ihre Emotionen verantwortlich zu machen?, fragte ich mich. *Das ist doch absoluter Bullshit.*

Was ist ein Mensch wert? Was bist du wert? Und wer darf das entscheiden?

Nehmen wir mal an, ich besäße die größte Diamantensammlung der Welt. Da Diamanten einen hohen Marktwert haben, wäre ich eine Menge Geld »wert«. Aber warum sind Diamanten wertvoll? Es sind Steine. Wie die, die wir mit einem Wurf über die Wasseroberfläche eines Sees ditschen lassen oder beim Wandern an den Rand des Wegs kicken.

Sie sind wertvoll aufgrund der Ökonomie von Angebot und Nachfrage. Wenn viele Menschen etwas wollen, das nicht ohne Weiteres verfügbar ist, steigen die Preise. Der »Wert« steigt. Aus diesem Grund sieht man bei Baseball- und Basketballspielen der regulären Saison häufig leere Sitzplätze, während man für Stehplatzkarten für Play-off-Spiele das Doppelte oder Dreifache bezahlen muss. Und aus dem gleichen Grund fanden die Abzock-Arschlöcher im Internet während des Ausbruchs der COVID-Pandemie Abnehmer für Handdesinfektionsmittel und Desinfektionstücher, obwohl die meisten Menschen sie in ihren örtlichen Geschäften nicht mehr kaufen konnten.

Diamanten sind Mineralbrocken. Als wertvolle Edelsteine, die bei Juwelieren und Sammlern begehrt sind, haben sie einen enormen Marktwert. Aber es sind einfach nur Mineralbrocken. Genau wie Papiergeld, Staatsanleihen oder Goldmünzen hätten Diamanten nach einer globalen Katastrophe in der postapokalyptischen Gesellschaft keinen großen Wert. Sie taugen dazu, schön auszusehen (und um in der industriellen Fertigung harte Materialien zu schneiden, aber meistens sehen sie einfach nur schön aus). Wasser hat zum Beispiel einen viel größeren Nutzwert als Diamanten. Wasser ist die Lebensgrundlage für Pflanzen und Tiere. Unser Körper besteht hauptsächlich aus Wasser. Ohne Wasser gäbe es kein Leben auf der Erde. Wenn es keine Diamanten gäbe, würden die Leute halt Verlobungsringe mit Rubinen oder Smaragden kaufen. Ohne Wasser hingegen geht alles Leben ein, und der Planet verwandelt sich in eine Wüsteneinöde.

Das klassische Wertparadoxon, auch Wasser-Diamanten-Paradoxon genannt, veranschaulicht den Widerspruch, dass Wasser viel nützlicher und wertvoller ist als Diamanten, die meisten von uns aber jeden Tag Wasser im Boden oder in der Kanalisation versickern lassen. Gleichzeitig gehören Diamanten zu unseren wertvollsten Finanzanlagen. Dieses Wertparadoxon machte der schottische Wirtschaftswissenschaftler Adam Smith im 18. Jahrhundert bekannt.

Was meinst du also? Was hat den größeren Wert – Diamanten oder Wasser?

Die Vorstellung von Wert – beziehungsweise die Abweichung zwischen Nutzwert und Geldwert – ist vollkommen subjektiv. Mit anderen Worten: **Jeder von uns entscheidet, was er wertschätzt, und dann investieren wir unsere Zeit und unser Geld entsprechend.**

Können wir uns darauf einigen, dass Wasser in Wirklichkeit viel wertvoller ist als Diamanten? Weil das eine vor allem dazu dient, mit dem Reichtum zu protzen, während von dem anderen der Fortbestand des Lebens abhängt? Ich werde so fortfahren, als hätten wir uns darauf einigen können.

Falls die Diamanten- und die Wasserfee heute beide mit einem Eimer ihrer besten Gaben bei mir auftauchten, würde ich der Wasserfee trotzdem mitteilen, sie solle sich aus dem Staub machen, denn ich habe funktionierende Wasserhähne, und Wasser in Flaschen kann ich jederzeit kaufen. Läge ich dagegen verdurstend im Wüstensand, würde ich mich natürlich anders entscheiden. Es ist und bleibt eine subjektive Erfahrung.

Es ist nicht ungewöhnlich, dass jemand, der sich zurückgewiesen fühlt, weil er eine Trennung durchmacht, oder leidet, weil ihn sein Partner betrogen hat, seinen Wert infrage stellt. Einer meiner Leser schickte mir nach einer schmerzhaften Trennung diese Frage per E-Mail: »*Bitte sag mir – bin ich etwas wert? Ich bin so einsam und traurig. Ich frage mich: Was stimmt nicht mit mir, dass ich nicht wertgeschätzt werde? Es ist so schwer.*«

Ich kann das verstehen. Als mir klar wurde, wofür sich meine Frau entschieden hatte (nämlich – unter großem Leid – auf sehr viel Zeit mit unserem Sohn zu verzichten plus weitere gesellschaftliche, familiäre und finanzielle Opfer), statt unsere Ehe fortzuführen, bekam auch ich zum ersten Mal in meinem Leben die volle Wucht der Zurückweisung zu spüren.

Der Himmel fiel mir auf den Kopf. Meine Welt ging unter.

Und da habe ich wirklich verstanden, wie es aussieht und sich anfühlt, wenn man sich von anderen Menschen in seinem Selbstwertgefühl beeinflussen lässt. *Wenn sie bereit ist, DAS in Kauf zu nehmen, wie viel bin ich dann überhaupt wert?*

Die meiste Zeit meines Lebens hatte ich ein Problem mit dieser Vorstellung. Wenn ihr eine total klischeebeladene und abgedroschene romantische Komödie besser gefiel als ein spektakulär toller Film, den ich mochte, habe ich anhand irgendwelcher Maßstäbe zu »beweisen« versucht, dass meine Vorliebe wertvoller war als ihre, zum Beispiel mit der Anzahl der positiven Filmkritiken oder dem größeren Einspielergebnis an den Kinokassen. In diesem Fall ging es mir nicht darum, zu »gewinnen«. Ich wollte meine Frau davon überzeugen, die gleichen Dinge zu mögen wie ich, weil ich es unangenehm fand, dass wir oft nicht die gleichen Dinge mochten, und ich wollte das ändern, ohne dass ich ein versierter Gesellschaftstänzer oder Skifahrer werden musste.

Meine Strategie ist nicht aufgegangen. Menschen mögen unterschiedliche Dinge, und ihnen zu sagen, dass ihre Meinung und ihre Vorlieben »falsch« sind, führt seltenst dazu, dass sich wie von Zauberhand ihr Geschmack ändert.

Aber *warum?*

Es gibt vier Arten von Werten. Vielleicht auch mehr. Aber zumindest diese vier hier:

1. **Intrinsischer Wert:** die Vorstellung, dass etwas einen Wert »an sich« oder »für sich« hat.
2. Menschen haben einen intrinsischen oder inneren Wert. Wenn wir davon ausgehen, dann ermorden, vergewaltigen, berauben, verletzen, betrügen, verleumden wir sie nicht und schaden ihnen auch nicht auf andere Weise. Von daher ist es schön, das zu glauben.
3. **Marktwert:** eine ständig schwankende Größe, die in erster Linie auf Angebot und Nachfrage beruht.
4. **Persönlicher Wert für andere Menschen.**
5. **Persönlicher Wert für mich.**

Was bist du also wert?

Wie die meisten von uns glauben, hast du allein schon dadurch, dass du ein lebendiger, atmender Mensch bist, einen intrinsischen Wert.

Dein Marktwert hängt dagegen ganz vom Kontext ab. Wenn du der beste Computerprogrammierer der Welt bist, wirst du auf der nächsten Konferenz oder dem nächsten Hackathon die coolste und »wertvollste« Person im Saal sein, aber vielleicht versagst du bei anderen Aufgaben, zum Beispiel bei Langstrecken-Schwimmwettkämpfen oder dem Bau einer Holzveranda oder der wirkungsvollen Ausbildung von Polizeihunden.

Dein persönlicher Wert für andere Menschen? Es ist mir wichtig, was andere von mir denken, auch wenn mich das in Schwierigkeiten bringen kann. Aber wenn ich wirklich darüber nachdenke, komme ich unweigerlich zu dem Schluss, dass die Meinung anderer Menschen keine Rolle spielt. Manche Menschen essen mit Vorliebe Kohl, Sauerkraut und Dosenspinat. Manche Menschen finden, dass Schokolade nicht schmeckt. Manche finden, dass ultraenge Skinny-Jeans an Männern gut aussehen. Wenn es falsch ist, ihnen zu widersprechen, will ich erst gar nicht recht haben.

Ich kann nur schlussfolgern: **Wenn der Begriff des Werts rein subjektiv ist, dann kann ein Individuum seinen eigenen Wert nur selbst bestimmen, und die Meinung anderer (oder das, was wir fälschlicherweise dafür halten) trägt zu dieser Gleichung nur unzuverlässige und irrelevante Messwerte bei.**

Ich weiß, es tut weh, wenn man sich trennt. Ich weiß, es tut weh, wenn Menschen, die man mag, einen nicht zu mögen scheinen. Ich weiß, es tut weh, wenn Menschen eine Beziehung weniger wertzuschätzen scheinen als man selbst. Aber ich weiß auch, dass keine Freundin, kein Freund, keine Ehefrau, kein Ehemann, kein Bekannter, kein Fremder und auch sonst nichts und niemand auf der Welt entscheiden darf, was du wert bist. Was sie wert ist. Was er wert ist. Was ich wert bin.

Das bestimmst du.

Und ich bestimme es für mich.

Diamanten oder Wasser? Das entscheiden wir. Ich kann dir nicht sagen, was du glauben sollst, aber ich kann dich ermutigen, dich dazu zu bekennen, dass du wichtig bist, denn deine Meinung ist die einzige, die zählt.

Als ich aufwuchs, klangen die Worte »Werte« und »Grenzen« wie hohles Geschwafel. Es waren keine Worte, die mir etwas bedeuteten. Es waren Worte, die Erwachsene benutzten, wenn sie immer wieder über Dinge schwadronierten, die es nicht wert zu sein schienen, dass man zuhörte.

Als ich jung war, fehlte mir die Motivation, solche Gedanken weiterzuverfolgen oder Neues zu lernen, weil alles immer gut war. Ich war gesund und keinen Gefahren ausgesetzt. Ich fühlte mich von meiner Familie geliebt und von meinen Freunden akzeptiert. Alle meine Bedürfnisse wurden befriedigt. Da mir nie etwas fehlte, musste ich mich nie fragen, wie ich etwas bekommen konnte, das ich wollte, und dann den Lernprozess durchlaufen und die harte Arbeit erbringen, die notwendig waren, um es zu erreichen.

Doch dann, kurz nachdem ich vierunddreißig wurde, verließ mich meine Frau, und mein Sohn war nicht mehr jeden Tag zu Hause. Ich war traurig, wütend und schämte mich. Ich war nicht mehr der glückliche und selbstbewusste Mensch, den ich früher im Spiegel sah, als noch alles in Ordnung war. Ich war eine gebrochene, verheulte, verängstigte Hülle dieses Kindes. *Wenn ich nicht mehr dieser Mensch bin, wer zum Teufel bin ich dann?*

Ich zählte nichts, und ich wusste es. Ich war schwach, und ich wusste es. Ich war es nicht wert, von einer Frau geliebt oder begehrt zu werden, und ich wusste es.

Das war schwer zu akzeptieren, aber das Leben ist halt manchmal wirklich hart. Nachdem ich mein ganzes Leben lang vorwiegend anderen die Schuld gegeben hatte, wenn etwas schiefging, weil das so viel einfacher war, als die Verantwortung zu übernehmen, begann ich endlich, die richtigen Fragen zu stellen: *Wie bin ich an diesen Punkt gekommen? Was hätte ich anders machen können, um das zu verhindern?*

Die Antworten sind ganz einfach: Ich habe nicht immer meine Werte gelebt; und ich habe nicht immer gesunde Grenzen gezogen.

Was sind Werte? **Deine Werte sind das, was DU bist, nicht das, was du glaubst, sein zu müssen, um von anderen akzeptiert zu werden.**

»Werte sind das Rückgrat des Lebens«, schreibt die Autorin Debra Smouse im Blog *Tiny Buddha.* »Wenn wir nicht wissen, was uns wichtig ist, verbringen wir viel Zeit damit, herumzuirren und uns zu fragen, was wir tun sollen. Es liegt eine enorme Kraft darin, unsere wichtigsten Werte zu entdecken und danach zu leben und als natürliche Folge daraus inneren Frieden zu finden.«

Was bedeutet es, gesunde Grenzen zu setzen? Es bedeutet, dass wir die Verantwortung für unser Verhalten und unsere Gefühle übernehmen, aber NICHT die Verantwortung für das Verhalten und die Gefühle anderer.

»Es gibt zwei Arten von Menschen, denen es schlecht gelingt, Grenzen zu setzen: diejenigen, die zu viel Verantwortung für die Gefühle/Handlungen anderer übernehmen, und diejenigen, die von anderen erwarten, dass sie zu viel Verantwortung für ihre eigenen Gefühle/Handlungen übernehmen«, schreibt Mark Manson.

Und jetzt kommt die schmerzliche Wahrheit: Die Mutter meines Sohnes hätte nie zustimmen dürfen, dass ich sie heirate. Bei diesem Gedanken wird mir ganz anders, denn dann wäre ja mein Sohn nicht auf der Welt. Aber nach den Maßstäben einer gesunden Beziehung hätte die Tatsache, dass ich diese junge Frau, die heulend auf dem Boden kauerte, sich selbst überließ, sofort zur Abmahnung und dann zur Disqualifikation führen müssen.

Sie brauchte in diesem Moment Liebe. Ich hätte nichts weiter tun müssen, als mich neben sie auf den Boden zu setzen. Vielleicht die Klappe halten und zuhören. Das war ein Moment, in dem sie in einem tiefen Loch steckte. Nicht nur bin ich nicht zu ihr hineingesprungen, ich habe mir noch nicht einmal die Mühe gemacht, ein Gebet hinzukritzeln, um es ihr hinunterzuwerfen.

Sie war verletzt und verängstigt, und ich habe sie im Stich gelassen, weil meine Priorität war, mir NICHT sagen zu lassen, was ich tun sollte. Nicht zuzulassen, dass jemand anderes Macht über mich ausübte. Nicht den emotionalen Erfahrungen einer anderen Person verpflichtet zu sein.

Bei Liebe und Intimität, Verletzlichkeit und Vertrauen geht es darum, sich selbst hintanzustellen. Dazu war ich noch nicht bereit. Und diese junge Frau, die etwas Besseres verdient hatte, hätte mir sagen sollen: »Fick dich selbst«, und dann hätte sie mich verlassen sollen.

Wenn meine Frau einen Fehler gemacht hat, dann war es der, zu glauben, dass ich von selbst aus der Phase herauswachsen würde, an der ich festhielt. Aus ihrer Sicht habe ich ihr entweder absichtlich wehgetan oder sie aufgrund meiner blinden Flecken verletzt. In jedem Fall hätte sie mich nicht so nahe an sich heranlassen dürfen.

Wenn Menschen uns verletzen, müssen wir zusehen, dass wir uns aus der Gefahrenzone bringen. Und wenn sie das damals getan hätte, hätte ich mich vielleicht schon viel früher im Leben mit Empathie, emotionaler Intelligenz und Beziehungsfertigkeiten beschäftigt. Ich sage nicht, dass unsere Scheidung die Schuld meiner Frau war. War es natürlich nicht. Ich sage nur, dass die gesündeste und klügste Entscheidung, die sie hätte treffen können, gewesen wäre, nicht zuzulassen, dass jemand, dem es an Einfühlungsvermögen und emotionaler Intelligenz mangelte, sie überhaupt heiratet. Sie hatte etwas Besseres verdient. Ich wusste es nur noch nicht. Und vielleicht wusste sie es auch nicht.

SCHLUSS
DIE KUNST, DEN MORGIGEN TAG ZU ERLEBEN

Ich wachte in einem verlassenen Treppenhaus aus blankem Beton auf. Ich wusste nicht, wo ich war. Ich war vollständig bekleidet, aber meine Schuhe fehlten. Als ich zu mir kam, versuchte ich vergeblich, eine verschlossene Tür zu öffnen, von der ich später feststellte, dass es die Zugangstür zum Dach des Hotels war, in dem ich wohnte.

Ich war während einer Geschäftsreise in Las Vegas, Nevada, unter Drogen gesetzt und ausgeraubt worden. Sie hatten mir mein Telefon, das Geld, das ich beim Blackjack gewonnen hatte, und die Schuhe abgezogen. Später erfuhr ich, dass sie mein Girokonto durch eine Reihe von Abhebungen am Geldautomaten und Venmo-Transfers (PayPal) geplündert hatten – ich muss also so nett gewesen sein, ihnen meine Bank-PIN mitzuteilen.

Körperlich hatte ich nichts davongetragen, das erscheint mir im Nachhinein als Glücksfall. Und eigentlich hatte ich auch gar nicht so viel auf dem Konto, als dass es mich mehr als ein paar Wochen der Einschränkung gekostet hätte. *Hahaha! Reingelegt, ihr Arschlöcher!*

Aber mental und emotional ging es mir nicht gut. Irgendetwas an dem Vorfall hatte etwas in mir getriggert und mich überrumpelt. Es fühlte sich genauso an wie in den ersten Wochen nach der Scheidung. *Nichts stimmt mehr.*

Ich konnte es nicht beschreiben. Konnte meine Gefühle nicht mehr verstehen. Rein vom Verstand her glaubte ich, mein Körper würde überreagieren. Aber unser Inneres – das ganze unsichtbare

Zeug, das uns ausmacht – hat die seltsame Angewohnheit, nicht immer das zu tun, was unser Gehirn für richtig hält.

Eben noch war ich mit Freunden in einer Open-Air-Bar im Golden Nugget und hörte einer kitschigen Vegas-Coverband zu. Dann verließ ich für ein paar Minuten die Bar, um auf die Toilette zu gehen – und das Nächste, woran ich mich erinnere, ist, dass ich fünf Stunden später im Treppenhaus eines Hotels aufwachte, das mehrere Meilen entfernt war, nachdem ich offenbar Fremden meine Bankdaten und Telefonpasswörter gegeben hatte, die sie nutzten, um mich finanziell auszunehmen. Sicherlich könnte man sagen, dass ich Glück hatte, es überlebt zu haben, und froh sein konnte, in meinem Hotel aufgewacht zu sein, auch wenn es in einem schmuddeligen Notausgangstreppenhaus war.

Aber warum fühle ich etwas, das ich nicht benennen kann?

Oberflächlich betrachtet ist es ein lächerlicher Vergleich, oder? Eine Scheidung ist ein gewaltiger Einschnitt. Dein Lieblingsmensch verlässt dich. Dein ganzes Leben ändert sich über Nacht, für immer. Und das hier war etwas ganz anderes.

Warum also? Warum fühlt es sich genauso an?

Die Scheidung war meine erste Begegnung mit innerer Gebrochenheit. Es war meine erste echte Begegnung mit Dunkelheit. Diese Hoffnungslosigkeit, diese hässlichen, schmerzhaften, Angst einflößenden und zerstörerischen Gefühle, vor denen man sich nicht verstecken konnte.

Das war das entscheidende Merkmal. Man nimmt diese Gefühle überallhin mit, egal, was passiert. Sie begrüßen dich am Morgen. Sitzen dir auf der Brust, wenn du mitten in der Nacht versuchst, wieder einzuschlafen. Sitzen auf dem Beifahrersitz neben dir, wenn du irgendwo hinfährst. Sie stoßen dich in die Rippen und fordern deine Aufmerksamkeit, wenn du versuchst, dir Filme oder Sportübertragungen anzuschauen. Mischen sich in Gespräche mit Freunden und Familie ein, wo du dich doch nur einfach ein bisschen amüsieren möchtest, so wie früher.

Es wurde immer mehr, immer größer, sie türmten sich auf, bis ich nur noch geheult habe wie ein Kind.

Und du wartest darauf, dass sie verschwinden, aber jedes Mal, wenn du in den Spiegel schaust, kannst du sie immer noch sehen in den toten Augen des Fremden, der aus dem Spiegel zurückblickt.

Ich weiß nicht, wie ich diese Gefühle nennen oder einordnen soll, also habe ich es immer nur »gebrochen sein« genannt. Ich war einmal ein bestimmter Mensch – es fühlte sich normal und richtig an. Und dann war ich plötzlich jemand anders. Ich war nicht mehr der Gleiche, und alles daran war anders und beschissener als in den vierunddreißig Jahren zuvor.

Aus diesem Loch herauszukommen und wieder auf die Spur zu finden war das Schwierigste, was ich je im Leben gemacht habe. Es ist vielleicht meine größte persönliche Leistung, denn ich wusste nicht, dass der menschliche Körper so etwas durchmachen kann, und ich wusste nicht, ob es möglich ist, da jemals wieder rauszukommen.

Aber du kommst wieder raus. Und nachdem man mich betäubt und ausgeraubt hatte, geschah es wieder. Ich war erschüttert, nicht nur von dem Vorfall, sondern auch von der Vorstellung, dass mich wieder undefinierbare Gefühle übermannten, ohne dass ich etwas dagegen tun konnte, ohne dass ich davor hätte weglaufen können.

Wenn alles sehr schlimm wird, schaltest du in den Überlebensmodus und versuchst, zu einem Gefühl der Normalität zurückzukehren.

Ich führte mir vor Augen, genauso wie ich es bei einem Coaching-Klienten oder Freund tun würde, dass es keinen Knopf zum Überspringen oder Vorspulen gibt, den man drücken kann. Ich besann mich darauf, dass der einzige Weg zu einem nachhaltigen Ziel der lange Weg ist. Der harte Weg.

Wie die großartige Autorin und Podcasterin Glennon Doyle sagt: »*Wir können es schaffen, auch wenn es schwer ist.*«

Ich besann mich darauf, dass ich nur eines tun musste. Nur das.

Atmen.

Alles, was ich tun musste, war, den nächsten Atemzug zu machen. Und wenn ich das geschafft hatte, bestand meine nächste Aufgabe darin, es noch einmal zu tun.

Ein weiterer Atemzug.

Wenn du oft genug atmest, erlebst du den morgigen Tag automatisch.

Und wenn genügend morgige Tage gekommen sind, findest du dich ein Stück weiter auf dem Weg – endlich in sicherer Entfernung von dem beschissenen, lebenszerstörenden Ereignis, dem du zu entkommen versuchst. Oder um es vielleicht präziser auszudrücken: Du hast zwar das beschissene, lebenszertrümmernde Ereignis mit dir herumgetragen, aber so weit verarbeitet, dass du es hinter dir lassen und deinen Weg weiter bestreiten kannst.

Ich gebe nicht vor, es zu wissen.

Ich glaube nur, dass das Atmen sehr wichtig ist, wenn einem alles andere schwerfällt.

DIE DREI SCHRITTE, UM SICH NACH SCHLIMMEN ERLEBNISSEN ZU ERHOLEN, LAUTEN:

1. Atme.
2. Liebe dich selbst.
3. Wiederhole das Ganze.

Ich wiederholte das wie ein Mantra, nachdem meine Frau mich verlassen hatte und ich nicht wusste, ob ich am nächsten Tag wieder aufwachen würde und ob ich es überhaupt wollte. Denn wenn es keine Hoffnung gegeben hätte, dass dieses Gefühl wieder verschwindet, hätte die Zukunft nicht sehr rosig ausgesehen.

Einfach atmen. Alles wird gut.

Es ging nie so schnell, wie ich es wollte, denn es gibt keine Hacks, keine Zaubertricks, keine Abkürzungen. Es gibt nur den langen Weg. Er ist nie leicht, aber immer einfach.

Atme. Nur noch ein einziges Mal. Ich habe in meinem Leben millionenfach geatmet, ohne mir dessen bewusst gewesen zu sein. Wenn ich also jetzt ganz bewusst atme? Wenn ich mich anstrenge? Ich bin zuversichtlich, dass ich immer noch einen weiteren Atemzug schaffe.

Und wenn du oft genug geatmet hast, darfst du wieder du selbst sein. Du darfst morgen aufwachen, und das Beste, was dir je passieren wird, könnte passieren.

Der morgige Tag ist ein Geschenk, das darauf wartet, ausgepackt zu werden. Wenn du bereit bist.

Atme.

Du wirst bereit sein.

Vielleicht verschwindet er eines Tages ganz, der Scheidungsschmerz. Vielleicht wache ich irgendwann auf und spüre ihn nicht mehr. Jetzt, wo ich diese Zeilen schreibe, sind acht Jahre vergangen. Das hört sich nach einer ziemlich langen Zeit an. In einem Jahr werden wir so lange geschieden sein, wie wir verheiratet waren.

Ich sitze nicht herum und sehne mich nach dem Leben, das ich einst hatte. Ich bin so gut es geht »darüber hinweg«. Oft denke ich tagelang, sogar wochenlang nicht daran. Tage und Wochen vergehen, ohne dass ich Trauer oder Schmerz spüre. Aber manchmal tue ich es doch.

Manchmal muss ich immer noch die Tränen unterdrücken wie so ein pseudoharter Kerl, wenn ich wegfahre und mein Sohn mir aus dem Fenster des Hauses seiner Mutter zuwinkt.

Manchmal höre ich, dass sich unsere alten Freunde, die ich

nie sehe und mit denen ich nie spreche, mit meiner Ex und ihrem Freund treffen oder mit ihnen in den Urlaub fahren. Mein Verstand sagt, dass das in Ordnung ist. Ich hege gegen keinen von ihnen einen Groll. Nicht einmal gegen den neuen Freund, einen soliden, anständigen Typen, bei dem ich davon ausgehen kann, dass er gut zu ihr und zu meinem Sohn ist. Und das ist in einer Situation, in der man sich das Sorgerecht teilt, von unschätzbarem Wert. Aber trotzdem bleiben da nicht nur gute Gefühle.

Und manchmal gibt es Momente, mit denen ich nie gerechnet hätte.

Es gab ein Leben und eine Geschichte, Normalität und einen Traum – eher eine Erwartung, wie die Zukunft aussehen würde –, und das alles verleiht so viel Sicherheit und Stabilität. Und die Scheidung nimmt dir das alles. Das Ende – ob es abrupt ist oder nach langsamem Verfall – nimmt dir dieses Leben weg, die Geschichte, die Normalität und den Traum. Es setzt dich unter Drogen und raubt dir deine Sicherheit und Geborgenheit. Lässt dich verwirrt und verheult in einem schmuddeligen Treppenhaus aus blankem Beton zurück, wo du versuchst, eine verschlossene Tür zu öffnen, die nicht aufgehen will.

Das mit Abstand Wichtigste für mich war, zu lernen, für den Moment dankbar zu sein, als ich meine Frau und meinen Sohn wegfahren sah, zum letzten Mal, während ich schluchzend und kotzend über der Spüle hing. Am ganzen Leib zitternd. Alles und jeden verfluchend. Alles.

Ich habe mir gewünscht, zu sterben, weil ich nicht wusste, wie ich lebendig DIESEN SCHMERZ aushalten sollte. Ich war wütend auf sie. Wütend auf Gott. Wütend auf meine Eltern. Wütend auf alle, die mir die Wahrheit darüber vorenthalten hatten, was es wirklich braucht, um in einer Ehe für jemand anderen da zu sein.

Ich war wütend, dass ich sie nicht genug liebte. Wütend, dass ich mich selbst nicht genug liebte.

Und dann stehst du allein in dem leeren Haus, in der Stille. Wo früher überall Geräusche zu hören waren und es Leben und Verbundenheit gab, war jetzt nichts mehr da. Niemand bereitet dich darauf vor, wie laut diese Stille sein kann, wenn du sie zum ersten Mal erlebst. Da gibt es niemanden mehr, der dich von der Wahrheit ablenkt. Nirgendwo kann man sich vor sich selbst verstecken.

Jede Zelle deines Körpers schreit danach, wegzulaufen und sich zu verstecken. Das war alles, was ich wollte – weit wegziehen oder an einen Ort aus meiner Vergangenheit, wo ich im Kreise meiner Familie und Freunde aufgehoben wäre. Aber da gab es noch diesen kleinen Jungen, und dieser Junge war mein Leben. Und ob ich es wollte oder nicht, auch seine Mutter gehörte dazu. Alles hatte sich geändert, gleichzeitig aber auch nichts. Diesmal gab es keinen einfachen Ausweg. Das Leben würde mich so lange mit dem konfrontieren, was ich getan hatte, bis ich es akzeptierte.

Und so weinst du, weil es sonst nichts anderes mehr zu tun gibt. Du weinst, bis keine Tränen mehr da sind. Du übergibst dich, bis du Krämpfe hast, weil nichts mehr rauskommt.

Und dann stehst du vom Boden auf und versuchst, wieder zu leben.

Einfach atmen.

Du nimmst genug Atemzüge, um bis zum morgigen Tag durchzuhalten. Und dann bringst du den Mut auf, es am nächsten Tag wieder zu tun. Und dann am übernächsten.

Aber jetzt weißt du, wie laut die Stille sein kann. Jetzt weißt du, wie gut du es hattest. Jetzt weißt du, wie sehr unsichtbarer Schmerz dich verletzen kann. Jetzt weißt du, wie es sich anfühlt, wenn du nicht mehr leben willst.

»Wenn dir das passiert«, sagte David Foster Wallace zu David Lipsky, als er über seine Erfahrung sprach, in einer psychiatrischen

Klinik wegen Suizidgefahr unter Beobachtung zu stehen, »führt das dazu, dass du in vorher nie gekanntem Maße gewillt bist, andere Lebenswege einzuschlagen.«

Das war das Geschenk, das mir meine Frau gemacht hatte. Ich war in vorher nie gekanntem Maße bereit, andere Lebenswege einzuschlagen.

Früher war ich mir so sicher, ein anständiger Mensch mit guten Absichten zu sein, dass ich nie in Betracht zog, meine Worte und Taten könnten jemand anderen verletzen. Schon gar nicht jemanden, den ich liebte. Aber dann bin ich gestorben – hing schluchzend und kotzend über derselben Spüle, neben die ich das Glas gestellt hatte, wegen dem meine Frau und ich immer wieder in Streit geraten waren. Für mich war es wichtig, dass ich da gestorben bin. Jetzt bin ich jemand anders.

Ich trauere diesem Menschen nach, der ich einmal war. Dieser Typ war immer glücklich. Dieser Typ hatte ein reiches und lebhaftes Sozialleben. Es machte Spaß, ihn zu kennen, und es machte Spaß, dieser Mensch zu sein. Aber er war auch eine Bedrohung. Der Mensch, der ich einmal war, war eine stetige Bedrohung für die Menschen, die ich liebte, weil er sie verletzte und dennoch behauptete, sie seien im Unrecht, wenn sie es wagten, anzudeuten, dass ich ihnen irgendwie geschadet hatte.

Der Mensch, der ich einmal war, hatte keine Chance, jemals eine dauerhafte, gesunde Liebesbeziehung zu führen. Der Mensch, der ich einmal war, hätte niemals die Art von Vater sein können, dem mein Sohn vertrauen kann, wenn es das Leben mal nicht gut mit ihm meint.

Auf diese Art geht deine Beziehung zugrunde. Aber wenn du gewillt bist, oft genug zu atmen, wenn du gewillt bist, andere Lebenswege einzuschlagen, dann beginnt so auch dein Leben.

Die Scheidung ist das Schlimmste, was mir je passiert ist. Es gibt nichts, was dem nahekommt.

Aber jetzt kann ich ich selbst sein. Es ist nicht einfacher. Es ist nur besser.

DANK

An meinen Sohn: Danke, dass du so ein großartiger Junge bist, der mich dazu anspornt, anderen zu helfen. Ich bin so stolz auf dich.

An die Mutter meines Sohnes: Ich danke dir dafür, dass du diesen Prozess unterstützt, mich freundlich behandelst und trotz aller Ängste und Ressentiments, die du vielleicht hast, eine außergewöhnliche Erziehungspartnerin bist. Du bist eine tolle Mutter, und ich bin jeden Tag dankbar für dich.

An meine Eltern, Stiefeltern und Geschwister: Ich danke euch für eure Liebe, für die Unterstützung und die vielen Opfer, die ihr über die Jahre gebracht habt. Nur wegen euch kann ich so sein, wie ich bin.

An Mark Groves: Junge, ich habe dir endlich zugehört. Und jetzt haben wir ein Buch! *Waas?!* Du bist smart. Danke für die Ermutigung, die ich brauchte, um den Schritt zu wagen.

An Jancee Dunn: Danke, dass Sie mir die Hand gereicht und über meine Arbeit geschrieben haben. Dieses Buch gäbe es ohne Sie nicht.

An meine Herausgeber Gideon Weil, Sam Tatum und Maya Alpert sowie an die außergewöhnliche Bücher-Crew bei HarperOne: Vielen Dank, dass Sie mir diese Möglichkeit gegeben haben und dafür, dass Sie mir geholfen haben, dieses Buch zur bestmöglichen Version seiner selbst zu machen.

An mein Agententeam bei der Creative Artists Agency, vor allem aber die Literaturagenten Anthony Mattero und Mollie Glick: Ihr seid die absolut Besten.

An die ehemalige Agentin bei Creative Artists und heutige

Entertainment-Managerin Vanessa Silverton-Peel: Sie haben mein Leben verändert, und das werde ich nie vergessen.

An meine Coaching-Klienten, die mir großzügigerweise gestattet haben, ihre persönlichen Geschichten in diesem Buch zu erzählen: Ich bin so dankbar, dass ich Sie kennenlernen und mit Ihnen arbeiten durfte.

An die Autoren, die mich und meine Arbeit jeden Tag inspirieren, insbesondere Mark Manson, Eve Rodsky, Glennon Doyle, James Clear, Brené Brown, David Foster Wallace und James Altucher: Sie alle sind Vorbilder für mich.

An meinen guten Freund und Anwalt BZ: Danke, dass es dich gibt. Ohne dich hätte ich das nicht geschafft.

An meine Freunde JH, AR, MDB, KS, SG, JL, AK, LW, JT und CL: Danke fürs Lesen und für euer wichtiges Feedback. Danke für eure Unterstützung und Ermutigung, während ich dieses Buch schrieb, und auch jederzeit davor.

An die langjährigen Leser und Follower des Blogs *Must Be This Tall To Ride:* Wir haben etwas auf die Beine gestellt! Und ich habe nur wegen euch daran geglaubt. Danke, dass ihr mein Leben gerettet habt.